ullstein

John M. Gottman und sein Team haben in zahlreichen Studien herausgefunden, dass sich Paare über acht Themen regelmäßig austauschen sollten: über Vertrauen, Konflikte, Sex, Finanzen, Familie, Spaß, inneres Wachstum und Träume. Mit praktischen Ratschlägen, Fragebögen und zahlreichen Fallbeispielen lädt Gottman dazu ein, sich regelmäßig mit der Partnerin oder dem Partner zu einem »Gespräch« zu verabreden, um so für eine glückliche und langlebige Beziehung zu sorgen.

DR. JOHN MORCHEDAI GOTTMAN ist Psychologe und emeritierter Professor für Psychologie an der University of Washington. Er wurde vor allem durch seine Arbeit über Ehestabilität und Beziehungsanalyse durch direkte Beobachtung bekannt.

DR. JULIE SCHWARTZ GOTTMAN ist klinische Psychologin und die Mitbegründerin und Leiterin des Gottman Instituts. Sie ist Mitinitiatorin der äußerst beliebten Wochenend-Workshops für Paare »The Art and Science of Love« und hat das nationale klinische Trainingsprogramm der Gottman-Paartherapie in den USA mitentwickelt. Sie ist Autorin und Co-Autorin und lebt mit ihrem Ehemann in Seattle.

Von Dr. John Gottman und Dr. Julie Schwartz Gottman sind in unserem Hause außerdem erschienen:
5 Konflikte, die jedem Paar begegnen, und wie die Liebe daran wachsen kann
Das 7-Tage-Rezept für erfüllte Liebe
Die 7 Geheimnisse der glücklichen Ehe

John M. Gottman
Julie Schwartz Gottman
mit Doug Abrams & Rachel Carlton Abrams

8 Gespräche, die jedes Paar führen sollte

... damit die Liebe lebendig bleibt

Aus dem Amerikanischen von
Christa Broermann

Ullstein

Besuchen Sie uns im Internet:
www.ullstein.de

Ungekürzte Ausgabe im Ullstein Taschenbuch
1. Auflage August 2024
3. Auflage 2025

Titel der amerikanischen Originalausgabe: EIGHT DATES:
Essential Conversations for A Lifetime Of Love (Published by
arrangement with Workman Publishing Co., Inc, New York, 2019)

Bei Fragen zur Produktsicherheit wenden Sie sich bitte an
produktsicherheit@ullstein.de
Umschlaggestaltung: zero-media.net, München
Satz: LVD GmbH, Berlin
Gesetzt aus der Sabon Next LT Pro
Druck und Bindearbeiten: ScandBook, Litauen
ISBN 978-3-548-06831-2

Für alle,
die Beziehung für Beziehung daran arbeiten,
mehr Liebe in die Welt zu bringen

Inhalt

Willkommen zum Gesprächsabend

Die Gespräche, auf die es ankommt

Jede große Liebesgeschichte ist ein immerwährendes Gespräch. Von den ersten tastenden Fragen an, die wir stellen, wenn wir einander kennenlernen, über die nervenaufreibenden Diskussionen über Vertrauen und Verbindlichkeit bis zur tiefsten Erforschung unserer Liebe, unseres Schmerzes und unserer Träume entscheidet die Qualität unserer Fragen und unserer Antworten darüber, ob wir im Lauf der Jahre gemeinsam weiter lernen und wachsen können. Und wenn Konflikte entstehen – was unvermeidlich ist, wenn wir zwei Leben miteinander verknüpfen –, ermöglicht uns unsere Bereitschaft, neugierig zu sein, statt recht haben zu wollen, uns in Augenblicken der Uneinigkeit einander zu- statt voneinander abzuwenden. Ob Sie und Ihr Partner oder Ihre Partnerin gesprächig oder schweigsam sind: Die Worte, die Sie wechseln, und das Mienenspiel und die Gesten, die diese Worte begleiten, werden Ihre Beziehung definieren und bestimmen. Eine echte Liebesgeschichte ist kein Märchen. Sie bringt Verletzlichkeit und Mühe mit sich. Die Belohnung dafür ist, dass Sie Ihren Partner oder Ihre Partnerin am 50. Hochzeitstag mehr lieben als am Tag Ihrer Vermählung. Sie können für immer ein Liebespaar bleiben.

Es mag so aussehen, als sei der Erfolg oder das Scheitern einer Ehe oder Langzeitbeziehung so ungewiss wie ein Münzwurf. In den Vereinigten Staaten enden laut Statistik mehr als die Hälfte aller Ehen mit einer Scheidung. In Portugal liegt die Rate bei 70 Prozent. Bei einer Zweitehe steigt in den USA die Scheidungsrate auf 65 Prozent und bei einer dritten Ehe sogar auf 75 Prozent. Das sind schlechte Aussichten. Dabei sind hier nur diejenigen erfasst, die einen offiziellen Schlussstrich ziehen. Wie viele Paare gibt es außerdem noch, die trotz stiller Verzweiflung, Unzufriedenheit und Langeweile zusammenbleiben? Bevor Sie jetzt vor Bestürzung die Hände über dem Kopf zusammenschlagen, sollten Sie wissen, dass es auch Hoffnung gibt. Denn obwohl die Erwartungen an Ehe und Partnerschaft noch nie so hoch waren wie heute und die Herausforderungen nie größer, ist es nicht wie bei einem Münzwurf. Es geht nicht um Zufall. Es geht um eine Entscheidung.

Wir wissen, was Paare tun können, um ihre Chancen zu verbessern. Seit 40 Jahren wird im Gottman Love Lab untersucht, wie man in der Liebe gewinnen kann. In unserem Labor in Seattle haben wir synchronisierte Daten aus Beobachtung, eigenen Angaben und physiologischen Parametern gewonnen und diese mithilfe moderner mathematischer Methoden analysiert. Nachdem wir Tausende von Paaren beobachtet haben, kennen wir jetzt die Bereiche im Leben eines Paars, die die meisten Zwistigkeiten verursachen. Wir können Ihnen mit großer Sicherheit sagen, was die Meister der Beziehungskunst von jenen unterscheidet, deren Beziehungen in Katastrophen enden. Und wir können Sie durch die acht grundlegenden Gespräche führen, die Ihnen die besten Chancen eröffnen, Ihre ganz persönliche Version von »... und sie lebten glücklich zusammen bis ans Ende ihrer Tage« zu erschaffen.

Erfolgreiche Langzeitbeziehungen entstehen durch unscheinbare Worte, Gesten und Handlungen. Eine lebenslange Liebe wird an jedem einzelnen gemeinsamen Tag erzeugt. Das Kennenlernen Ihres Partners oder Ihrer Partnerin ist nicht an dem Tag abgeschlossen, an dem Sie den geliehenen Umzugswagen zurückgeben, sich den Platz im Kleider- und Wäscheschrank teilen oder sagen: »Ja, ich will.« Es hört nie auf. Sie können ein ganzes Leben lang neugierig auf die Innenwelt Ihres Partners oder Ihrer Partnerin sein und den Mut aufbringen, Ihre eigene Innenwelt offenzulegen, und werden doch niemals alles entdeckt haben, was es übereinander zu wissen gibt. Es ist aufregend. Es ist ein gewaltiges Unterfangen. Und es ist eines der größten Abenteuer, an das Sie sich im Leben heranwagen können. Sie können uns vertrauen, wir wissen Bescheid. Wir sind schon lange verheiratet; John und Julie über 30 Jahre, Doug und Rachel über 25 Jahre, und wir entdecken immer noch Neues aneinander, überraschen einander noch und lieben uns mehr denn je. Das heißt nicht, dass unsere Beziehungen vollkommen sind. Manchmal streiten wir uns. Manchmal sind wir ruppig oder unsensibel. Liebe verlangt nicht Vollkommenheit als Preis, sondern Übung. Wir üben uns darin, unsere Liebe vielfältig auszudrücken und die des jeweils anderen anzunehmen. Liebe ist eher ein Tun als ein Gefühl. Sie erfordert Intention und Aufmerksamkeit, eine Praxis, die wir *attunement* nennen: sich auf den anderen einstellen, einstimmen, auf seine Wellenlänge gehen.

MACHEN SIE ES ZU EINER NICHT VERHANDELBAREN PRIORITÄT, EINANDER ZEIT MIT UNGETEILTER ZUWENDUNG ZU SCHENKEN, UND BEHALTEN SIE STETS DIE NEUGIER AUF IHREN PARTNER ODER IHRE PARTNERIN BEI.

Und das große Geheimnis, eine dauerhafte Liebe entstehen zu lassen, die mit der Zeit immer weiterwächst, ist einfach. Machen Sie es zu einer nicht verhandelbaren Priorität, einander Zeit mit ungeteilter Zuwendung zu schenken, und behalten Sie stets die Neugier auf Ihren Partner oder Ihre Partnerin bei. Glauben Sie nicht, Sie wüssten, wer der oder die andere heute ist, weil Sie gestern Nacht mit ihm oder ihr geschlafen haben. Kurz gesagt: Hören Sie nie auf, Fragen zu stellen. Aber stellen Sie die richtigen Fragen.

Wir reden hier nicht von Ja-Nein-Fragen. Die Fragen, die wir meinen, nennt man »offene Fragen«. Sie sind eine Einladung, nicht nur mit ein oder zwei Worten zu antworten. Mit ihnen können Sie intime Gespräche herbeiführen, die Ihrem Partner oder Ihrer Partnerin erlauben, Ihnen das zu sagen, was er oder sie wirklich auf dem Herzen und im Sinn hat. Diese Gespräche werden Ihnen ermöglichen, zu verstehen, warum Ihr Partner oder Ihre Partnerin glaubt, was er oder sie glaubt, tut, was er oder sie tut, und ist, was er oder sie ist. Offene Fragen führen zu Gesprächen, bei denen Sie sich verlieben oder die Ihnen zu dem Entschluss verhelfen, sich langfristig festzulegen, oder die die Liebe zu dem Menschen lebendig halten, den Sie sich für ein gemeinsames Leben ausgesucht haben. Dieses Buch wird Ihnen zeigen, wie Sie zu den Gesprächen kommen, die zu Intimität, Achtsamkeit und einem tiefen und umfassenden Verständnis füreinander führen – in welcher Hinsicht Sie gleich sind und in welcher verschieden. Und das wird Sie zu einem Meister, einer Meisterin der Beziehungskunst machen, statt zu einer Katastrophe zu führen. Wir haben die Gespräche so konzipiert, dass sie die acht Themen abdecken, auf die es in Beziehungen am meisten ankommt – Vertrauen und Verlässlichkeit, Konflikte, Sexualität, Geld, Familie, Spaß und Abenteuer, Wachstum und Spiritualität und Träume. Wir haben sie so strukturiert, dass Sie sich zu acht Gesprächen darüber treffen können, und wir bieten Ihnen Schritt für Schritt Übungen und offene Fragen an, die Sie einander bei jedem dieser Gespräche stellen können.

Diese Gespräche sind eine Mustervorlage, und wir möchten, dass Sie sich zu allen acht von ihnen treffen, aber wir wünschen uns auch, dass solche Verabredungen für Sie etwas werden, das niemals endet. Wir möchten, dass Sie sich auch noch mit 95 Jahren zu Gesprächen verabreden – selbst wenn es nur im Wohnzimmer ist. Wir wünschen uns, dass Sie niemals aufhören, Ihren Partner oder Ihre Partnerin und Ihre Beziehung zueinander, Ihre Überzeugungen und Ihre Ängste, Ihre Hoffnungen und Zukunftsträume zu ergründen.

Wir möchten nicht, dass Sie jemals aufhören, miteinander zu sprechen, zu lernen und zu wachsen.

Jahrzehntelange Forschung hat gezeigt, dass gelungene Beziehungen auf Respekt, Empathie und einem tiefen Verständnis füreinander beruhen. Beziehungen ohne Gespräche haben keinen Bestand, das trifft selbst auf den starken, schweigsamen Typ Mensch zu. Dieses Buch wird Ihnen dabei behilflich sein, Ihre eigene Liebesgeschichte zu gestalten, indem es Ihnen den Rahmen für die acht Gespräche vorgibt, die Sie und Ihr Partner oder Ihre Partnerin führen sollten, ehe Sie sich verbindlich füreinander entscheiden, oder auch, nachdem Sie sich füreinander entschieden haben, und außerdem immer wieder im Lauf der Jahre, sobald es Zeit ist, Ihre Entscheidung zu erneuern. Das könnte etwa sein, wenn Sie ein Baby bekommen, wenn einer von Ihnen den Arbeitsplatz verliert, wenn es gesundheitliche Probleme gibt oder die Beziehung begonnen hat, schal zu werden. Denn eines ist sicher: Glücklich zusammenleben bis ans Ende Ihrer Tage heißt nicht, dass es keine Herausforderungen oder Konflikte geben wird. Sie können nicht in einer Beziehung leben und keine Konflikte haben. Nicht, wenn Sie es richtig machen. Im Leben kommt es immer wieder zu Stress, Belastungen und Krisen, und wie Sie das gemeinsam meistern, kann letzten Endes über Erfolg oder Scheitern Ihrer Beziehung entscheiden (was wir in dem Gespräch über Konflikte genauer besprechen werden). Glücklich zusammenleben bis ans Ende Ihrer Tage heißt einfach, dass beide Partner so wahrgenommen, geschätzt und akzeptiert werden, wie sie sind und wie sie sich gerade entwickeln. Das Ziel ist, Ihren Partner oder Ihre Partnerin mit jedem gemeinsam verbrachten Jahr mehr lieben zu können.

Es ist nie zu früh oder zu spät

Wir haben dieses Buch geschrieben, weil nur sehr wenige Paare eine Anleitung dafür bekommen, wie sie eine dauerhafte und liebevolle Beziehung entwickeln können. Wir haben uns kennengelernt und angefreundet, als wir zu einem Thinktank für Beziehungslernen eingeladen wurden – einem Zusammenschluss von Experten aus den Bereichen Naturwissenschaft, Psychologie und Sexualität. Es ist klar, dass die meisten Paare keinerlei Hilfestellung oder Schulung zum Thema Beziehung bekommen, und oft genug lernen sie auch nicht, miteinander zu kommunizieren, bis sie eine Therapie beginnen, und dann ist es meist schon zu spät. Ursprünglich hatten wir gedacht, das Buch solle für Paare sein, die noch am Anfang ihres Weges in eine feste Beziehung stehen, aber als wir uns auf die Suche nach Freiwilligen machten – nach Paaren, die bereit waren, diese acht Verabredungen und Gespräche zu testen –, waren wir überrascht, dass Leute in jeglichem Stadium ihrer Beziehung dabei mitmachen wollten. Paare, die noch überlegten, ob sie sich fest binden sollten, solche, die gerade zusammengezogen waren, Paare, die frisch verlobt oder verheiratet waren – alle waren sehr angetan von diesen Gesprächen. Aber dasselbe galt auch für Paare, die schon viele Jahre verheiratet waren und eine bereits gute Beziehung vertiefen oder auch eine, die schon etwas von ihrem Glanz eingebüßt hatte, wieder auffrischen wollten. Das Leben verlangt allen Beziehungen eine ganze Menge ab, denn Beruf, Kinder und Krisen können uns voneinander entfremden. Die Ideen, die hinter diesen acht Gesprächen stehen, und die Selbstverpflichtung auf »tiefes Zuhören« (*deep listening*) helfen uns, wieder zusammenzukommen.

Wenn Ihre Beziehung noch neu ist und Sie sich fragen, ob die Person, mit der Sie sich immer wieder treffen, »der oder die Richtige« ist, raten wir Ihnen, sich jetzt die Zeit dafür zu nehmen, über die Themen zu sprechen, die letzten Endes über Ihr späteres Glück (oder Unglück) entscheiden. Wenn die Gespräche Ihnen zu der Erkenntnis verhelfen, dass Sie nicht füreinander geschaffen sind, dann ersparen Sie sich jahrelanges Herzeleid. Oder sie können Ihnen dabei helfen, die Unterschiede zwischen Ihnen zu verstehen und spätere Konflikte wegen »ewig gleicher Probleme« und unveränderlicher Differenzen zu verhindern. Und wenn Sie in einer Langzeitbeziehung leben, werden Ihnen diese Verabredungen helfen, die Gespräche zu führen, die Ihre Beziehung stärken und Ihre Konflikte verringern werden. Sie können sogar dazu beitragen, dass Sie sich noch einmal ganz neu kennenlernen und zu den Zeiten zurückfinden, in denen Sie die ganze Nacht aufgeblieben sind, um zu reden, und es gar nicht abwarten konnten, mehr übereinander zu erfahren.

Was die romantische Anziehungskraft angeht, ergab eine jüngst erstellte Studie erneut, dass wir an zwei unabhängigen Individuen nichts messen können, das eine Vorhersage darüber erlaubt, ob sie einander mögen oder sich im romantischen Sinne zueinander hingezogen fühlen werden. In dieser Studie, die die Psychologin Samantha Joel von der University of Utah durchgeführt hat, wurden über 100 Variablen gemessen, wie etwa Selbstwertgefühl, Ziele, Werte, Einsamkeit, Wünsche an einen Partner oder eine Partnerin und so weiter. Dennoch ließ sich nicht vorhersagen, wie sich die beiden nach einer kurzen Verabredung fühlen würden.

DAS ZIEL IST, IHREN PARTNER ODER IHRE PARTNERIN MIT JEDEM GEMEINSAM VERBRACHTEN JAHR MEHR ZU LIEBEN.

Diese Erkenntnis ist nicht neu. Sämtliche Algorithmen dafür, passende Menschen zusammenzubringen, sind so gut wie wertlos. Warum ist das so? Eine mögliche Erklärung liefert die klassische Studie des Schweizers Claus Wedekind mit T-Shirts. Frauen schnupperten an T-Shirts, die verschiedene Männer zwei Tage lang getragen hatten, und suchten jeweils dasjenige aus, das für sie am besten roch. Wedekind entdeckte, dass Frauen die T-Shirts von Männern bevorzugten, deren Haupthistokompatibilitätskomplex des Immunsystems sich genetisch am stärksten von ihrem eigenen unterschied. Folglich suchen wir eindeutig nicht nach einem Klon von uns selbst. Vielmehr fühlen wir uns zu vielerlei Menschen hingezogen, die sich sehr stark von uns unterscheiden. In einer Studie, die 2006 an der University of New Mexico mit 48 Paaren durchgeführt wurde, berichteten Frauen mit einem Partner, der sich genetisch stärker von ihnen unterschied, dass sie ein höheres Maß an sexueller Befriedigung erlebten, während die Frauen, die ihrem Partner genetisch ähnlicher waren, mehr Fantasien über andere Männer hatten und auch stärker zu Seitensprüngen tendierten. Daran zeigt sich, dass all die Algorithmen auf Datingportalen kein bisschen besser sind als das willkürliche Zusammenbringen von zwei beliebigen Fremden.

Was ist die Alternative? Die von uns entdeckte Antwort lautet folgendermaßen: Sobald zwei Menschen miteinander interagieren, können wir tatsächlich vorhersagen, ob es dieser Beziehung beschieden ist, zu klappen, oder ob sie eine Quelle ständigen Unglücks sein wird. Daher können wir Ihnen jetzt eine Reihe von acht geleiteten Gesprächen anbieten, die Sie mit einem potenziellen Partner, einer potenziellen Partnerin führen können, und auf der Grundlage Ihrer Gefühle bei diesen Gesprächen können wir einschätzen, ob diese Beziehung erfüllend sein wird oder nicht und – falls Sie in einer festen Beziehung mit dem betreffenden Menschen stehen – welche Arbeit Sie beide leisten müssen, um Ihre Liebe lebendig zu erhalten. Wie gewohnt, begannen wir erst einmal, Daten zu sammeln. Paare erklärten sich freiwillig bereit, sich zu verabreden, ihre intimsten Gespräche aufzuzeichnen und diese Aufzeichnungen dann auf einer sicheren Website hochzuladen. Bei den Paaren, deren Geschichten und Gespräche wir in diesem Buch verwenden, haben wir die Angaben verändert, die eine Identifizierung erlauben würden, und sie anonymisiert. Die Gespräche in diesem Buch sind sehr mutig und bringen Verletzlichkeit mit sich, und wir sind den Paaren, die bereit waren, ihre intimsten Diskussionen aufzuzeichnen und uns zugänglich zu machen, dankbar. Die Altersspanne der Beteiligten reichte von 21 bis zu 67 Jahren. 25 Prozent der Paare lernten sich gerade bei Dates näher kennen, 11 Prozent waren in einer festen Bindung, hatten aber nicht vor, zu heiraten, 32 Prozent waren verlobt oder planten eine baldige Heirat, und 32 Prozent waren verheiratet. Wir sammelten Aufzeichnungen von Hunderten von heterosexuellen und gleichgeschlechtlichen Paaren, und wir diskutierten die Daten mit vielen von ihnen in anschließenden Webinar-Sitzungen.

Wir alle möchten eine gesunde und glückliche Beziehung haben, intim und leidenschaftlich, die uns als Individuen ebenso gedeihen lässt wie als Paar und später als Familie mit Kindern. Wir wünschen uns Partnerschaft und Zusammenarbeit – zu wissen, dass dieser andere Mensch bei allem, was das Leben bringt, an unserer Seite sein wird, im Guten wie im Schlechten. Es ist daher nie zu früh oder zu spät, diese Gespräche zu führen. Sie werden Ihr Verständnis füreinander vertiefen und auch für die Geschichte und die Kultur, die Sie in Ihre Beziehung mitbringen.

Die Gespräche, durch die wir Sie leiten werden, sind nicht alle leicht. In Liebe verbunden zu bleiben, verlangt ein Maß an Verletzlichkeit, das nicht immer angenehm ist. Manchen Menschen fällt es schwer, über Sex und Intimität zu sprechen. Andere haben Mühe mit Wachstum und Spiritualität. Wieder anderen widerstrebt es, über finanzielle Dinge zu reden. Sie fragen sich vielleicht besorgt: Werden die Gespräche zu Streit führen? Was ist, wenn wir den Standpunkt des jeweils anderen nicht verstehen? Wie sieht es aus, wenn wir wegen der Unterschiede Zweifel bekommen? All das ist in Ordnung. Wir werden Ihnen beibringen, wie Sie offene Fragen stellen und den Antworten des anderen wirklich zuhören können. Wir geben Ihnen klare Leitlinien an die Hand, wie Sie diese Gespräche kreativ anstatt streitlustig gestalten können.

Paaren, die sich erst vor Kurzem zusammengetan haben, möchten wir sagen, dass es in jeder Beziehung zu Konflikten kommen wird, aber wenn Sie jetzt in der Anfangszeit Konflikten aus dem Weg gehen, wird es später garantiert erheblich mehr Streitigkeiten geben. In der frühen Phase einer Beziehung geht es einerseits um Spaß und Verliebtheit, aber andererseits auch darum, Vertrauen aufzubauen und eine gemeinsame Zukunft anzustreben. Auf diesem Weg rumpelt man unvermeidlich in Schlaglöcher, denn man ist ja damit beschäftigt, zwei ganz verschiedene Leben, zwei unterschiedliche Kindheiten und zwei verschiedene Familiengeschichten miteinander zu vereinbaren. Hören Sie zu und lernen Sie, teilen Sie sich mit und seien Sie einladend. Wenn Ihr Herz und Ihr Geist offen sind, werden Ihre Verabredungen und auch Ihr gemeinsames Leben viel besser laufen. Da wir lange verheiratete Paare sind, wissen wir, wie es ist, vor Schwierigkeiten zu stehen, deren Besprechung schwerfällt, wie es ist, einander nicht zu verstehen oder sogar die Ehe infrage zu stellen. All das ist normal, und wenn Sie diese Gespräche am Anfang mutig in Angriff nehmen, werden Sie eine Ehe oder Beziehung eingehen, die stark und widerstandsfähig ist.

Die Kurzfassung dazu lautet: Unterschiede sind die Norm. Letzten Endes können die Unterschiede zwischen Ihnen die Beziehung bereichern, wenn Sie sie verstehen und akzeptieren können. Denken Sie bei diesen Gesprächen daran, dass die meisten Paare eher unähnlich als ähnlich sind. Das ist in Ordnung. Es geht nicht darum, Ihren idealen Partner oder Ihre ideale Partnerin, Ihre andere Hälfte oder Ihr Alter Ego zu finden. Unsere Partner müssen nicht immer genauso denken wie wir. Das macht das Leben interessant – es wäre langweilig, wenn Sie mit sich selbst verheiratet wären. Das nennt man nämlich »single sein«.

Natürlich haben viele Paare zentrale Werte gemeinsam, aber es gibt unausweichlich auch Bereiche, in denen sie verschieden sind. Diese Unterschiede finden wir anfangs anziehend, doch wenn wir sie später zu verändern suchen, kann uns das in Beziehungsschwierigkeiten bringen. Verstehen und akzeptieren zu lernen, worin Sie sich unterscheiden, ist entscheidend für eine dauerhafte Verbindung und beständige Liebe.

Zu den großen Geschenken einer Beziehung und Ehe – und es gibt viele – gehört die Fähigkeit, die Welt durch die Augen eines anderen Menschen sehen zu können, sehr persönlich und tiefgründig, so, wie es uns so gut wie nie mit einem anderen Menschen gelingt. Wenn Sie sich dem Geheimnis, das Ihr Partner oder Ihre Partnerin darstellt, mit Neugier nähern, werden Ihre Beziehung und Ihr Leben unermesslich bereichert werden.

Die Wissenschaft der Liebe

Vor etwa 45 Jahren haben John und sein Kollege Robert Levenson an der Indiana University ein kleines Labor eingerichtet (später an der University of Illinois, der University of Washington, am UC Berkeley, und heute gibt es das Gottman Institute im Stadtzentrum von Seattle). An der University of Washington sah Johns Labor wie eine winzige Einzimmerwohnung aus, aber tatsächlich war es eine neuartige Forschungseinrichtung, die dem Ziel diente, die Wahrheit über Ehe und Scheidung herauszufinden. Hier sind die beiden fundamentalen Fragen, die John stellte: Können wir vorhersagen, wer sich scheiden lassen und wer verheiratet bleiben wird, glücklich oder unglücklich? Und was genau führt dazu, dass Beziehungen gelingen?

Für eine der großen Untersuchungen in diesem Labor zogen 130 frisch verheiratete Paare in diese Wohnung, die danach für alle Zeiten »The Love Lab«, das Liebeslabor, genannt wurde. So konnten sie rund um die Uhr dabei beobachtet werden, wie sie ihren Tag zusammen verbrachten und genau dasselbe taten, was sie auch zu Hause getan hätten – essen, fernsehen, reden, Musik hören, lesen, sauber machen und so weiter. Alles war ganz normal, außer dass an den Wänden des Apartments drei Kameras angebracht waren, die jede Bewegung aufzeichneten, und dass beide einen eigens dafür entworfenen Monitor trugen, der die elektrische Aktivität ihres Herzens aufzeichnete. Außerdem wurde jedes Mal, wenn sie die Toilette aufsuchten, eine Urinprobe entnommen, damit man die Menge der Stresshormone darin ermitteln konnte. John und sein Forschungsteam untersuchten die Körpersprache eines jeden Paars, erfassten seine Vitalfunktionen und kodierten jeden Gesichtsausdruck (auf eine Hundertstelsekunde genau). Am Morgen nach einer Nacht im Liebeslabor nahmen die Mitarbeiter dem Paar Blut ab, um die Hormon- und Immunwerte zu überprüfen.

ALLES WAR GANZ NORMAL, AUSSER DASS AN DEN WÄNDEN DES APARTMENTS DREI KAMERAS ANGEBRACHT WAREN, DIE JEDE BEWEGUNG AUFZEICHNETEN.

Ein weiterer zentraler Teil der Forschung in diesem Labor bestand darin, die Paare zu bitten, in einem zweistündigen mündlichen Interview die Geschichte ihrer Beziehung zu erzählen. John fragte die beiden, wie sie sich kennengelernt und wie ihre ersten Eindrücke voneinander ausgesehen hatten. Dann erkundigte er sich, woran sie sich aus der Zeit des Dating noch erinnern konnten, wie ihre Beziehung enger geworden war und was sie in den ersten Phasen ihrer Beziehung gerne zusammen gemacht hatten. Er bat sie, darüber nachzudenken, wie sich ihre Beziehung im Lauf der Jahre verändert hatte. Auch schwere Zeiten, die sie zusammen durchgestanden hatten, kamen zur Sprache.

> Wenn Sie auf die vergangenen Jahre zurückblicken, welche Momente fallen Ihnen dann als die wirklich schweren Zeiten in Ihrer Beziehung ein?

> Was hat Ihnen geholfen, zusammenzubleiben?

> Wie sind Sie durch diese schwierigen Zeiten durchgekommen?

> Welche Vorstellungen haben Sie davon, wie man durch schwierige Zeiten kommt?

Dann bat er die Paare, ihm zu erklären, inwiefern sich ihre heutige Beziehung im Verhältnis zum Anfang verändert hätte, und stellte ihnen weitere Fragen dazu, wie sie sich entschlossen hatten, zusammenzubleiben.

> Was hat Sie zu dem Entschluss bewogen, dass Sie von allen Menschen in der Welt genau diesen gerne heiraten möchten (oder sich mit diesem zusammentun möchten)?

> War das eine leichte oder eine schwere Entscheidung?

> Wie war es, sich zu verlieben?

Er fragte sie auch nach der Hochzeit oder einer Zeremonie anlässlich ihrer Verbindung, ihren Flitterwochen, ihrem ersten gemeinsamen Jahr, den Zeiten, die sie als besonders gut empfunden hatten, und nach ihrer Vorstellung vom gemeinsamen Spaßhaben. Er und seine Kollegen erforschten auch die Überzeugungen der Paare in Bezug auf Beziehungen. Sie baten sie, an ein Paar in ihrem Bekanntenkreis zu denken, das eine gute Beziehung hatte, und an ein anderes, dessen Beziehung weniger gut war, und fragten, was diese beiden Beziehungen unterschied.

> Wie würden Sie Ihre Beziehung im Vergleich zu dem einen und dem anderen Paar sehen?

> Worin unterscheiden sich die Beziehungen Ihrer Eltern von Ihrer Beziehung, und worin sind sie ähnlich?

Dann befragte John sie nach der Geschichte ihrer Beziehung – nach bedeutenden Wendepunkten, nach Höhen und Tiefen. Zum Schluss erkundigte er sich, wie viel sie derzeit über die wichtigsten Sorgen, Stressfaktoren, Hoffnungen, Träume und Bestrebungen des jeweils anderen wussten.

> Wie bleiben Sie im täglichen Leben in Verbindung?

> Was machen Sie regelmäßig, um miteinander im emotionalen

> Kontakt zu bleiben?

Während dieser gesamten Gespräche registrierte das Forschungsteam den Tonfall beider Personen, dazu ihre Worte, Gesten und positiven sowie negativen Emotionen. Am Ende forderte John jedes Paar auf, ein aktuelles Konfliktthema in der Beziehung zu diskutieren, während er einfach nur zuschaute.

Das war akribische, methodische und sorgfältige Forschungsarbeit. Das Endergebnis war, dass mit 94-prozentiger Sicherheit vorhergesagt werden konnte, wer verheiratet bleiben und wer sich letzten Endes scheiden lassen würde. (Nach der Veröffentlichung dieser Resultate wurden John und Julie wesentlich seltener zu Abendessen eingeladen.) Bei den Paaren, die verheiratet blieben, konnte John vorhersagen, welche glücklich und welche unglücklich sein würden. John Gottman und Robert Levenson verfolgten das Leben dieser Paare aus dem Liebeslabor über Jahrzehnte und hatten am Ende über 3000 Beziehungen beobachtet, aufgezeichnet und aus ihnen gelernt.

Positiv oder negativ

Nachdem John zehn Jahre lang die Daten aus dem Liebeslabor analysiert hatte, entdeckte er, dass eine ganz bestimmte Gruppe von Variablen darüber entschied, ob eine Ehe gelingen oder scheitern würde: Waren die Paare während des Interviews positiv oder negativ? Es gab nur einen sehr kleinen Graubereich. Entweder betonten sie die guten Zeiten, die sie miteinander erlebt hatten, und spielten die schlechten herunter, oder sie hoben die schlechten Zeiten hervor und redeten die guten klein. Entweder hoben sie die positiven Merkmale ihres Partners oder ihrer Partnerin hervor und minimierten die störenden Eigenschaften, oder sie unterstrichen deren negative Merkmale und redeten die positiven Eigenschaften klein.

Wir haben herausgefunden, dass die Paare, die am wahrscheinlichsten eine glückliche Ehe führen, die folgenden Merkmale und Eigenschaften aufweisen, wenn sie über ihre Beziehung sprechen:

ZUNEIGUNG, ZÄRTLICHKEIT, BEWUNDERUNG: Das Paar drückt entweder verbal oder nonverbal positive Affekte aus (Wärme, Humor,

Zuneigung); beide legen mehr Gewicht auf die positiven Zeiten und machen ihrem Gegenüber Komplimente.

WIRGEFÜHL VERSUS GETRENNTHEIT: Das Paar betont, wie gut es miteinander kommunizieren kann, und unterstreicht seine Einigkeit und Gemeinsamkeiten. Beide benutzen Wörter wie »wir«, »uns« oder »unser« im Gegensatz zu häufigem »ich«, »mir« und »mein«. Die beiden stellen sich nicht als getrennt dar.

AUSFÜHRLICHKEIT VERSUS VERHALTENHEIT: Das Paar schildert Erinnerungen an seine gemeinsame Vergangenheit lebhaft und präzise im Gegensatz zu vage, allgemein und ohne sich an Einzelheiten erinnern zu können. Beide sprechen bei der Erinnerung an die Vergangenheit positiv und energiegeladen über ihre Beziehung im Gegensatz zu schwunglos und ohne Begeisterung. Sie geben intime Informationen über sich preis, anstatt unpersönlich und auf der Hut zu bleiben.

DEN KAMPF GLORIFIZIEREN: In einer Beziehung bauen Menschen ein ganzes Leben gemeinsam auf, gespickt mit Werten, Zielen und Sinn. Wenn Paare »den Kampf glorifizieren«, dann drücken sie Stolz darauf aus, dass sie schwierige Zeiten gemeinsam durchgestanden haben, statt der Hoffnungslosigkeit ihrer schweren Zeiten Ausdruck zu geben. Sie unterstreichen ihr Festhalten an der Beziehung, statt infrage zu stellen, ob sie wirklich mit diesem Partner oder dieser Partnerin zusammen sein sollten. Sie sind stolz auf ihre Beziehung, statt sich ihrer zu schämen. Sie sprechen über ihre gemeinsamen Werte, Ziele und Lebenseinstellungen. Sie haben das Gefühl eines gemeinsamen Sinns und Zwecks aufgebaut, selbst in der Art und Weise, wie sie gemeinsam ihr Leben verbringen. Und sie schaffen bewusst Traditionen dafür, sich emotional zu verbinden. Wir nennen sie »Bindungsrituale«. Verabredungen sind ein Beispiel für solche Bindungsrituale.

Wenn ein Paar beim Interview von Anfang an eine negative Haltung zueinander zum Ausdruck bringt, sei es durch Worte, Gesichtsausdruck oder Körpersprache (Zynismus, Sarkasmus, Augenrollen), dann signalisiert das, dass ein negativer Schalter aktiviert wurde, und das prophezeit beinahe unausweichlich, dass es mit einer Beziehung im Lauf der Zeit bergab gehen wird. Wenn das Paar sich von der Beziehung enttäuscht zeigt, sich desillusioniert fühlt und sagt, die Ehe sei nicht das, was es sich vorgestellt hätte, wenn es deprimiert, hoffnungslos und über die Beziehung verbittert ist, dann ist eine Scheidung sehr wahrscheinlich. Allerdings sind negative Ereignisse und bedauerliche Vorfälle in allen Beziehungen unvermeidlich. Der positive Schalter hat ganz entscheidend damit zu tun, wie Paare negative Ereignisse und den Charakter ihres Gegenübers *interpretieren* und ob sie im täglichen Leben das Positive *maximieren* und das Negative *minimieren* (beim Partner oder bei der Partnerin und der Beziehung).

Es läuft darauf hinaus, dass eine insgesamt eher negative Stimmung eine Beziehung sehr schnell untergraben wird. Und jede gelungene Ehe und Beziehung hat als Grundlage eine tiefe, enge Freundschaft – zwischen Partnern, die einander wirklich kennen und in der Tiefe ihres Herzens auf der gleichen Seite stehen, Teil ein und desselben Teams sind. Deshalb sind die Gespräche in diesem Buch so wichtig. Die Worte, die Sie wählen, sind wichtig. Ihre Stimmführung ist wichtig. Selbst Ihr Mienenspiel ist wichtig.

Natürlich machen wir alle manchmal Fehler. Wir kommunizieren schlecht, und wenn das geschieht, müssen wir es wiedergutmachen. Wenn man eine Beziehung ohne Kommunikationspannen erwartet, ist das so, als erwarte man jedes Mal ein Ass, wenn man einen Golfball schlägt. Glückliche Beziehungen sind keine Beziehungen, in denen es nie Streit gibt. Es sind Beziehungen, in denen man nach einem bedauerlichen Vorfall die Dinge wieder in Ordnung bringt – und in denen ein Paar sich täglich neu verbindet. Glückliche Paare sind gar nicht so verschieden von unglücklichen Paaren; sie können ihre Beziehung einfach leichter und schneller wieder einrenken und können sich dann wieder aneinander erfreuen.

WIR ALLE MACHEN MANCHMAL FEHLER. WIR KOMMUNIZIEREN SCHLECHT, UND WENN DAS GESCHIEHT, MÜSSEN WIR ES WIEDERGUTMACHEN.

Letztlich hängt ein Großteil des Erfolgs oder des Scheiterns Ihrer Beziehung von den Gesprächen ab, die Sie miteinander führen. Wir haben mehr als 300 Paare die in diesem Buch vorgeschlagenen Gespräche führen lassen. Sie haben die Übungen gemacht, ihre Unterredungen aufgezeichnet und uns ihre Geschichten mitgeteilt. Frischgebackene Paare, enthaltsame Paare, gleichgeschlechtliche Paare und langjährig verheiratete Paare entdeckten allesamt, dass diese Gespräche sie näher zusammenbrachten und ihnen halfen, einander in einer neuen und aufregenden Weise zu sehen. Sie wurden bessere Freunde und haben sich wieder frisch ineinander verliebt.

Das können Sie auch.

Das größere Bild

Die Qualität unserer engsten Beziehungen bestimmt stärker als jeder andere Faktor unsere körperliche Gesundheit, unsere Widerstandskraft gegen Krankheiten und die Länge unseres Lebens. Befriedigende, enge Beziehungen wirken sich auch positiv auf mehrere

Aspekte der seelischen Gesundheit beider Partner aus. Glückliche Ehen oder Langzeitbeziehungen können Depressionen, Angststörungen, Süchte und antisoziale Verhaltensweisen erheblich verringern und die Selbstmordrate senken. Zusätzlich haben viele Untersuchungen gezeigt, dass anhaltend schlechte Beziehungen das kognitive und emotionale Wohl von Kindern beeinträchtigen können, während glückliche Beziehungen ihre schulische Leistung, die Beziehungen zu Gleichaltrigen und die emotionale Intelligenz fördern können. Ihre Beziehung wirkt sich eindeutig auf Ihr eigenes Leben, das Ihrer Kinder und das in Ihrer weiteren Umgebung aus.

John Gottman und Julie Schwartz Gottman haben wissenschaftliche und klinische Untersuchungen durchgeführt und sind seit Jahrzehnten praktizierende Paartherapeuten. Ihre randomisierten klinischen Versuche zeigen, dass die beobachteten Interaktionsmuster zwischen Ehepaaren nicht nur Hand in Hand mit den späteren Entwicklungen der Beziehung gehen. Sie sind deren Ursache. Beide forschen heute noch. Rachel Carlton Abrams ist Ärztin und berät in ihrer Praxis Paare, sodass sie den direkten Einfluss guter oder schlechter Beziehungen auf die Gesundheit aus erster Hand beobachten kann. Sie hat erkannt, dass dieser Einfluss erheblich ist. Doug Abrams hatte das Privileg, an einer Reihe von Büchern mit visionären Autoren mitzuarbeiten, darunter auch an mehreren über Sexualität, die er mit Rachel zusammen verfasste. Wir sind Kollegen, Freunde und vier Menschen, die zutiefst der Idee verpflichtet sind, eine Liebe so zu hegen und zu pflegen, dass sie ein Leben lang hält. Das wollen wir für unser eigenes Leben und auch für Ihres.

Es kann schon als eine Leistung angesehen werden, eine Beziehung überhaupt auf Dauer zu erhalten. Es gibt unzählige Geschichten von Paaren, die es mit Ach und Krach durch 30 oder mehr dramatische Ehejahre schaffen. Wir fragen jedoch danach, wie Sie Ihre Beziehung Jahrzehnt für Jahrzehnt zu einer echten Quelle der

Freude, des Wachstums und der Liebe machen können. Gemeinsam bringen wir fast ein halbes Jahrhundert persönliches und professionelles Wissen mit sowie manch mühsam erworbene Erkenntnis über die Gespräche, die Sie führen müssen, um eine lebenslange Liebe erreichen zu können.

Die Arbeit an einer festen Beziehung ist wichtig. Wir wollen alle lieben und geliebt werden. Wir wollen alle in unseren Beziehungen wachsen. Alles zu erleben, was unsere Beziehungen zu bieten haben, heißt, über unsere Komfortzone hinauszugehen. Wenn Sie bereit sind, ehrlich zu offenbaren, wer Sie wirklich sind, und dafür offen sind, wer Ihr Partner oder Ihre Partnerin ist, dann wird Ihre Beziehung stärker werden. Sie werden einander tiefgreifender verstehen. Ihr gemeinsames Leben wird glücklicher sein.

Ihr Gesprächsabend

Wir wissen, dass es gerade die kleinen, positiven und oft wiederholten Gesten sind, auf die es in Beziehungen wirklich ankommt. Ihrem Partner oder Ihrer Partnerin regelmäßig Wertschätzung und Zuneigung zu zeigen, am Ende eines jeden Tages miteinander zu reden, sich bei der Begrüßung und beim Abschied einen Kuss zu geben – all das sind Elemente einer glücklichen und gesunden Beziehung. Ihre Beziehung setzt sich aus diesen kleinen und einfachen Momenten zusammen, die Sie jeden Tag miteinander erleben, deshalb sollten Sie sie nutzen. Aber wir bitten Sie darüber hinaus, sich einmal in der Woche Zeit für einen Abend freizuhalten, an dem Sie eine geplante Verabredung haben – oder auch einen Nachmittag oder Morgen.

Die Kapitel in diesem Buch werden Sie durch insgesamt acht Gespräche führen, die Ihre Beziehung stärken werden, aber die Gesprächsabende sollten dauerhaft Teil Ihres Lebens in Liebe und Verbundenheit sein. Das Ziel ist, sich einmal in der Woche fest miteinander zu verabreden und diesen Treffen in Ihrer Beziehung Priorität einzuräumen.

Für viele sehr beschäftigte Paare werden diese Gesprächsabende – besonders wenn sie erst einmal Kinder haben – so zufällig und unberechenbar wie ein Naturereignis: Sie finden statt, wenn die Doppelbelastung von Kindererziehung und Arbeit sich einmal so arrangieren lässt, dass beide eine kurze Verschnaufpause in ihrer endlosen To-do-Liste einlegen können. Doch diese Verabredungen sollten keine der Willkür überlassenen Ereignisse sein, die nur stattfinden, wenn die Gelegenheit günstig ist, die Finanzen, das

Wäschewaschen und alles andere sich auf magische Weise perfekt im Universum ineinanderfügen. Gesprächsabende sind geplant. Und sie haben Priorität. In vielen Beziehungen und Ehen nehmen Spaß, Spiel und Kontaktpflege die letzten Plätze auf den To-do-Listen ein. Das ist ein sicheres Rezept für Unzufriedenheit und Entfremdung.

Die Wahrheit lautet schlicht und einfach: Verabredete Gespräche sind das A und O für das Gelingen von Beziehungen.

Wir haben eine Vereinbarung getroffen

Rachel und Doug hatten wöchentliche Gesprächsabende seit ihrem allerersten Date vor 31 Jahren. Dieses erste Date fand in der Woche der Abschlussprüfungen am College statt. Die beiden wussten sofort, dass sie einen Weg finden mussten, sich gegenseitig Priorität einzuräumen und ebenso der Beziehung, von der ihnen klar war, dass sie ihr Leben verändern würde. »Wir haben sofort eine Vereinbarung getroffen«, erklärt Doug, »dass wir uns jeden Tag um Mitternacht treffen würden, ob unsere Arbeit erledigt war oder nicht. Ich musste in jener Woche fünf schriftliche Arbeiten von je 20 Seiten anfertigen, und Rachel lernte für ihre außerordentlich wichtige vorklinische Prüfung. Aber wir waren beide jeden Abend fertig, ehe die Uhr Mitternacht schlug. Ich habe nie schneller oder besser oder mit einem breiteren Lächeln im Gesicht gearbeitet.

VIEL ZU OFT WIRD DER GESPRÄCHSABEND SO UNBERECHENBAR WIE EIN NATUREREIGNIS.

Als wir es zur Priorität erhoben, zusammen zu sein, und einander versprachen, dass unsere Beziehung Vorrang haben sollte, schien alles andere, das so viel Zeit beanspruchte und es scheinbar unmöglich machte, auch noch Zeit für ein Date zu finden, irgendwie zusammenzuschrumpfen und uns ein Fenster für unsere gemeinsame Zeit zu öffnen. Selbst als Rachel als Assistenzärztin 110 Stunden in der Woche arbeitete, selbst als wir neugeborene Zwillinge hatten, selbst als ich in zwei Jobs arbeitete und hin und zurück fünf Stunden am Tag pendeln musste, fanden wir noch immer Zeit für unseren Gesprächsabend. Es ist sehr unwahrscheinlich, dass wir es ohne diesen Gesprächsabend bis heute geschafft hätten.«

Rachel stimmt zu: »Wir wären nicht mehr zusammen, hätte es diese Gesprächsabende nicht gegeben. Ich wusste, dass ich lange verheiratet sein wollte. Doug auch. Und irgendwie war uns klar, dass diese Abendverabredungen der Schlüssel dazu waren. Die Vereinbarung, die wir im College getroffen haben, gilt für uns noch heute. Wir schenken der Beziehung Aufmerksamkeit. Manchmal hat das bedeutet, dass aus dem Gesprächsabend ein Gesprächsmittag oder -morgen geworden ist, aber das Date ist immer unsere ganz spezielle Zeit dafür geblieben, uns aufeinander zu fokussieren. Es war nicht immer leicht, aber wir haben stets einen Weg gefunden. Der Gesprächsabend hat uns viele Male aus der Patsche geholfen.«

Hier in diesem Buch meinen wir mit Date oder Gesprächsabend eine im Voraus geplante Zeit, in der Sie beide Ihre Arbeit in Beruf und zu Hause ruhen lassen und sich für eine festgelegte Zeitspanne aufeinander fokussieren und wirklich miteinander *sprechen* und einander *zuhören*. Ein lohnendes Date besteht nicht darin, dass Sie nebeneinander auf dem Sofa sitzen und fernsehen oder zusammen ins Kino oder mit Freunden tanzen gehen. Es ist eine Zeit, die Sie eigens dafür reservieren, dass Sie beide miteinander in Verbindung kommen. Betrachten Sie sie als heilige Zeit. Lassen Sie Ihre elektronischen Geräte zu Hause oder schalten Sie sie aus und schauen Sie erst wieder drauf, wenn das Gespräch beendet ist. Und sehen Sie jedes dieser acht Gespräche als ein erstes Date an. Planen Sie die

Termine. Freuen Sie sich darauf. Lassen Sie sich von ihnen in Aufregung versetzen. Sie können zusätzlich auch ins Kino gehen oder sich mit Freunden treffen, aber die Hauptsache bei dieser Verabredung ist, dass Sie einfach Zeit miteinander verbringen und wieder Verbindung aufnehmen, sich wieder verlieben und sich daran erinnern, dass zu Ihrer Beziehung noch mehr gehört als ein gemeinsames Zuhause oder gemeinsame Kinder. Erinnern Sie sich daran, dass Sie in erster Linie Freunde und ein Liebespaar sind.

Zeit für Persönliches

John und Julie, die täglich gemeinsam arbeiten, oft in intensiven Gesprächen, Debatten und enger Zusammenarbeit, hatten vor allem damit zu kämpfen, bei diesen Gesprächsabenden ihre Arbeit hinter sich zu lassen. »Wenn man zusammen arbeitet, kann es ganz besonders knifflig sein, zu trennen, was zu dieser Verabredung gehört und was nicht. Und wir sind in Versuchung, bei diesen Dates über die Arbeit zu reden«, sagt Julie. »Wir schreiben gemeinsam, wir planen Workshops, wir diskutieren über therapeutische Interventionen bei Paaren. Wir teilen einander voller Leidenschaft unsere Standpunkte mit. Wir mussten sehr bewusst das Professionelle vom Persönlichen trennen.«

John und Julie gehen für ihr Date mit besonderer Vorliebe in ein Café in der Nähe. Sie bestellen jedes Mal das Gleiche. Die Bedienungen kennen sie mit Namen und wissen schon, dass sie regelmäßig Spiegeleier, Baguette und Konfitüre bestellen – genau genommen eine doppelte Portion der hausgemachten Konfitüre. Für Julie ist das Baguette im Grunde nur ein Vorwand für den Genuss der Konfitüre. Sie haben ganz bewusst die Vereinbarung getroffen, im Rahmen dieses vertrauten Rituals nicht über ihre Arbeit zu sprechen.

John sagt: »Das ist unsere Zeit für das Persönliche, für offene Fragen und für das Abrücken von unserer Arbeit. Wir halten uns über den Tisch hinweg an den Händen, flirten und lachen.« Gerade diese besondere Zeit für die Mitteilung dessen, was ihre Herzen bewegt, macht den Besuch dieses Cafés zu einem Date.

»Wir heben unsere Arbeitsgespräche für die Zeit nach dem Café-Besuch auf. Und es kann – ganz gleich, ob man gemeinsam oder getrennt arbeitet – Übung erfordern, das Berufliche beiseitezulassen und sich beim Date auf die Beziehung zu konzentrieren. Aber tun Sie das«, sagt Julie. »Es bedeutet einen Unterschied wie Tag und Nacht.«

Hindernisse, die einer Verabredung im Weg stehen

Manche Leser und Leserinnen denken jetzt vielleicht: Das klingt großartig, und in einer perfekten Welt sind Gesprächsabende machbar, aber wer hat die Zeit, das Geld oder die Babysitter (falls nötig), und so weiter. Wie immer die Hindernisse aussehen mögen, Gesprächsabende sind immer machbar, selbst wenn das bedeutet, dass Sie ein bisschen kreativ werden müssen, um sich gemeinsame Zeit zu erobern.

ZEIT: Das Leben kann sich so unglaublich voll anfühlen, dass schon allein der Gedanke daran, Zeit für noch eine weitere Verpflichtung finden zu müssen, überwältigend wirkt. Aber ein Gesprächsabend ist mehr als eine Verpflichtung – er ist ein Einsatz für Ihre Beziehung und Ihre Hoffnung auf eine glückliche Ehe. Es ist hilfreich, jede Woche regelmäßig eine bestimmte Zeit festzusetzen und dieser »Verabredung« hohe Priorität einzuräumen. Wenn nicht gerade jemand in die Notaufnahme muss, machen Sie diesen Gesprächsabend zu einem Termin, der auf jeden Fall stattfindet. Reservieren Sie dafür ebenso Zeit, wie Sie das für einen Geburtstag, einen Kirchgang, ein Jubiläum oder jedes andere besondere Ereignis tun würden, das Sie in Ihrem gemeinsamen Leben feiern möchten. Diese Abendverabredungen sollten heilige Zeiten zu Ehren Ihrer Beziehung sein. Stufen Sie sie auch genau so ein, notieren Sie sie in Ihrem Kalender und nehmen Sie sich so viel Zeit wie möglich – und selbst wenn es nur für eine Stunde ist, machen Sie sich schön und halten Sie den Termin ein, egal, was kommt.

GELD: Dates müssen nicht teuer sein, sie brauchen sogar überhaupt nichts zu kosten. Packen Sie einen Picknickkorb, machen Sie einen Spaziergang, setzen Sie sich in einen Park. Es gibt unzählige Möglichkeiten, Zeit miteinander zu verbringen, ohne das Budget zu sprengen. Bei jedem der acht Gespräche machen wir Vorschläge, wohin Sie dafür am besten gehen, je nach dem jeweiligen Thema. Es sind aber nur Vorschläge. John und Julie hatten oft ein günstiges Date, indem sie sich in Schale warfen, in das wunderschöne Hotel Sorrento in Seattle gingen und so taten, als wären sie Hotelgäste. Sie saßen im eleganten Kaminzimmer am Feuer und nuckelten den ganzen Abend lang an einem einzigen Getränk. Und beantworteten einander stundenlang ihre offenen Fragen.

KINDERBETREUUNG: Die Kinderbetreuung ist oft der Knackpunkt für Paare, die sehr gerne abendliche Verabredungen treffen möchten, aber kleine Kinder zu Hause haben. Kinderbetreuung muss nicht teuer oder stressig sein. Gelegentlich haben sowohl John und Julie als auch Doug und Rachel sich mit anderen Paaren mit dem Babysitten abgewechselt, sodass beide Paare ausgehen konnten. Wenn das nicht möglich ist, schauen Sie, ob ein vertrauenswürdiges Familienmitglied oder ein Freund, eine Freundin Sie bei Ihrem Bestreben unterstützen möchte, heilige Zeit zusammen verbringen zu können. Halten Sie nach preiswerten Babysittern in der Nachbarschaft Ausschau oder erkundigen Sie sich bei Ihren Freunden, ob sie Ihnen jemanden empfehlen können. Als die Kinder von Doug und Rachel noch klein waren, engagierten sie stets Babysitter, die sich gleich für eine ganze Reihe von Samstagabenden verpflichteten, damit sie nicht jede Woche in letzter Minute noch eine Betreuung auftreiben mussten. Manche Eltern sind besorgt, wenn sie ihre Kinder anderen Menschen überlassen sollen, aber wenn Sie dafür eine solide und verlässliche Person finden, verhelfen Sie Ihren Kindern zu der Erfahrung, dass auch noch andere Menschen außer ihren Eltern vertrauenswürdig und zuverlässig sind. Kinder sind unglaublich widerstandsfähig, und wenn Sie sich um Ihre Beziehung kümmern, tun Sie zugleich Ihren Kindern etwas Gutes, weil sie dann von Eltern großgezogen werden, die eine gesunde und stabile Beziehung zueinander haben. Kinder werden genährt von der Liebe in einer Ehe. Denken Sie daran, dass Sie in allem ihr ständiges Vorbild sind, und Sie wollen ihnen doch zeigen, wie man die Liebe in einer Ehe erhält.

Schauen Sie, was für Ihr Leben am sinnvollsten ist. Wo ein Wille ist, ist immer auch ein Weg.

Wir machen Ihnen im Folgenden für jede Verabredung Vorschläge, wo sie stattfinden könnte, geben Ihnen aber bei manchen auch die Möglichkeit, das Gespräch mit bestimmten Aktivitäten gekoppelt zu Hause zu führen.

Einige Leitlinien

Die wichtigste Leitlinie für dieses Buch und für die folgenden acht Gespräche ist, Herz und Geist offen zu halten, aufmerksam zuzuhören, den echten Wunsch nach einer Verbindung zu haben und neugierig auf die Begegnung zu sein. Und es hilft auch, sich vorzubereiten.

LESEN SIE EIN WENIG: Lesen Sie vor dem Gespräch jedes Kapitel getrennt oder gemeinsam durch. Zu Beginn eines jeden Kapitels wird erklärt, warum dieses Thema wichtig für Ihre Beziehung ist und was Sie wissen müssen, damit es ein erfreulicher Teil einer dauerhaften Beziehung wird. Wir geben Ihnen auch zu jedem Kapitel eine Zusammenfassung, die wir »Schnelleinstieg« genannt haben. Lesen Sie diese noch einmal vor Ihrer Verabredung. Wir glauben nicht, dass es einen Ersatz dafür gibt, die Kapitel vorher zu lesen, aber wenn es zeitlich eng ist, überfliegen Sie wenigstens die Zusammenfassung. Im Abschnitt »Vorbereitung« geben wir Ihnen Hinweise, wie Sie Ihr Gespräch mit Vergnügen führen und es intim gestalten können. Der abschließende Teil heißt »Das Gespräch«, führt Sie durch die offenen Fragen und bietet Ihnen auch einige Aktivitäten an, die Sie vielleicht bei Ihrem Date ausprobieren möchten. Am Ende eines jeden Kapitels werden Sie gebeten, mit einer Affirmation Ihre gemeinsame Zukunft als Paar zu bekräftigen, ganz speziell mit Bezug auf das Thema, das Sie gerade besprochen haben.

SPRECHEN SIE VIEL: Nehmen Sie die Liste mit den offenen Fragen für das jeweilige Thema mit. Die Fragen werden Ihnen als Leitfaden und Kompass für Ihr Gespräch dienen. Vielleicht möchten Sie auch beide je ein eigenes Exemplar des Buchs zu dem Date mitbringen, damit Sie einander Überraschendes mitteilen oder Dinge ansprechen können, die bei den Übungen in jedem Kapitel eine besondere Resonanz in Ihnen ausgelöst haben und über die Sie gerne noch ausführlicher sprechen möchten. Sie können die Übungen und offenen Fragen auch von der Website herunterladen, unter der Adresse workman.com/eightdates. Bei diesen Verabredungen werden Sie über das sprechen, worauf es wirklich ankommt, und Sie werden eine starke Verbindung zu Ihrem Partner oder Ihrer Partnerin herstellen, versuchen Sie daher, auf die Themen, Übungen und offenen Fragen konzentriert zu bleiben.

TRINKEN SIE WENIG ALKOHOL (ODER GAR KEINEN): Begrenzen Sie an diesen Abenden Ihren Alkohol- oder Drogenkonsum. Sie denken vielleicht, dass Alkohol lockert und Hemmungen löst, und das tut er auch, aber er enthemmt auch die Aggression – und das ist bei einer solchen Verabredung nicht toll. Bei vielen Paaren steigt die Gefahr eines Streits erheblich, wenn sie etwas trinken. Nehmen Sie bei einem Gespräch möglichst nicht mehr Alkohol zu sich als ein Glas Wein. Sie möchten ja bei den intimen Gesprächen, die Sie da führen, kohärent sprechen und ganz und gar präsent sein können. Wenn Sie Ihre Verabredungen vorwiegend in Restaurants abhalten möchten, dann stellen Sie sicher, dass Sie dort nicht nur frei miteinander reden, sondern einander auch gut hören können. Wenn Sie wichtige Gespräche ungern am Abend oder beim Essen und Trinken führen, dann suchen Sie sich eine andere Zeit aus, die beiden stimmig erscheint und klappt. Denken Sie auch an den Vormittag – wenn Sie Morgenmenschen sind –, oder nehmen Sie sich sogar eine Stunde oder länger von der Arbeit frei, wenn das möglich ist.

BEHALTEN SIE IHREN SINN FÜR HUMOR: Wenn Sie das Beste für Ihre Beziehung wollen oder sich Sorgen um sie machen, tun Sie genau das Richtige, wenn Sie die in diesem Buch vorgeschlagenen Gespräche führen. Es geht dabei zwar um eine ernsthafte und wichtige innere Arbeit, aber wir möchten auch, dass Sie dabei Spaß haben. Erkennen Sie lustige Momente. Achten Sie auf die Freude, selbst wenn sich das schwierig anfühlt. Vergessen Sie nicht, warum Sie sich einmal ineinander verliebt haben, und vergessen Sie vor allem nicht zu lachen.

Die vier Fähigkeiten, die ein intimes Gespräch erfordert

Die Verabredungen, die wir Ihnen hier ans Herz legen, sind Anlässe, sich füreinander Zeit zu nehmen, und bieten auch Raum für gehaltvolle, intime Gespräche. Es gibt eine Kunst des Zuhörens, die wir im nächsten Abschnitt besprechen werden, und es ist auch eine Kunst, intime und ergiebige Gespräche zu führen, die eine Reihe von Fähigkeiten erfordert. Solche Gespräche fallen manchen leichter, manchen schwerer, und die unten aufgezählten Fähigkeiten werden Ihnen helfen, auszudrücken, wie Sie sich fühlen, und Sie auch dabei anleiten, wie Sie Ihrem Gegenüber helfen können, seine Gefühle auszudrücken. Diese Fähigkeiten und Vorschläge brauchen Sie nicht bei jedem Gespräch anzuwenden, obwohl Sie es natürlich tun könnten. Sie sollten zu Anfang und im Verlauf von intimen Gesprächen eingesetzt werden.

Fähigkeit Nummer eins

Fassen Sie in Worte, was Sie fühlen

Sagen Sie beispielsweise: Ich fühle mich …

- ☐ akzeptiert
- ☐ verstanden
- ☐ zurückgewiesen
- ☐ missverstanden
- ☐ geschätzt
- ☐ nicht gewürdigt
- ☐ im Stich gelassen
- ☐ mit dir verbunden
- ☐ aufgeregt
- ☐ allein
- ☐ einsam
- ☐ aufgewühlt
- ☐ beunruhigt
- ☐ verärgert
- ☐ herabgesetzt
- ☐ beleidigt
- ☐ müde
- ☐ abgelehnt
- ☐ dir nahe
- ☐ fern von dir
- ☐ angstvoll
- ☐ perplex
- ☐ vernachlässigt
- ☐ wohl
- ☐ unwohl
- ☐ deprimiert
- ☐ wertschätzend
- ☐ als Versager/in
- ☐ beschämt
- ☐ zu Recht empört
- ☐ besorgt
- ☐ schüchtern
- ☐ zärtlich
- ☐ angespannt
- ☐ verraten
- ☐ nicht gemocht
- ☐ reizbar
- ☐ entfremdet
- ☐ wütend
- ☐ sinnlich
- ☐ romantisch
- ☐ unattraktiv
- ☐ voller Bedauern
- ☐ angewidert
- ☐ glücklich
- ☐ freudig
- ☐ gelangweilt

Nun sprechen Sie darüber, *warum* Sie diese Gefühle haben. Dafür können Sie eventuell die Ereignisse schildern, die zu dem Gefühl geführt haben, eine Geschichte aus Ihrer Kindheit erzählen, eine Beobachtung, Erkenntnis oder Offenbarung mitteilen, die Sie hatten. Was auch immer eine Verbindung zwischen dem Gefühl und dem herstellt, was Sie als Ursache für das Gefühl vermuten.

Fähigkeit Nummer zwei

Stellen Sie Ihrem Partner oder Ihrer Partnerin offene Fragen

Fragen Sie beispielsweise:

> Was fühlst du?
> Was fühlst du sonst noch?
> Welche Bedürfnisse hast du?
> Was wünschst du dir wirklich?
> Wie ist all das passiert?
> Was würdest du am liebsten sagen und wem?
> Welche Gefühle fürchtest du so, dass du Angst hast, überhaupt an sie zu denken?
> Welche gemischten Gefühle hast du?
> Gibt es widerstreitende Anteile in dir selbst?
> An was in deiner Lebensgeschichte erinnert dich das?
> Welche Verpflichtungen (oder Aufgaben) hast du in diesem Fall?
> Welche Entscheidung musst du fällen?
> Was sagen dir deine Werte zu alledem?
> Denk mal an jemanden, den du wirklich bewunderst. Was würde diese Person tun, und wie würde sie diese Situation betrachten?
> Haben diese Gefühle und Bedürfnisse irgendeine spirituelle, moralische, ethische oder religiöse Bedeutung für dich?
> Wen oder was missbilligst du?
> Wie beeinflusst das deine Identität, deine Vorstellung von dir selbst?

Wie hast du dich verändert, oder wie veränderst du dich gerade, und wie hat das diese Situation beeinflusst?
Was ist deine vorrangige Reaktion oder Beschwerde?
Was *wünschst* du dir als Lösung für diese Dinge jetzt gleich oder in Zukunft?
Stell dir einmal vor, du hättest nur noch sechs Monate zu leben. Was wäre dir dann am wichtigsten?
Welche Ziele hast du?
Wofür *solltest* du in dieser Situation Verantwortung übernehmen?

Fähigkeit Nummer drei

Sagen Sie Ihrem Gegenüber ermutigende Sätze, die ihm helfen, Zugang zu seinen Gefühlen und Bedürfnissen zu bekommen

Sagen Sie beispielsweise Sätze wie:

Erzähl mir die Geschichte zu dieser Situation.
Ich möchte alles wissen, was du fühlst.
Sprich, ich höre dir zu.
Mir ist im Augenblick nichts wichtiger, als dir zuzuhören.
Wir haben jede Menge Zeit zum Reden. Lass dir so viel Zeit, wie du brauchst.
Sag mir, welche Prioritäten du hier hast.
Sag mir, was du jetzt im Augenblick brauchst.
Sag mir, welche Wahlmöglichkeiten du für dich siehst.
Es ist in Ordnung, wenn du nicht weißt, was du tun sollst, aber was schätzt du, wohin es gehen könnte?
Du sagst das sehr klar. Sprich weiter.

Hilf mir bitte, deine Gefühle dazu ein bisschen besser zu verstehen. Sag mir mehr darüber.
Ich glaube, du hast schon über einige Lösungen nachgedacht. Sag mir, wie sie aussehen.
Hilf mir bitte, diese Situation aus deiner Perspektive zu verstehen. Welche Punkte sind dir dabei am wichtigsten?
Sag mir, was dir dabei die größten Sorgen macht.
Sag mir mehr darüber, wie du diese Situation siehst.
Erzähl mir von der Entscheidung, die du deinem Gefühl nach treffen musst.

Fähigkeit Nummer vier

Drücken Sie Toleranz, Empathie und Verständnis für Ihren Partner oder Ihre Partnerin aus

Sagen Sie beispielsweise einfühlsame Sätze wie:

Das verstehe ich sehr gut.
Ich verstehe, wie du dich fühlst.
Du musst dich wirklich hoffnungslos fühlen.
Ich spüre deine Verzweiflung, wenn du davon sprichst.
Du hast es gerade schwer.
Ich spüre den Schmerz, den du empfindest.
Ich bin an deiner Seite.
Oje, das klingt schrecklich!
Das muss sich für dich sehr schmerzhaft anfühlen.
Ich unterstütze deine Haltung.
Ich stimme dir völlig zu.
Du fühlst dich wie in einer Falle!
Das klingt, als hättest du das wirklich abstoßend gefunden!

Das tut dir sehr weh, das spüre ich.
Das muss dich sehr aufgewühlt haben.
Das ist beängstigend.
Ich wäre davon auch enttäuscht gewesen.
Das hätte meine Gefühle auch verletzt.
Das würde mich auch traurig machen.
Wow! Das muss wehgetan haben.
Das muss sehr frustrierend gewesen sein.
Kein Wunder, dass du wütend warst.
Okay, ich glaube, ich verstehe dich. Du hast also das Gefühl, …
Sag mir, ob ich das richtig verstanden habe. Du meinst …
Das würde mir ein Gefühl von Unsicherheit geben.
Das klingt furchterregend.

Die Kunst des Zuhörens

Die Fragen, die wir für jedes der acht Gespräche vorgeben, sind spezifisch und offen, aber sie sind nur die eine Hälfte der Gleichung. Das Zuhören ist die alles entscheidende andere Hälfte. Und zwar eine ganz spezielle Art des Zuhörens. Ein Hören, um zu verstehen, ohne zu urteilen oder in Abwehr zu gehen oder den Wunsch, zurückzuschlagen. Es geht um eine annehmende Form des Zuhörens. Zuhören ist etwas Aktives, Sie müssen sich ihm hingeben. Und das können Sie nicht, wenn Sie nicht einen Schritt aus sich heraus machen. Wenn Sie in sich selbst gefangen bleiben, werden Sie Ihre eigene Stimme hören und nicht die des Menschen, den Sie lieben.

SEIEN SIE AUFMERKSAM: Legen Sie Ihr Smartphone, Ihr Tablet und alle anderen elektronischen Geräte zur Seite. Schalten Sie sie aus, oder stellen Sie sie zumindest stumm. Zeigen Sie echtes Interesse und Neugier für das, was Ihr Gegenüber sagt. Beugen Sie sich nach vorn, stellen Sie Blickkontakt her, und unterbrechen Sie nicht.

SEIEN SIE PRÄSENT: Bei einem Gespräch geht es um Dialog, folglich heißt zuhören nicht einfach, die Pausentaste zu drücken, um Ihren Monolog anzuhalten. Wenn Sie als Zuhörer/in präsent sind, dann gehen Sie nicht davon aus, dass Sie schon wissen, was Ihr Gegenüber als Nächstes sagen wird, und während Ihr Partner oder Ihre Partnerin spricht, denken Sie auch nicht darüber nach, was Sie selbst als Nächstes sagen werden, oder bereiten schon Ihren Gegenbeweis vor. Stattdessen *hören Sie einfach zu*.

STELLEN SIE FRAGEN: Wenn Sie etwas nicht verstehen, stellen Sie Fragen und hören sich dann die Antworten an. Denken Sie daran, dass nur offene Fragen das Herz öffnen. Stellen Sie explorative Fragen, die Ihr Verständnis fördern, wie etwa: »Kannst du mir mehr darüber erzählen?« »Fällt dir eine Geschichte oder eine Erinnerung dazu ein?« Erinnern Sie sich auch daran, dass das kein Verhör, sondern ein Gespräch ist.

STELLEN SIE SICH AUF DEN ANDEREN EIN: Als Zuhörer oder Zuhörerin ist es Ihre Aufgabe, sich auf die Gefühle Ihres Gegenübers einzustellen. Achten Sie darauf, diese nicht herunterzuspielen, indem Sie sie abtun oder versuchen, sie in Ordnung zu bringen. Sie brauchen nicht dafür zu sorgen, dass Ihr Partner oder Ihre Partnerin sich besser fühlt, oder ihn oder sie aufzuheitern. Ihr einziges Ziel ist einfach, zuzuhören und nach Kräften zu verstehen.

ZEUGE SEIN: Ein großer Teil des Zuhörens besteht darin, Zeuge zu sein. Das heißt, Sie hören zu, damit Ihr Partner oder Ihre Partnerin sich nicht so allein fühlt. Eine hochwirksame Art, Zeuge und für den anderen da zu sein, besteht darin, mit Ihren eigenen Worten zu wiederholen, was Sie von Ihrem Gegenüber gehört haben, und dadurch das Mitgeteilte zu bestätigen. Wenn Ihr Gegenüber zum Beispiel gerade ein Problem mit einem Freund oder einer Freundin geschildert hat, können Sie sagen: *»Das klingt, als wärst du wirklich sauer auf deinen Freund oder deine Freundin, weil er oder sie so fordernd und so wertend war. Ich verstehe sehr gut, dass du dich so fühlst.«* Sie brauchen nicht wie ein Therapeut zu reden. Sie lassen Ihren Partner oder Ihre Partnerin einfach wissen, dass er oder sie gehört wurde. Denn seltsamerweise weiß er oder sie nicht, was in unserem Kopf vor sich geht, obwohl wir häufig denken, das sollte unser Partner/unsere Partnerin. Lassen Sie Ihr Gegenüber wissen, dass Sie es gehört haben.

URTEILEN SIE NICHT: Üben Sie keine Kritik, und geben Sie keine Ratschläge, wenn Sie nicht darum gebeten werden. In jedem Gespräch mit unserem Partner oder unserer Partnerin möchten wir Respekt, Verständnis und Empathie kommunizieren. Die Gespräche, die wir empfehlen, erfordern ein gewisses Maß an Verletzlichkeit und Offenheit, ein Klima, in dem sich beide Partner sicher fühlen und frei ihre innersten Gedanken, Gefühle und Befürchtungen mit dem anderen teilen können. Denken Sie daran, dass das Ziel bei diesen Gesprächen nicht ist, zu beweisen, dass Sie mit Ihren Überzeugungen recht haben und der oder die andere unrecht. Es geht darum, die Ähnlichkeiten und Unterschiede zwischen Ihnen zu verstehen und ein Gespür dafür zu entwickeln, warum jeder von Ihnen die Welt so sieht, wie er sie sieht.

STEIGERN SIE DIE AKZEPTANZ: Bei diesen Gesprächen werden Sie sich tiefer darauf einlassen, einander verstehen zu lernen, und das bringt ein hohes Maß an Verletzlichkeit mit sich. Versuchen Sie zu verstehen, wie Ihr Partner oder Ihre Partnerin tickt, und geben Sie sich Mühe, deren Sosein zu akzeptieren; schätzen und würdigen Sie, was Sie haben, und entwickeln Sie Dankbarkeit füreinander.

Zuhören fällt uns nicht immer leicht, aber wenn wir nicht zuhören, ist ein intimes Gespräch unmöglich. Sie können Fragen stellen, während Sie einander zuhören, die Ihnen bei Ihren Gesprächen und in Ihrer Beziehung als Leitfaden dienen. Mit der Zeit werden Sie Ihnen zur zweiten Natur. Hier sind einige Fragen, die Sie immer stellen können, wenn Sie Ihren Partner oder Ihre Partnerin besser verstehen wollen.

Was fühlst du gerade?
Was brauchst du?

Welche Möglichkeiten stehen dir zur Wahl?
Wie kann ich dir helfen?
Wie sieht dein schlimmstes Szenario für diesen Fall aus?
Wie sieht deine ideale Traumlösung für die Situation aus?

Wenn Sie feststellen, dass Sie einander nicht verstehen, sondern auf einen Konflikt zusteuern, holen Sie einmal tief Luft (dabei bis zehn zu zählen hilft wirklich, weil es die Emotionszentren im Gehirn beruhigt), oder sorgen Sie durch das Aufsuchen der Toilette für eine Pause. Bei diesen Verabredungen geht es nicht um die Bearbeitung von Meinungsverschiedenheiten oder um die »Arbeit« an Ihren strittigen Themen. Wir haben für jedes Date einen Abschnitt über »Fehlervermeidung« eingefügt, in dem Sie finden, was Sie tun und lassen sollen, damit Sie keinen Konflikt erzeugen. Wenn Sie merken, dass die Debatte heiß und schwer wird (in einer unguten Weise), dann schauen Sie bitte unter »Fair streiten und wiedergutmachen« auf S.109 nach. Zusätzliche Hinweise für den Umgang mit Konflikten oder Tipps für therapeutische Hilfe finden Sie auch auf der Website des Gottman Institute unter gottman.com.

Diese Arbeit ist wichtig, und wir wissen, wenn Sie diese Reise zusammen machen und die acht Gespräche führen, werden Ihre Freundschaft und Ihre Liebe wachsen, und Sie werden Ihr gemeinsames Leben auf einer festen Grundlage beginnen. Sich auf den Weg zu machen, ist schon die halbe Miete, deshalb hat Ihre Reise zu einer Liebe, die ein Leben lang hält, bereits begonnen.

Schnelleinstieg

Zusammenfassung des Kapitels

Es gibt nicht wirklich eine Abkürzung für die Lektüre dieser Anfangsabschnitte, die Sie darauf vorbereiten, die acht Gespräche erfolgreich zu führen. Aber wenn Sie in fünf Minuten Ihre erste Verabredung haben und in letzter Minute diese Seiten durchblättern, dann lesen Sie zumindest die Abschnitte »Einige Leitlinien«, »Ihr Gesprächsabend« und »Die Kunst des Zuhörens«.

ERSTES GESPRÄCH

Verlass dich auf mich:

Vertrauen und Verbindlichkeit

Ben und Leah lernten sich auf dem Campus der University of Arizona kennen. Jedes Mal, wenn er aus seiner Vorlesung »Einführung in die Astronomie« herauskam, saß sie draußen auf der Treppe und wartete auf ihre nächste Vorlesung. Er konnte gar nicht anders, als sie wahrnehmen. »Sie hatte den Kopf immer über ein Buch gebeugt. Sie hat mich nicht ein einziges Mal angesehen. Hätte sie das getan, hätte ich sie gegrüßt, aber sie hat immer gelesen. Das ging fünf Wochen lang so. Ich wusste alles über die Oberseite ihres Kopfes und ihre Schuhe, aber das war's. Ich wusste nicht einmal richtig, wie sie aussieht oder welche Augenfarbe sie hatte, aber sie zog mich an. Ihre Konzentrationsfähigkeit und dass sie immer da war, machten mich sehr neugierig auf sie. Sie gehörte bald fest zu meiner Woche, aber sie hatte keine Ahnung, dass es mich überhaupt gab. Ich versuchte es einmal mit einem Zusammenstoß, als ich die Treppe hinunterging, und rempelte sie ein klein wenig an, aber selbst da murmelte sie bloß ›schon okay‹, als ich mich entschuldigte, und blickte nicht einmal auf. Ich dachte immerzu über sie nach. Nicht nur an den Unterrichtstagen, sondern jeden Tag. Wer war sie? Wie hieß sie? Was las sie?«

Eines Tages beschloss Ben, dass es ihm jetzt reichte, und als die Vorlesung aus war, setzte er sich neben sie auf die Treppe.

»Er setzte sich ganz nah neben mich, zu nah, sodass sich unsere Schultern berührten«, sagte Leah. »Ich las Sartre für meine Philosophievorlesung. Das war ein komplexer Text. Philosophie ist kein Kinderspiel, und ich hatte zu kämpfen. Erst mal war ich genervt und hob den Kopf, und da saß er mit einem strahlenden Lächeln im Gesicht, als wären wir Freunde, die sich ewig nicht gesehen haben, oder so was.«

Ben erinnert sich an Leahs Gesichtsausdruck. »Ich war einfach so glücklich, ihr ganzes Gesicht und ihre großen, braunen Augen zu sehen, dass ich völlig vergaß, dass ich für sie ein Fremder war. Sie war keine Fremde für mich, aber sie sah anfangs definitiv genervt aus.«

Ben stellte sich schließlich vor und fragte, was sie lese. »Ich wollte mir nicht die Chance verderben, mit ihr zu reden, deshalb stellte ich ihr fortwährend Fragen. Ich gab ihr gar keine Möglichkeit, das Gespräch wieder zu beenden. Zu meinem Glück kann sie überhaupt gar nicht unhöflich sein, also redeten wir etwa 20 Minuten lang, bis sie in den Unterricht gehen musste.«

»Bis zum Ende des Semesters redeten wir vor jeder Vorlesung 20 Minuten lang«, sagte Leah. »Wir redeten einfach nur. Über alles. Er hat mich nie zum Ausgehen eingeladen, er hat nie nach meiner Telefonnummer gefragt, er saß einfach auf dieser Treppe und hat mich über mein Leben befragt. Es war ein bisschen merkwürdig, wenn ich jetzt darüber nachdenke. Schließlich habe ich ihn zu einem Date eingeladen. Ich glaube, damit habe ich ihn geschockt.«

»Sie hat mich definitiv verblüfft, aber natürlich habe ich Ja gesagt, und die Sache ist die, dass ich schon vor unserer ersten Verabredung, vor unserem ersten Kuss, vor jedem Körperkontakt in sie verliebt war.«

»Er war einfach verlässlich. Er war immer da. Er hat immer gelächelt und mir Fragen über mein Leben gestellt. Eines Tages merkte er, dass mir kalt war, und er gab mir sein Sweatshirt und wollte es nicht zurückhaben, ehe er ging. Ich kann das nicht erklären, aber diese kleine Geste hat dazu geführt, dass ich ihm vertraute. Er hat mir ein merkwürdiges Gefühl von Sicherheit gegeben, von dem ich nicht einmal wusste, dass ich danach gesucht hatte. Und so ist es immer geblieben. Wir sind jetzt seit beinahe fünf Jahren zusammen und haben vor, zu heiraten, und ich glaube nicht, dass ich jemals jemandem mehr vertraut habe als ihm. Und das hat alles mit diesen Gesprächen auf der Treppe zu tun. Er war immer zur Stelle und ist noch heute immer für mich da, und er merkt, wenn ich etwas brauche, manchmal schon, ehe ich wahrnehme, was ich brauche. Er ist mein bester Freund und die Liebe meines Lebens.«

Als Ben und Leah das Gespräch über Vertrauen und Verbindlichkeit führten, entdeckten sie, dass sie in den Familien, in denen sie aufgewachsen waren, sehr unterschiedliche Erfahrungen mit Verlässlichkeit gemacht hatten. Leah erklärte, dass für sie Vertrauen mit dem Gefühl der Sicherheit zusammenhängt und auch damit, wie aufmerksam Ben ist. »Meine Eltern waren geschieden, und meine Mutter war ein emotionales Wrack. Sie hat mir nicht wirklich Aufmerksamkeit geschenkt oder sich mit mir beschäftigt. Sie war die ganze Zeit müde. Sie hatte nicht die Kraft, emotional für mich zu sorgen. Ich war am Boden zerstört, als ich es nicht ins Cheerleading-Team geschafft hatte, und sie war nirgendwo zu finden. Das klingt nach einer Kleinigkeit, aber es hat mir wehgetan. Mein Vater war auch nicht in Reichweite. Bücher waren mein Trost. Ich habe mich einfach in Bücher geflüchtet. Daher hat Vertrauen für mich vermutlich etwas mit Durchhaltevermögen und Aufmerksamkeit zu tun. Tust du das, von dem du sagst, dass du es tun wirst?«

Bens Eltern ließen sich nicht scheiden, aber sie fühlten sich einander vor allem deshalb verpflichtet, weil sie glaubten, Gott wolle, dass sie zusammenbleiben. »Sie waren zusammen, und unsere Familie war zusammen, aber ich habe nie gesehen, dass sie viel Zeit allein miteinander verbrachten. Alles drehte sich um die Kinder, um Kirchenbesuche und ihre Routine. Ich erinnere mich, dass ich beobachtet habe, dass sie nicht miteinander reden, und bei mir gedacht habe, so würde ich niemals

BEN UND LEAH ENTDECKTEN, DASS SIE SEHR UNTERSCHIEDLICHE ERFAHRUNGEN MIT VERLÄSSLICHKEIT GEMACHT HATTEN.

werden. Sie waren einander sexuell treu«, sagte Ben, »aber ich weiß nicht, wie sehr sie einander als Menschen verbunden waren, wenn Sie verstehen, was ich meine. Ich habe gesehen, dass mein Vater manchmal ein Auge auf andere Frauen warf, und das war merkwürdig.«

Ben fand das Gespräch über Vertrauen erhellend. »Ich hatte keine Ahnung von der Geschichte mit dem Cheerleading-Team, aber sie ist begreiflich. Ich weiß, wie wichtig es ist, dass ich zur Stelle bin, wenn ich versprochen habe, zu kommen, und einmal musste ich Pläne für eine gemeinsame Campingreise über den Haufen werfen, und jetzt verstehe ich Leahs Reaktion.«

»Da habe ich nicht gut reagiert«, lachte Leah. »Aber nach diesem Gespräch haben wir beide erkannt, dass es beim Vertrauen um viel mehr als nur darum geht, einander nicht zu betrügen, und so stellt man sich naiverweise Verbindlichkeit und Vertrauen oft vor. Es bedeutet einfach, dass man sein Wort in Bezug auf etwas gibt – ob etwas Großes oder Kleines – und es dann auch hält.«

»Und dieses Sweatshirt hat sie mir nie zurückgegeben.«

Sich aufeinander einlassen

In einer Beziehung entscheiden wir uns jeden Tag aufs Neue, uns aufeinander einzulassen, immer und immer wieder. Wir entscheiden uns auch dann dafür, wenn wir müde oder überarbeitet oder gestresst sind. Wir entscheiden uns dafür, selbst wenn ein attraktiver Mensch unseren Weg kreuzt. Wir entscheiden uns auch jedes Mal dafür, wenn unser Partner oder unsere Partnerin unsere Aufmerksamkeit haben möchte, und legen unser Buch weg, lösen den Blick vom Fernseher oder schauen von unserem Smartphone auf, wir halten bei allem inne, womit wir gerade beschäftigt sein mögen, um die Bedeutung des oder der anderen in unserem Leben anzuerkennen. Diese Anerkennung verlangt vielleicht nur ein Lächeln oder auch ein Gespräch, aber wir versuchen aufrichtig, das zu geben, was sie gerade erfordern mag. Wenn wir unsere Beziehung zu einer Priorität machen und auch *zeigen*, dass sie Priorität hat, dann bauen wir Vertrauen auf und demonstrieren unsere Loyalität weit über das hinaus, was wir bei unserem Ehegelöbnis versprochen haben. Im Liebeslabor hat sich gezeigt, dass gerade die kleinen positiven Gesten, die häufig wiederholt werden, den größten Unterschied machen und einen Kokon aus Vertrauen und Sicherheit in unseren Beziehungen aufbauen.

Was heißt also echte Verbindlichkeit? Die augenfälligste Bedeutung ist, dass wir den Chancen widerstehen, die wir bei anderen Menschen haben. Wir sind unserem Partner oder unserer Partnerin sexuell und emotional treu. In unseren Beziehungen außerhalb der Ehe halten wir Grenzen ein. Die inzwischen verstorbene Dr. Shirley Glass, die eine der führenden Expertinnen der Welt über Untreue war, hat ein Buch mit dem Titel *Die Psychologie der Untreue* geschrieben. Sie fasst ihre Sachkenntnis in das Bild von Mauern und Fenstern. Wenn Sie verheiratet sind oder eine andere Art von verbindlicher Partnerbeziehung haben, errichten Sie im Idealfall eine Mauer um Sie beide herum.

Diese Mauer trennt Sie hinsichtlich Ihrer tiefsten emotionalen und körperlichen Verbindungen von anderen. Shirley Glass stellte bei ihrer Forschungsarbeit fest: Wenn Menschen – besonders solche, die in ihrer Beziehung unglücklich sind – anfangen, jemandem die Schwierigkeiten ihrer Beziehung anzuvertrauen, dann öffnen sie dieser außenstehenden Person ein Fenster. Und wenn sie diese neue platonische oder emotionale Beziehung vor ihrem Partner oder ihrer Partnerin geheim halten, beginnen sie, eine Mauer zwischen sich und ihrem primären Partner oder ihrer primären Partnerin zu bauen. Es kann aber zwischen Ihnen keine Mauern geben, wenn Sie langfristig und dauerhaft Vertrauen, Verbindlichkeit und Loyalität wollen. Und aus Fenstern zu einem engen Freund oder einer engen Freundin (ob gleichgeschlechtlich oder vom anderen Geschlecht) außerhalb der Beziehung können schnell Türen werden, und dann kommt es zu einer Affäre. Es ist nicht unmöglich, solche Freunde zu haben, aber Sie müssen auf Ihre Grenzen achten, und es ist eine riesige rote Flagge, wenn Sie beginnen, eine neue Freundschaft vor Ihrem Partner oder Ihrer Partnerin geheim zu halten. Dann untergraben Sie die Verbindlichkeit Ihrer Beziehung zueinander.

Ohne Frage kann die Vorstellung, sich verbindlich auf jemanden einzulassen, erschreckend sein. Das heißt nämlich, alles auf eine Karte zu setzen. Dann wartet niemand hinter den Kulissen, wenn diese Beziehung nicht funktioniert. Es gibt kein Sicherheitsnetz. Wenn es nicht gut läuft, wenden wir uns an niemand anderen, um uns zu beklagen. Stattdessen müssen wir die Dinge direkt mit unserem Partner oder unserer Partnerin klären. Wenn wir uns wirklich festgelegt haben, haben wir außerdem diesem Menschen alles gegeben, was wir anzubieten haben. Es ist nichts mehr für einen anderen Liebsten, eine andere Liebste übrig. Das ist eine riskante Entscheidung, aber sie ist entscheidend. Ohne dieses Maß an Verbindlichkeit wird die Liebe nicht halten.

Sich zur Verbindlichkeit zu verpflichten heißt, den Partner oder die Partnerin genau so zu akzeptieren, wie er oder sie ist, trotz aller Fehler. Es heißt, niemals damit zu drohen, dass Sie gehen, auch wenn Ihnen gelegentlich danach zumute sein mag. Und es bedeutet, dass Sie sich um den Schmerz des anderen genauso fürsorglich – wenn nicht noch fürsorglicher – kümmern wie um den eigenen. John formuliert das sehr treffend so: »Wenn meine Frau Schmerzen hat, halte ich die Welt an, damit ich ihr zuhören kann.« In einer liebevollen Beziehung werden Sie beide die Welt anhalten, um einander möglichst zu verstehen und den Schmerz des anderen zu lindern. Das ist einer der Gründe dafür, dass wir heiraten, und einer der Gründe dafür, dass wir lieben. Wir brauchen einander, und wir brauchen es auch, gebraucht zu werden. Wahre Hingabe heißt, sich wieder und wieder füreinander zu entscheiden, denn letzten Endes laufen Beziehungen dann gut, wenn wir entschlossen dafür sorgen.

IN EINER LIEBEVOLLEN BEZIEHUNG WERDEN SIE BEIDE DIE WELT ANHALTEN, UM EINANDER MÖGLICHST ZU VERSTEHEN UND DEN SCHMERZ DES ANDEREN ZU LINDERN.

Es gibt einen Schritt, der fast zwangsläufig in einen Verrat mündet. Zu diesem Schritt kommt es oft dann, wenn es in einer Beziehung nicht gut läuft. Er besteht darin, dass man den Partner oder die Partnerin negativ mit anderen wirklichen oder vorgestellten Beziehungspartnern vergleicht. Wir nennen das »Negativvergleiche«. Statt Dankbarkeit für das zu entwickeln, was wir an unserem Gegenüber haben, hegen wir Groll, weil uns dieses oder jenes fehlt. Statt mit unserem Partner oder unserer Partnerin zu reden, wenn uns etwas stört, sodass unsere Bedürfnisse innerhalb der Beziehung erfüllt werden können, erträumen wir uns eine andere Beziehung und stellen uns vor, dass wir das in der aktuellen Beziehung Fehlende bei dieser Fantasiepartnerschaft bekommen könnten. Diese Negativvergleiche sind ein gefährlicher Weg, mit unseren negativen Gefühlen in der Beziehung fertigzuwerden.

Sich voll und ganz darauf einlassen

Vor vielen Jahren hatte John einmal mehrere Wochen lang mit einem Paar gearbeitet. Eines Abends erschienen die beiden zur verabredeten Zeit zu ihrem Termin und erklärten, sie wollten aussteigen. John war der sechste Therapeut, den das Paar aufgesucht hatte, und die beiden fanden, die Therapie sei so gut wie gescheitert und es sei Zeit, sich von John als Therapeut zu trennen, und vielleicht auch, miteinander zu brechen. John war überrascht und fand es schade, dass das Paar aufgeben wollte – er hatte den Eindruckt gehabt, ihre Therapie laufe gut, und alle würden Fortschritte machen.

»Könnten Sie mir einen Gefallen tun?«, bat John. »Sie haben ja bereits für diese Sitzung bezahlt; wären Sie da vielleicht bereit, noch zu bleiben und mir verstehen zu helfen, warum meine Therapie bei Ihnen gescheitert ist? Als Therapeut habe ich mir gelobt, aus meinen Fehlschlägen zu lernen.«

Das Paar war einverstanden. John fragte die beiden, wie ihre Woche gewesen war.

»Wir hatten einen gewaltigen Krach …«, setzte die Frau an, aber da unterbrach sie ihr Mann, um selbst weiterzuerzählen.

»Wir gingen zu einer Party, und ich war mitten in einem tollen Gespräch mit einer Frau, die ich dort kennengelernt hatte, als meine Frau mir auf die Schulter tippte, wie sie das immer macht, und sagte, sie sei müde und wolle nach Hause und ins Bett gehen.«

John nickte. Er hatte schon zugehört, wie dieses Paar mit Klauen und Zähnen miteinander kämpfte, um etwas zwischen sich auszuhandeln. Er war ein erfolgreicher Geschäftsmann, sie war Therapeutin, hatte aber ihre Praxis so gut wie aufgegeben, um bei den Kindern zu Hause zu bleiben, und ihre Kämpfe drehten sich immer um Zeit, Geld und letztlich darum, wer die Macht und das Sagen hatte. John forderte sie auf, noch mehr davon zu erzählen, was auf dieser Party passiert war und sie zu der Entscheidung gebracht hatte, die Therapie zu beenden.

»Also«, sagte der Mann, »sie war müde und wollte gehen, und auf der Heimfahrt im Auto sagte ich ihr, dass ich die Frau auf der Party äußerst attraktiv gefunden und mich sehr gerne mit ihr unterhalten hätte.« John antwortete nichts, als der Mann sich daran erinnerte, dass er seiner Frau auch gesagt hatte, so würden sie beide nie mehr reden und die Frau auf der Party hätte ihn angeturnt, weil sie mit ihm flirtete, während seine Frau schon lange nicht mehr mit ihm geflirtet hätte.

»Und was haben Sie dazu gesagt?«, fragte John die Frau.

»Ich bin wütend geworden und habe gesagt, er solle endlich erwachsen werden und aufhören, mit anderen Frauen zu flirten.«

»Und was haben Sie gedacht?«

Die Frau hielt einen Augenblick inne und sagte dann: »Ich habe gedacht, ich wollte, ich wäre mit einem reiferen Mann zusammen, und dass ich durchaus einen besseren finden könnte.«

Das war der Moment, in dem John begriff, warum seine Therapie nicht funktioniert hatte und warum das Paar zuvor schon bei fünf anderen Therapeuten gewesen war. »Sie können jetzt gehen«, erklärte er ihnen, »ich weiß, warum die Therapie nicht hilft. Vielen Dank.«

Die beiden waren wie vom Donner gerührt und saßen einfach stumm da. Dann baten sie John, ihnen zu sagen, was er denn aus ihrem Krach gelernt hatte, das ihm die Lage so klar gemacht hatte.

»Also«, sagte John, »Sie beide waren ineinander verliebt, haben sich deshalb verlobt und später geheiratet. Sie haben zusammen ein Haus gekauft und zwei Kinder bekommen. Aber in Ihrer Beziehung gibt es keine Verbindlichkeit. Sie denken immer, vielleicht könnten Sie noch etwas Besseres finden. Sie lernen auf einer Party eine Frau kennen, unterhalten sich gut und flirten mit ihr, und nebenbei vergleichen Sie sie mit Ihrer Frau und denken, Sie könnten eine bessere finden. Und wenn Ihr Mann sich bei Ihnen beklagt, denken Sie genauso, mit einem reiferen Mann wären Sie besser dran. Sie lassen sich nicht richtig aufeinander ein.«

Der Mann begann zu protestieren: »Alles, was ich tue, ist für meine Familie. Ihr opfere ich jeden Tag. Was soll das heißen, ich würde mich nicht richtig einlassen?« Auch die Frau äußerte Protest dagegen, dass es ihr an Verbindlichkeit fehle. »Ich kümmere mich zu Hause um alles, und ich habe auch noch einen stressigen Beruf.«

»Erlauben Sie mir, Ihnen die Geschichte von *Alice im Wunderland* zu erzählen«, sagte John. »Alice sieht, wie dieses höchst ungewöhnliche Kaninchen in einem Loch verschwindet, und dann springt sie hinterher, mit beiden Beinen. Sie hat keine Ahnung, was ihr auf dieser Reise begegnen wird, und das Wunderland ist ja auch kein rundum wunderbarer Ort – es gibt beängstigende Dinge, herausfordernde Dinge und Dinge, die auch interessant und faszinierend sind. Es ist ein Abenteuer, und Alice weiß nicht, was sie erwartet, aber sie springt trotzdem hinein. Alice zögert nicht oder denkt, morgen käme vielleicht noch ein besseres Kaninchen vorbei. Sie spürt im Herzen, dass sie sich auf eine tiefgründige Reise begibt, die trotz aller Schwierigkeiten magisch und erstaunlich ist. Alice schaut nicht zurück und stellt das Abenteuer, für das sie sich entschieden hat, nicht infrage. Das ist wahres Sicheinlassen. Das haben Sie beide nie getan. Sie haben all die äußeren Zeichen von Verbindlichkeit und Loyalität, aber Sie gehen zu einer Party und denken, jemand anders könnte Ihre Bedürfnisse besser erfüllen. Sie mögen das Verhalten des anderen nicht und glauben, das heiße, Sie seien nicht füreinander geschaffen. Wenn Sie miteinander verhandeln, dann immer unter dem Gesichtspunkt des Eigennutzes, es geht nicht um das Wohl von beiden. Sie haben kein Vertrauen, keine Verbindlichkeit und keine stabile Loyalität zueinander aufgebaut, weil Sie gar nicht richtig in dieser Beziehung drin sind. Deshalb kann Ihnen auch kein Therapeut helfen. Sie schielen beide immer noch nach rechts und links und meinen, das Gras wäre grüner, wenn Sie einem anderen Kaninchen in ein anderes Kaninchenloch gefolgt wären, in ein anderes Wunderland.«

Das Paar ging ziemlich verdattert weg, und ein paar Monate später rief John die beiden an, um zu sehen, wie es ihnen ging. Sie sagten, nachdem sie seine Praxis verlassen hätten, hätten sie viele Abende lang über Verbindlichkeit und Loyalität gesprochen und sich damit auseinandergesetzt, was diese Begriffe eigentlich für sie beide bedeuteten. Sie waren in einen anderen Bundesstaat umgezogen und gingen dort zu einem neuen Therapeuten, der ihnen herauszufinden half, warum sie nie eine wirklich sichere Bindung zueinander entwickelt hatten und nie ernsthaft darüber gesprochen hatten, welche Werte und Erwartungen sie in Bezug auf Vertrauen, Loyalität und Verbindlichkeit eigentlich hatten. Sie klangen engagiert und nachdenklich, und John wusste, dass sie jetzt eine reelle Chance hatten.

Das eigene Wunderland entdecken

Irgendwann wird in Ihrer Beziehung ein Moment kommen, in dem es schwierig wird – wenn der Partner oder die Partnerin Sie ärgert, Ihre Gefühle verletzt oder Sie im Stich lässt. Und in diesem dunklen Augenblick, in dem Sie wütend, traurig oder enttäuscht sind, werden Sie sich vielleicht fragen, ob Sie dem richtigen Kaninchen ins richtige Kaninchenloch gefolgt sind. Es kann sogar der Moment kommen, in dem Sie darüber nachdenken, ob Sie nicht »etwas Besseres« finden könnten als den Menschen, der gerade vor Ihnen steht und Sie ärgert, verletzt oder im Stich lässt. Oder Sie glauben sogar fest daran. Doch Paare, die sich wirklich aufeinander eingelassen haben, stehen nicht mit einem Fuß vor der Tür. Sie haben alles in diese eine Beziehung investiert, alles auf eine Karte gesetzt. Sie drohen nicht damit, dass sie gehen, wenn es ungemütlich wird. Und sie verwenden keine Zeit auf den Gedanken, dass ihr idealer Partner oder ihre ideale Partnerin noch irgendwo da draußen in der Welt herumläuft, dass sie mit dieser vorgestellten Person leichter leben könnten, ihre Bedürfnisse besser erfüllt bekämen als von dieser sehr realen, sehr menschlichen, fehlerbehafteten Person, die sie sich ausgesucht haben und lieben und ehren wollten. Und ich möchte hier noch einmal betonen: Wenn es in ihrer Beziehung nicht gut läuft, dann bringen sie ihren Kummer ihrem

PAARE, DIE SICH WIRKLICH AUFEINANDER EINGELASSEN HABEN, STEHEN NICHT MIT EINEM FUSS VOR DER TÜR.

Partner oder ihrer Partnerin gegenüber zur Sprache und beklagen sich nicht bei jemand anderem.

Sich tief auf eine Beziehung einzulassen, erfordert die Bereitschaft, ein gewisses Maß an Verletzlichkeit zuzulassen, die wesentlich beängstigender sein kann als alles, was Alice je im Wunderland begegnet ist. Wird sie meine Bedürfnisse erfüllen? Wird er wirklich für mich da sein? Wird sie mich so lieben, wie ich bin, oder versuchen, mich zu ändern? Wird sie mich Dritten gegenüber kritisieren? Wird sie mich verraten? Wird er mich noch lieben und für mich sorgen, wenn ich krank werde? Wird er mich verlassen?

Das sind alles sehr reale Ängste, die wir haben mögen, wenn wir beschließen, uns für das ganze Leben verbindlich auf einen Menschen festzulegen. Wenn wir uns verlieben, zeigen wir uns oft von unserer allerbesten Seite. Unsere gesündeste Seite hat die Führung. Aber wenn Beziehungen sich weiterentwickeln, werden beide Partner realer, transparenter und daher auch verletzlicher. Keiner von uns ist rundum mustergültig, und keiner von uns ist ohne Eigenheiten und Unsicherheiten, ganz gleich, wie souverän wir wirken mögen. Und an dieser Stelle offenbart sich der wahre Zauber unserer Beziehung – je ehrlicher wir sind, desto eher können wir entdecken, dass unser Partner oder unsere Partnerin uns wirklich um unserer selbst willen liebt und nicht an der idealisierten Version klebt, die sich in der Anfangszeit unserer Verabredungen zeigt. Verletzlichkeit führt zu Vertrauen, und Vertrauen ist der Sauerstoff, den Ihre Beziehung braucht, damit sie atmen kann. Vertrauen entsteht auch im Lauf der Zeit und im Verlauf vieler Gespräche – in solchen, wie Ben und Leah sie geführt haben und wie Sie sie anhand dieses Buches führen werden. Vertrauen ist das Rückgrat jeder Beziehung. Vertrauen ist ein

WENN BEZIEHUNGEN SICH WEITERENTWICKELN, WERDEN BEIDE PARTNER REALER, TRANSPARENTER UND DAHER AUCH VERLETZLICHER.

Wort, das mit Handeln zu tun hat – sowohl ein Verb als auch ein Substantiv. Vertrauen wird spürbar in den kleinen Momenten, in denen wir unserem Partner oder unserer Partnerin zeigen, dass wir für ihn oder sie da sind, und er oder sie umgekehrt das auch für uns tut. Vertrauen entsteht in den kleinen Momenten, in denen wir uns auf unseren Partner oder unsere Partnerin einstellen, auf seine oder ihre Wellenlänge gehen und zuhören wie ein Freund und Verbündeter, wenn unser Gegenüber eine negative Emotion erlebt – Traurigkeit, Ärger, Abscheu oder Furcht, sogar wenn wir selbst diese Emotionen ausgelöst haben. Bei all unseren Entscheidungen haben wir auch im Blick, wie wir das Wohl unseres Partners oder unserer Partnerin ebenso optimal fördern können wie unser eigenes. Gegenseitiges Vertrauen beruht auf der Überzeugung, dass beide an alle zwei denken. Es geht uns nicht darum, den besten Deal nur für uns selbst zu machen. Wir berücksichtigen bei jeder Entscheidung immer, welchen Preis sie für unseren Partner oder unsere Partnerin hat.

Es gibt viele Arten von Vertrauensbruch in einer Beziehung, aber hier sind die häufigsten zehn:

- Nicht rechtzeitig da sein
- Dem Partner oder der Partnerin keine Priorität einräumen
- Nicht zur Stelle sein, wenn der Partner oder die Partnerin verletzt oder krank ist
- Nicht zum Wohl der Familie beitragen (*ich* statt *wir)*
- Versprechen nicht halten
- Geheimnisse haben
- Lügen
- Den Partner oder die Partnerin privat oder öffentlich demütigen und herabsetzen
- Etwas tun, das eine emotionale oder körperliche Untreue darstellt
- Körperliche Gewalt anwenden

An jedem Tag, den wir als Ehe- oder Beziehungspartner leben, bei jeder Interaktion und Auseinandersetzung sind die folgenden wichtigen Fragen präsent:

> Magst und schätzt du mich?
> Wie wichtig bin ich dir?
> Bin ich die Nummer eins in deinem Leben?
> Ist für dich alles selbstverständlich, was ich bin und tue?
> Schaust du dich ständig nach einem oder einer Besseren als mich um?
> Wirst du dich kümmern, wenn ich sauer auf dich bin, und dir meinen Kummer anhören?

Wir zeigen dem anderen die Antworten auf diese Fragen in großen und kleinen Dingen, und das mehrt unseren emotionalen Einsatz, unsere Loyalität und unser Vertrauen tagtäglich. Wir zeigen unserem Partner oder unserer Partnerin jeden Tag, dass wir seine oder ihre guten Eigenschaften schätzen, und spielen die Bedeutung der schlechten Eigenschaften herunter. Wenn Sie Ihre Werte in Bezug auf Vertrauen diskutieren und sich gemeinsam darauf verpflichten, diese Werte in Ihrem Handeln zu respektieren, wird Ihre Beziehung wachsen und gedeihen.

Wenn das Vertrauen gebrochen wurde

Wenn Sie eine Ihrer Vereinbarungen zum Thema Vertrauen gebrochen haben, gibt es Schritte, mit deren Hilfe Sie reparieren können, was zu Bruch ging. Diese gelten für kleine ebenso wie für große Vertrauensbrüche, aber Sie können keinen von ihnen auslassen.

1. Verabreden Sie eine Zeit und einen Ort zum Reden.
2. Beide Partner benennen die Gefühle, die sie bei dem Vorfall oder Vertrauensbruch hatten, ohne Vorwurf oder Kritik.
3. Wer gerade zuhört, gibt kein Feedback und urteilt nicht.
4. Beide Personen beschreiben ihre Sichtweise dessen, was bei dem Vorfall geschehen ist, ohne der anderen Vorwürfe zu machen oder sie zu kritisieren, während die jeweils andere nur zuhört und versucht, mitfühlend zu sein. Wer zuhört, sollte nicht seine eigene Sichtweise zur Sprache bringen, bis er an der Reihe ist.
5. Erklären und prüfen Sie alle Gefühle, die der Vorfall ausgelöst hat, die aber ursprünglich schon lange vor dieser Beziehung da waren. Beispielsweise ist einer von Ihnen nicht zu einem verabredeten Abendessen erschienen, und das löst beim anderen ein Gefühl von Verlassenheit aus, das er schon seit der Kindheit hatte, oder erinnert an die Ablehnung oder Untreue aus einer früheren Beziehung.
6. Beide Partner bewerten, was und wie viel sie zu dem Vorfall beigetragen haben, und übernehmen die Verantwortung dafür.

7. Beide entschuldigen sich und nehmen die Entschuldigung des anderen an.
8. Sie machen gemeinsam einen Plan, wie sie verhindern wollen, dass das noch einmal passiert.

Jedes der acht Gespräche ist ein Experiment in Sachen Verletzlichkeit, und wir *hoffen*, dass dieses erste Gespräch mit dem Thema, was Vertrauen für jeden von Ihnen bedeutet, Sie nicht nur einander näherbringen wird, sondern auch die Art von Beziehung für Sie in Reichweite rückt, die Sie beide ein ganzes Leben lang haben möchten.

Wertschätzen

Eine verbindliche Beziehung beruht im Grunde darauf, dass man denkt und dann auch seinem Partner oder seiner Partnerin gegenüber zum Ausdruck bringt, dass er oder sie kostbar und unersetzlich ist. In unserem Inneren ebenso wie in der Kommunikation stärken wir die Verbundenheit, indem wir unsere Dankbarkeit für das nähren, was wir am anderen haben. Wir denken im Stillen, dass niemand unserem Partner oder unserer Partnerin das Wasser reichen kann, und im Geiste kehren wir seine oder ihre positiven Eigenschaften hervor und lassen die negativen unter den Tisch fallen. Wir denken und teilen dem anderen mit, dass keiner auf der ganzen Welt – ob wirklich oder nur vorgestellt – mit unserem oder unserer Liebsten mithalten kann.

Im Gegensatz dazu fördert es einen Verrat, wenn wir unseren Partner oder unsere Partnerin wissen lassen, dass ihm oder ihr gewisse Eigenschaften fehlen, die für uns gänzlich unverzichtbar sind, und dass er oder sie deshalb ohne Weiteres ersetzbar ist. In unserem Inneren ebenso wie in der Kommunikation steuern wir auf einen Verrat zu, wenn wir unseren Groll darüber nähren, was unserem Partner oder unserer Partnerin fehlt. Wir denken im Stillen, dass viele Menschen ihm oder ihr sehr wohl das Wasser reichen können, und im Geiste kehren wir seine oder ihre negativen Eigenschaften hervor und lassen die positiven unter den Tisch fallen. Wir denken und teilen dem anderen mit, dass viele andere auf der Welt – ob wirklich oder nur vorgestellt – mit unserem oder unserer Liebsten mithalten und ihn oder sie sogar übertreffen können.

Auf den folgenden Seiten finden Sie 99 Möglichkeiten, Ihrem

Partner oder Ihrer Partnerin gegenüber Wertschätzung auszudrücken (es gibt Millionen Möglichkeiten, aber dann würde das Buch sehr dick).

ÜBUNG

Wie sehr schätzen Sie Ihren Partner oder Ihre Partnerin wirklich?

Anleitung: Stellen Sie sich ein lebensgroßes, ausgeschnittenes Porträt von Ihrem Partner oder Ihrer Partnerin vor. Und dann bekleben Sie es in Gedanken mit Klebezetteln, die die Geschichte all dessen erzählen, was Sie gemeinsam erreicht und genossen haben. Da können all die Zeiten auftauchen, in denen Sie zusammen Spaß hatten, die Annehmlichkeiten, die albernen Kleinigkeiten, die Träume, die Frustrationen, die Sie bewältigt haben. Betrachten Sie einfach Ihre ganze Geschichte und das, was Ihr gemeinsames Leben Ihnen bisher gegeben hat.

Jetzt lesen Sie die Anregungen im Anschluss durch. Jede einzelne ist ein Grund, dem Partner oder der Partnerin mitzuteilen, dass Sie ihn oder sie schätzen. Hier geht es um einfache Ja-Nein-Antworten, und dass es so viele sind, hat einen Grund. Wenn Sie über die Möglichkeiten nachdenken, Ihrem Partner oder Ihrer Partnerin Wertschätzung entgegenzubringen, wird das Ihre Verbindung stärken. Außerdem haben wir so viele Punkte aufgelistet, weil wahrscheinlich nicht jeder in Ihnen ein Echo auslösen wird – aber bei denen, die das tun (hoffentlich eine Menge!), möchten wir Ihnen das Versprechen abnehmen, dass Sie Ihrem Gegenüber sagen, dass Sie diese Vorzüge an ihm schätzen. Machen Sie es nicht wie der schwedische Farmer, der seine Frau so sehr liebte, dass er es ihr eines Tages beinahe gesagt hätte! Legen Sie eine rituelle Zeit fest – vielleicht einmal in der Woche –, in der Sie Ihre Wertschätzung Ihrem Partner oder Ihrer Partnerin gegenüber laut zum Ausdruck bringen. Wenn Sie diese Übungen gerne herunterladen und ausdrucken würden, dann gehen Sie zu workman.com/eightdates.

Deshalb möchte ich dir sagen, wie sehr ich dich schätze:

Wir haben miteinander gespielt und Spaß gehabt.

☐ JA ☐ NEIN ☐ DEM PARTNER ODER DER PARTNERIN MITTEILEN

Wir konnten leicht miteinander lachen.

☐ JA ☐ NEIN ☐ DEM PARTNER ODER DER PARTNERIN MITTEILEN

Wir konnten gut miteinander Reisen machen.

☐ JA ☐ NEIN ☐ DEM PARTNER ODER DER PARTNERIN MITTEILEN

Niemand auf der Welt kann dich ersetzen.

☐ JA ☐ NEIN ☐ DEM PARTNER ODER DER PARTNERIN MITTEILEN

Wir konnten einander gut trösten.

☐ JA ☐ NEIN ☐ DEM PARTNER ODER DER PARTNERIN MITTEILEN

Wir haben unsere Finanzen gemeinsam geregelt.

☐ JA ☐ NEIN ☐ DEM PARTNER ODER DER PARTNERIN MITTEILEN

Wir haben gelernt, einander wirklich zu vertrauen.

☐ JA ☐ NEIN ☐ DEM PARTNER ODER DER PARTNERIN MITTEILEN

Du hast einen meiner persönlichen Träume unterstützt.

☐ JA ☐ NEIN ☐ DEM PARTNER ODER DER PARTNERIN MITTEILEN

Du warst ein wunderbarer Ernährer oder eine wunderbare Ernährerin.

☐ JA ☐ NEIN ☐ DEM PARTNER ODER DER PARTNERIN MITTEILEN

Wir haben ein paar tolle Abenteuer zusammen erlebt.

☐ JA ☐ NEIN ☐ DEM PARTNER ODER DER PARTNERIN MITTEILEN

Wir haben ein paar sehr schöne Autoreisen zusammen gemacht.

☐ JA ☐ NEIN ☐ DEM PARTNER ODER DER PARTNERIN MITTEILEN

Wir haben mit Vergnügen gemeinsam etwas gelernt.

☐ JA ☐ NEIN ☐ DEM PARTNER ODER DER PARTNERIN MITTEILEN

Du kennst mich gut.

☐ JA ☐ NEIN ☐ DEM PARTNER ODER DER PARTNERIN MITTEILEN

Ich mag es, wie du die Natur erleben kannst.

☐ JA ☐ NEIN ☐ DEM PARTNER ODER DER PARTNERIN MITTEILEN

Wir hatten Freude am gemeinsamen Singen.

☐ JA ☐ NEIN ☐ DEM PARTNER ODER DER PARTNERIN MITTEILEN

Wir haben Dinge zusammen gemacht, die ich niemals mit jemand anderem hätte machen können.

☐ JA ☐ NEIN ☐ DEM PARTNER ODER DER PARTNERIN MITTEILEN

Du bist verlässlich gewesen.

☐ JA ☐ NEIN ☐ DEM PARTNER ODER DER PARTNERIN MITTEILEN

Wir haben einander geholfen, nach einem Verlust oder einem Rückschlag wieder heil zu werden.

☐ **JA** ☐ **NEIN** ☐ **DEM PARTNER ODER DER PARTNERIN MITTEILEN**

Wir haben zusammen ein Kind großgezogen.

☐ **JA** ☐ **NEIN** ☐ **DEM PARTNER ODER DER PARTNERIN MITTEILEN**

Du bist mir mehr wert als Reichtümer und Juwelen.

☐ **JA** ☐ **NEIN** ☐ **DEM PARTNER ODER DER PARTNERIN MITTEILEN**

Du bist loyal gewesen.

☐ **JA** ☐ **NEIN** ☐ **DEM PARTNER ODER DER PARTNERIN MITTEILEN**

Ich mag es, wie spontan du sein kannst.

☐ **JA** ☐ **NEIN** ☐ **DEM PARTNER ODER DER PARTNERIN MITTEILEN**

Du hast mir eine Menge beigebracht.

☐ **JA** ☐ **NEIN** ☐ **DEM PARTNER ODER DER PARTNERIN MITTEILEN**

Du nimmst mich trotz meiner Fehler an.

☐ **JA** ☐ **NEIN** ☐ **DEM PARTNER ODER DER PARTNERIN MITTEILEN**

Du hast einige meiner persönlichen Ziele verstanden.

☐ **JA** ☐ **NEIN** ☐ **DEM PARTNER ODER DER PARTNERIN MITTEILEN**

Wir haben schon so schön miteinander musiziert.

☐ **JA** ☐ **NEIN** ☐ **DEM PARTNER ODER DER PARTNERIN MITTEILEN**

Ich habe Respekt vor deiner Weisheit.

☐ **JA** ☐ **NEIN** ☐ **DEM PARTNER ODER DER PARTNERIN MITTEILEN**

Wir waren ein großartiges Team.

☐ **JA** ☐ **NEIN** ☐ **DEM PARTNER ODER DER PARTNERIN MITTEILEN**

Ich mag die Art und Weise, wie du Gäste willkommen heißt.

☐ **JA** ☐ **NEIN** ☐ **DEM PARTNER ODER DER PARTNERIN MITTEILEN**

Ich mag es, wie organisiert und tüchtig du sein kannst.

☐ **JA** ☐ **NEIN** ☐ **DEM PARTNER ODER DER PARTNERIN MITTEILEN**

Wir haben mit Genuss die gleiche Musik zusammen gehört.

☐ **JA** ☐ **NEIN** ☐ **DEM PARTNER ODER DER PARTNERIN MITTEILEN**

Ich bewundere dein Können in so vielen Bereichen.

☐ **JA** ☐ **NEIN** ☐ **DEM PARTNER ODER DER PARTNERIN MITTEILEN**

Du hast manche von meinen Angehörigen gemocht oder ihnen geholfen.

☐ **JA** ☐ **NEIN** ☐ **DEM PARTNER ODER DER PARTNERIN MITTEILEN**

Ich bewundere dich dafür, wie mutig du manchmal gewesen bist.

☐ **JA** ☐ **NEIN** ☐ **DEM PARTNER ODER DER PARTNERIN MITTEILEN**

Ich respektiere deine Werte.

☐ **JA** ☐ **NEIN** ☐ **DEM PARTNER ODER DER PARTNERIN MITTEILEN**

Du verstehst meinen Sinn für Humor.

☐ **JA** ☐ **NEIN** ☐ **DEM PARTNER ODER DER PARTNERIN MITTEILEN**

Du hast für mich Partei ergriffen, als jemand mich angegriffen hat.

☐ **JA** ☐ **NEIN** ☐ **DEM PARTNER ODER DER PARTNERIN MITTEILEN**

Wir genießen den Sex miteinander.

☐ **JA** ☐ **NEIN** ☐ **DEM PARTNER ODER DER PARTNERIN MITTEILEN**

Du siehst immer super aus.

☐ **JA** ☐ **NEIN** ☐ **DEM PARTNER ODER DER PARTNERIN MITTEILEN**

Ich bin dir sehr dankbar, dass du für mich eingesprungen bist, wenn ich am Boden war.

☐ **JA** ☐ **NEIN** ☐ **DEM PARTNER ODER DER PARTNERIN MITTEILEN**

Ich kann wirklich auf dich zählen, wenn es hart auf hart kommt.

☐ **JA** ☐ **NEIN** ☐ **DEM PARTNER ODER DER PARTNERIN MITTEILEN**

Wir haben gemeinsam ein Haustier geliebt.

☐ **JA** ☐ **NEIN** ☐ **DEM PARTNER ODER DER PARTNERIN MITTEILEN**

Wir haben uns ineinander verliebt.

☐ **JA** ☐ **NEIN** ☐ **DEM PARTNER ODER DER PARTNERIN MITTEILEN**

Du kannst mir ein Gefühl von Sicherheit geben.

☐ **JA** ☐ **NEIN** ☐ **DEM PARTNER ODER DER PARTNERIN MITTEILEN**

Wir haben gemeinsam ein Kind geliebt.

☐ **JA** ☐ **NEIN** ☐ **DEM PARTNER ODER DER PARTNERIN MITTEILEN**

Du bist ein so freundlicher Mensch.

☐ **JA** ☐ **NEIN** ☐ **DEM PARTNER ODER DER PARTNERIN MITTEILEN**

Du hast mir verziehen.

☐ **JA** ☐ **NEIN** ☐ **DEM PARTNER ODER DER PARTNERIN MITTEILEN**

Wir haben gemeinsam einem Freund oder einer Freundin in Not geholfen.

☐ JA ☐ NEIN ☐ DEM PARTNER ODER DER PARTNERIN MITTEILEN

Ich mag es, wie romantisch du bist.

☐ JA ☐ NEIN ☐ DEM PARTNER ODER DER PARTNERIN MITTEILEN

Du findest mich wirklich attraktiv.

☐ JA ☐ NEIN ☐ DEM PARTNER ODER DER PARTNERIN MITTEILEN

Ich liebe deine Denkweise.

☐ JA ☐ NEIN ☐ DEM PARTNER ODER DER PARTNERIN MITTEILEN

Du bist großzügig.

☐ JA ☐ NEIN ☐ DEM PARTNER ODER DER PARTNERIN MITTEILEN

Wir haben schon einige handfeste Konflikte bewältigt.

☐ JA ☐ NEIN ☐ DEM PARTNER ODER DER PARTNERIN MITTEILEN

Wir haben gemeinsam für einen Angehörigen gesorgt.

☐ JA ☐ NEIN ☐ DEM PARTNER ODER DER PARTNERIN MITTEILEN

Ich habe Respekt vor der Art und Weise, wie du mit einem Freund oder einer Freundin umgegangen bist.

☐ JA ☐ NEIN ☐ DEM PARTNER ODER DER PARTNERIN MITTEILEN

Ich habe mich von dir geliebt und umsorgt gefühlt.

☐ JA ☐ NEIN ☐ DEM PARTNER ODER DER PARTNERIN MITTEILEN

Ich mag es, wie du unter der Dusche aussiehst.

☐ JA ☐ NEIN ☐ DEM PARTNER ODER DER PARTNERIN MITTEILEN

Du hast mir geholfen, ein friedliches, schönes Zuhause zu schaffen.

☐ **JA** ☐ **NEIN** ☐ **DEM PARTNER ODER DER PARTNERIN MITTEILEN**

Du bist ein umsichtiger Mensch.

☐ **JA** ☐ **NEIN** ☐ **DEM PARTNER ODER DER PARTNERIN MITTEILEN**

Wir haben gemeinsam ähnliche ethische Werte entwickelt.

☐ **JA** ☐ **NEIN** ☐ **DEM PARTNER ODER DER PARTNERIN MITTEILEN**

Du hast meine Mutter geliebt.

☐ **JA** ☐ **NEIN** ☐ **DEM PARTNER ODER DER PARTNERIN MITTEILEN**

Du hast mich beruhigt, als ich Angst hatte.

☐ **JA** ☐ **NEIN** ☐ **DEM PARTNER ODER DER PARTNERIN MITTEILEN**

Wir hatten einige sehr romantische Reisen und Dates.

☐ **JA** ☐ **NEIN** ☐ **DEM PARTNER ODER DER PARTNERIN MITTEILEN**

Unsere Werte und Überzeugungen sind sich immer ähnlicher geworden.

☐ **JA** ☐ **NEIN** ☐ **DEM PARTNER ODER DER PARTNERIN MITTEILEN**

Ich habe Respekt vor deiner Intelligenz.

☐ **JA** ☐ **NEIN** ☐ **DEM PARTNER ODER DER PARTNERIN MITTEILEN**

Du hast mir gegen meine Feinde beigestanden.

☐ **JA** ☐ **NEIN** ☐ **DEM PARTNER ODER DER PARTNERIN MITTEILEN**

Ich mochte es, wie genau du mir manchmal zugehört hast.

☐ **JA** ☐ **NEIN** ☐ **DEM PARTNER ODER DER PARTNERIN MITTEILEN**

Du bist eine wunderbare Mutter oder ein wunderbarer Vater.

☐ **JA** ☐ **NEIN** ☐ **DEM PARTNER ODER DER PARTNERIN MITTEILEN**

Als ich krank war, hast du für mich gesorgt.

☐ **JA** ☐ **NEIN** ☐ **DEM PARTNER ODER DER PARTNERIN MITTEILEN**

Als ich am meisten an mir gezweifelt habe, hast du zu mir gehalten.

☐ **JA** ☐ **NEIN** ☐ **DEM PARTNER ODER DER PARTNERIN MITTEILEN**

Du hast meine persönlichen Ziele gefördert.

☐ **JA** ☐ **NEIN** ☐ **DEM PARTNER ODER DER PARTNERIN MITTEILEN**

Ich bin sehr froh darüber, dass du nicht arrogant bist.

☐ **JA** ☐ **NEIN** ☐ **DEM PARTNER ODER DER PARTNERIN MITTEILEN**

Du bist für mich eingetreten, als jemand mich öffentlich kritisiert hat.

☐ **JA** ☐ **NEIN** ☐ **DEM PARTNER ODER DER PARTNERIN MITTEILEN**

Wir haben gemeinsam ein Kind in die Welt gebracht.

☐ **JA** ☐ **NEIN** ☐ **DEM PARTNER ODER DER PARTNERIN MITTEILEN**

Wir haben gemeinsam ein Zuhause geschaffen.

☐ **JA** ☐ **NEIN** ☐ **DEM PARTNER ODER DER PARTNERIN MITTEILEN**

Wir hatten viele gemeinsame Ziele im Leben.

☐ **JA** ☐ **NEIN** ☐ **DEM PARTNER ODER DER PARTNERIN MITTEILEN**

Ich schätze es sehr, dass du kein Snob bist.

☐ **JA** ☐ **NEIN** ☐ **DEM PARTNER ODER DER PARTNERIN MITTEILEN**

Ich finde dich sehr attraktiv.

☐ JA ☐ NEIN ☐ DEM PARTNER ODER DER PARTNERIN MITTEILEN

Wir sind schon so lange zusammen.

☐ JA ☐ NEIN ☐ DEM PARTNER ODER DER PARTNERIN MITTEILEN

Wir haben daran gearbeitet, eine Gemeinschaft zu werden.

☐ JA ☐ NEIN ☐ DEM PARTNER ODER DER PARTNERIN MITTEILEN

Ich bin dankbar dafür, dass ich stolz auf dich sein kann.

☐ JA ☐ NEIN ☐ DEM PARTNER ODER DER PARTNERIN MITTEILEN

Wir haben gemeinsam Schicksalsschläge bewältigt.

☐ JA ☐ NEIN ☐ DEM PARTNER ODER DER PARTNERIN MITTEILEN

Ich schätze es sehr, dass ich bei dir unbefangen ich selbst sein kann.

☐ JA ☐ NEIN ☐ DEM PARTNER ODER DER PARTNERIN MITTEILEN

Du hast immer meine Entwicklung unterstützt.

☐ JA ☐ NEIN ☐ DEM PARTNER ODER DER PARTNERIN MITTEILEN

Es gefällt mir, wie nett du zu fremden Menschen bist.

☐ JA ☐ NEIN ☐ DEM PARTNER ODER DER PARTNERIN MITTEILEN

Ich fand es wunderbar, wie du mir trauern geholfen hast.

☐ JA ☐ NEIN ☐ DEM PARTNER ODER DER PARTNERIN MITTEILEN

Ich weiß es sehr zu schätzen, dass wir schon gemeinsam gebetet und Gott gedankt haben.

☐ JA ☐ NEIN ☐ DEM PARTNER ODER DER PARTNERIN MITTEILEN

Ich bin zuversichtlich, dass wir gemeinsam alle Turbulenzen meistern können.

☐ **JA** ☐ **NEIN** ☐ **DEM PARTNER ODER DER PARTNERIN MITTEILEN**

Ich weiß es sehr zu schätzen, dass ich immer mit dir reden kann, wenn ich niedergeschlagen bin.

☐ **JA** ☐ **NEIN** ☐ **DEM PARTNER ODER DER PARTNERIN MITTEILEN**

Ich mag es, wie ehrlich du immer gewesen bist.

☐ **JA** ☐ **NEIN** ☐ **DEM PARTNER ODER DER PARTNERIN MITTEILEN**

Ich habe großen Respekt davor, dass du so hart arbeitest.

☐ **JA** ☐ **NEIN** ☐ **DEM PARTNER ODER DER PARTNERIN MITTEILEN**

Ich mag es sehr, dass du über dich selbst lachen kannst.

☐ **JA** ☐ **NEIN** ☐ **DEM PARTNER ODER DER PARTNERIN MITTEILEN**

Wir haben Erfolge gemeinsam gefeiert.

☐ **JA** ☐ **NEIN** ☐ **DEM PARTNER ODER DER PARTNERIN MITTEILEN**

Du bist ein wahrer Freund oder eine wahre Freundin.

☐ **JA** ☐ **NEIN** ☐ **DEM PARTNER ODER DER PARTNERIN MITTEILEN**

Ich mag es sehr, dass du kein bisschen gekünstelt bist.

☐ **JA** ☐ **NEIN** ☐ **DEM PARTNER ODER DER PARTNERIN MITTEILEN**

Es gab Zeiten, in denen ich mich ganz verloren fühlte, und du hast mir geholfen, meinen Weg wiederzufinden.

☐ **JA** ☐ **NEIN** ☐ **DEM PARTNER ODER DER PARTNERIN MITTEILEN**

Ich liebe unsere spirituelle Verbundenheit.

☐ **JA** ☐ **NEIN** ☐ **DEM PARTNER ODER DER PARTNERIN MITTEILEN**

Du warst in Zeiten stark, in denen ich mich sehr schwach gefühlt habe.

☐ **JA** ☐ **NEIN** ☐ **DEM PARTNER ODER DER PARTNERIN MITTEILEN**

Ich habe das Gefühl, wir können stolz auf das sein, was wir im Leben gemeinsam aufgebaut haben.

☐ **JA** ☐ **NEIN** ☐ **DEM PARTNER ODER DER PARTNERIN MITTEILEN**

Schnelleinstieg

Zusammenfassung des Kapitels

- Vertrauen bedeutet, einander zu schätzen und Ihrem Partner oder Ihrer Partnerin zu zeigen, dass er oder sie sich auf Sie verlassen kann.
- Verlässlichkeit im täglichen Leben, auf der Vertrauen fußt, bedeutet:
- Sie investieren emotional alles, was Sie haben, in diese Beziehung.
- Sie entscheiden sich dafür, Chancen auf Kontakte mit anderen Menschen zu widerstehen, die einen Vertrauensbruch in Ihrer Ehe darstellen würden, und wahren aus dem gleichen Grund auch bei allen Beziehungen außerhalb Ihrer Ehe Grenzen.
- Wenn es nicht gut läuft, bringen Sie Ihre Gefühle und Bedürfnisse Ihrem Partner oder Ihrer Partnerin gegenüber zum Ausdruck, statt sich bei jemand anderem zu beklagen.
- Sie akzeptieren Ihren Partner oder Ihre Partnerin, wie er oder sie ist, trotz seiner oder ihrer Fehler.
- Sie schätzen, was Sie haben, und nähren Dankbarkeit.
- Sie drohen niemals, aus der Beziehung auszusteigen.
- Sie kümmern sich um den Schmerz Ihres Partners oder Ihrer Partnerin ebenso sehr, wenn nicht noch mehr, wie um Ihren eigenen.
- Einen Vertrauensbruch in einer Beziehung begehen Menschen dann, wenn sie:
- Dem Partner oder der Partnerin keine Priorität einräumen.
- Versprechen nicht halten.
- Nicht da sind, wenn ihr Partner oder ihre Partnerin verletzt oder krank ist.

- Lügen, Geheimnisse haben, untreu sind.
- Die wichtigen Fragen, die wir einander stellen, wenn es um Vertrauen, Loyalität und Verlässlichkeit geht, lauten:
- Kann ich dir vertrauen?
- Wirst du für mich da sein, wenn ich dich brauche?
- Wirst du mir treu sein?
- Wirst du da sein, wenn ich verletzt bin?
- Wie wichtig bin ich dir?

DAS GESPRÄCH: VERTRAUEN UND VERBINDLICHKET

Thema

- Wie sehen Vertrauen und Verbindlichkeit in unserer Beziehung aus? Wie können wir einander ein Gefühl der Sicherheit geben? Wie sehen unsere Vereinbarungen zu Vertrauen und Verbindlichkeit aus?

Vorbereitung

- Lesen Sie dieses Kapitel und notieren Sie sich alle Stellen, die ein besonders starkes Echo in Ihnen auslösen. Definieren Sie, wie Vertrauen und Verbindlichkeit für Sie aussehen. Denken Sie darüber nach, wie beides in Ihrer Herkunftsfamilie ausgesehen hat. Nennen Sie die kleinen Zeichen, mit denen Sie und Ihr Partner oder Ihre Partnerin einander eine verlässliche und fürsorgliche Beziehung signalisieren.

Vorschläge

- Einer von Ihnen kann diese Verabredung organisieren. Entweder Sie entscheiden, wer dieses spezielle Date arrangiert, oder Sie können eine Münze werfen. Sie können sich auch dafür entscheiden, Ihren Partner oder Ihre Partnerin mit dem Ort für diese Verabredung zu überraschen, und ihn oder sie bitten, Ihnen »einfach zu vertrauen«. Wenn Sie noch eine Ebene höher gehen wollen, können Sie Ihrem Partner oder Ihrer Partnerin auf dem Weg dorthin die Augen verbinden.

Ort

- Suchen Sie einen hoch gelegenen Ort mit einer weiten Aussicht. Dabei könnte es sich um ein hohes Gebäude, eine Brücke, einen

Berg und so weiter handeln. Im Idealfall steht dort eine Bank, oder es gibt eine andere bequeme Sitzgelegenheit, auf der Sie Platz nehmen können, solange Sie beide die offenen Fragen durchsprechen. Wenn möglich, suchen Sie sich für diese erste Verabredung einen Ort aus, der in Ihrer Liebesgeschichte eine Rolle gespielt hat. Ben und Leah könnten sich beispielsweise auf der Treppe verabreden, auf der sie sich kennengelernt haben. Der Ort sollte schön und friedlich sein. Wo immer diese erste Verabredung stattfinden soll: Sorgen Sie dafür, dass der gewählte Ort geschützt und ruhig genug ist, um ein ehrliches Gespräch führen zu können. Das Thema ist heikel, und Sie müssen sich sicher genug fühlen, um sich offen mitteilen zu können.

EIN DATE ZU HAUSE: Wenn Sie beschlossen haben, dieses Gespräch zu Hause zu führen, haben wir eine Idee für Sie: Sie können sich abwechselnd die Augen verbinden, während der oder die andere Sie durch das Haus oder die Wohnung führt. Das ist eine hervorragende Möglichkeit, eine klare Kommunikation zu üben (»gleich gehst du durch eine Tür«, »hier geht es eine Stufe hinauf«) und fürsorglich mit dem oder der Geführten umzugehen beziehungsweise gegenseitiges Vertrauen zu üben.

Mitbringen

- Sie sollten eine offene Haltung mitbringen und bereit sein, alles zu diskutieren, was zum Thema Vertrauen und Verbindlichkeit aufgetaucht ist, während Sie dieses Kapitel gelesen und die Übungen gemacht haben.

Bitte lesen Sie auch die folgende Anleitung zur Fehlervermeidung durch, ehe Sie dieses Gespräch führen.

Vertrauen kann ein Thema sein, das besonders viel auslöst, und

Sie müssen sich unbedingt auf einige Grundregeln einigen, ehe Sie anfangen.

Fehlervermeidung

- Bleiben Sie Ihrem Partner oder Ihrer Partnerin gegenüber offen.
- Vermeiden Sie es, Ihr Gespräch für Vorwürfe zu nutzen oder Anschuldigungen wegen vergangener Vertrauensbrüche zwischen Ihnen zu erheben. Spielen Sie Ängste nicht herunter.
- Fragen Sie Ihren Partner oder Ihre Partnerin, warum seine oder ihre Einstellung zu Vertrauen und Verlässlichkeit für ihn oder sie so wichtig und bedeutsam ist.
- Seien Sie ehrlich in Bezug auf Ihre Bedürfnisse.
- Verzichten Sie auf den Versuch, Ihren Partner oder Ihre Partnerin dazu zu zwingen, in Bezug auf Vertrauen, Loyalität und Verbindlichkeit dasselbe zu glauben wie Sie.
- Betrachten Sie die Unterschiede zwischen sich als Gelegenheit, mehr übereinander zu lernen und ein gemeinsames Wertsystem für Vertrauen und Verlässlichkeit zu errichten.
- Vermeiden Sie es, zu kritisieren oder zu urteilen.

Offene Fragen für Ihr Gespräch

Stellen Sie einander die gleich folgenden Fragen. (Wir haben bestimmte Formulierungen vorgeschlagen, aber bitte nehmen Sie sich die Freiheit, so zu fragen, wie es für Sie und Ihre Beziehung am natürlichsten und besten ist.) Die Paare, die an unserer Studie teilgenommen haben, haben sich bei ihren Dates alle dafür entschieden, die Fragen so zu übernehmen, wie sie hier aufgeführt sind, aber es steht Ihnen jederzeit frei, eigene zu ergänzen:

- Wie haben deine Eltern einander gezeigt, dass sie voll hinter ihrer Beziehung stehen? Wo haben sie eine mangelhafte Verlässlichkeit erkennen lassen? Was meinst du, was diese Dinge in deiner Familiengeschichte für uns beide bedeuten?

- Was bedeutet Vertrauen für dich?
- Kannst du mir eine Gelegenheit schildern, bei der du das Gefühl hattest, mir nicht vertrauen zu können, und sagen, was ich hätte tun können, um das zu ändern?
- Was brauchst du von mir, damit du mir noch mehr vertrauen kannst?
- Was brauchst du von mir als Zeichen dafür, dass ich voll hinter dieser Beziehung stehe?
- Was meinst du, an welchen Bereichen wir arbeiten müssen, um das Vertrauen zwischen uns zu stärken?
- Worin sind wir uns ähnlich, und worin unterscheiden wir uns in Bezug auf Vertrauen und Engagement? Wie können wir diese Unterschiede akzeptieren?

Eine Affirmation für unsere gemeinsame Zukunft

Lesen Sie einander diese Affirmation abwechselnd laut vor. Halten Sie Blickkontakt, solange Sie sie rezitieren.

Ich verspreche dir, mich jeden Tag neu für dich zu entscheiden und dir zu zeigen, dass unsere Beziehung hohe Priorität für mich hat. Ich verspreche dir auch, noch sieben weitere Gespräche mit dir zu führen.

ZWEITES GESPRÄCH

Unterschiede akzeptieren:

Mit Konflikten umgehen

Wesley und Marie hatten schon zwei Jahre zusammengelebt, ehe sie beschlossen, zu heiraten. Als sie sich entschlossen, über Konflikte zu reden, standen sie am Anfang ihres zweiten Ehejahres und sagten gerne, sie wären noch immer in der Flitterwochenphase. »Wir haben nie hitzige Debatten. Wir streiten uns nie. Wir sind einander die besten Freunde, und ich kann mich nicht an eine einzige Sache erinnern, über die wir uns je gestritten hätten«, sagte Marie. Bei diesem Gespräch gewannen sie wichtige Erkenntnisse über Konflikte.

Dieser Zustand ehelichen Friedens, den Marie schildert und der als »Eheglück« gilt, ist in Wahrheit nur die Ruhe, die aus der Vermeidung von Konflikten resultiert. Konflikte kommen vor. Und es gehört zu den großen Mythen über die Ehe, dass man dann, wenn man nie streitet oder über schwierige und unangenehme Themen diskutiert, eine »gute« Beziehung hat. Wenn Sie heiraten, schließen sich nicht nur zwei Menschen zusammen, sondern beide bringen auch Ihre unterschiedlichen Gewohnheiten, Persönlichkeiten, Überzeugungen und Eigenheiten mit ein. All das kann in der Summe einen ziemlich wilden Ritt bedeuten, und wenn Sie sich auf eine Langzeitbeziehung jeglicher Art mit der Vorstellung einlassen, das Gütesiegel für ihr Gelingen wäre das Ausbleiben von Konflikten, dann sind Enttäuschung und das Scheitern schon vorprogrammiert.

Dieses Paar hatte allerdings immerhin einen Konflikt, mit dem beide zu kämpfen hatten. Wesley mochte es, wenn der Fernsehapparat lief, wenn er einschlief. Marie nicht. Sie hatte es lieber still und konnte rasch einschlafen, wenn der Fernseher ausgeschaltet war, lag aber Abend für Abend wach, bis Wesley einschlief, und machte dann den Fernseher aus. Marie hatte das schon einmal angesprochen, aber nie wirklich deutlich gesagt, wie sehr es sie eigentlich störte. Aber als sie die Stelle wechselte und früher aufstehen musste, wurde sie zunehmend ärgerlicher über das in ihren Augen selbstsüchtige Verhalten von Wesley. Sie lag nachts wach und dachte daran, dass sie die Hälfte der Hypothek auf das Haus beisteuerte, dass sie ihr neues Bett mit Wesley zusammen gekauft hatte und dass sie sich wie auf Besuch in seiner Welt fühlte. Ihr Ärger wuchs, und ihr Groll wurde immer größer, aber sie sagte noch immer nichts. Irgendwann begann sich Marie zu fragen, ob es die richtige Entscheidung gewesen war, Wesley zu heiraten. Würde sie diejenige sein müssen, die Opfer brachte und Kompromisse schloss, während er immer seinen Willen bekam? Würden so die nächsten 60 Jahre ihres Lebens aussehen?

Wesley fand mit der Zeit, dass Marie immer bissiger und ungeduldiger wurde. Einer der Gründe dafür, dass er sie geheiratet hatte, war, dass sie der freundlichste Mensch war, den er je kennengelernt hatte, und ihn immer mit einem Lächeln begrüßte. Er hatte Freude daran, sie zum Lachen zu bringen, aber seine Späße und sein Humor stießen immer öfter auf Schweigen. Er hatte keine Ahnung, was sie störte, und als er sie fragte, ob irgendetwas los sei, sagte sie regelmäßig, es sei alles in Ordnung. Wesley fragte sich, ob er einen Fehler gemacht hatte. Er fragte sich, wer diese Frau mit dem versteinerten Gesicht war, die da vor ihm stand, und wo die glückliche, schöne Frau hingekommen war, die er geheiratet hatte.

ES GEHÖRT ZU DEN GROSSEN MYTHEN ÜBER DIE EHE, DASS MAN DANN, WENN MAN NIE STREITET, EINE »GUTE« BEZIEHUNG HAT.

Irgendwann konfrontierte Wesley Marie und verlangte zu wissen, was denn los sei und warum sie ihn so schlecht behandle. Marie war schockiert. In ihrer Vorstellung war sie diejenige, die schlecht behandelt wurde. Er war der Egoistische. Schließlich sagte sie ihm, was sie schon so lange bedrückte, und dann brach sie in Tränen aus und meinte: »Ich schätze, für uns ist es vorbei.«

Wesley verschlug es die Sprache. Er erzählte ihr, dass er bei einer alleinerziehenden Mutter aufgewachsen war, die zwei Jobs hatte, sodass er die meiste Zeit allein war und außer dem Fernseher nichts hatte. »Einmal wurde in unser Haus eingebrochen und der Fernseher gestohlen. Ich war am Boden zerstört. Er war mein einziger Trost am Abend, und als er weg war, hatte ich nichts mehr. Es war schrecklich. Einsam und schrecklich.«

Marie hatte diese Geschichte noch nie gehört, und ihr Herz öffnete sich für den kleinen Jungen, der ihr Mann einst gewesen war.

»Aber warum denkst du denn, mit uns ist es vorbei?«, fragte Wesley. »Es ist nur ein Fernsehapparat, wir können uns doch etwas überlegen.«

Wie sich dann herausstellte, hatte Marie nie mit Wesley gestritten, weil sie vor jeglichem Konflikt Angst hatte. Als sie heranwuchs, hatte sie ihre Eltern nie streiten hören, aber sobald es zu Hause schwierig wurde, schnappte die Mutter Marie, ihren Bruder und ihre Schwester, verließ mit ihnen das Haus und nahm sich Zimmer in einem Hotel. Dabei war es ihr ganz gleich, ob es mitten in der Nacht war oder ob die Kinder am nächsten Morgen Schule hatten, ihre Mutter scheuchte sie einfach alle ins Auto und fuhr ins nächste Hotel, wo sie dann so tat, als wären sie in den Ferien. Sie schwammen im Pool, bestellten das Essen aufs Zimmer und kehrten nach ein paar Tagen nach Hause zurück, wo niemand ein Wort darüber verlor, warum sie gegangen und dann wiedergekommen waren. Das einzige Mal, dass Marie hörte, wie ihre Eltern sich anschrien, war unmittelbar vor ihrer Ankündigung, sie würden sich scheiden lassen. Später, als Marie in der Highschool war und ihre Mutter Single und sich mit Männern verabredete, pflegte ihre Mutter den Kontakt mit einem Freund zu beenden, indem sie ihre Telefonnummer änderte. Marie hatte, ohne es zu erkennen, die Vorstellung verinnerlicht, dass jeder Konflikt vermieden werden musste und dass ein Streit, falls es je dazu kam, bedeutete, dass die Beziehung zu Ende war.

Dass sie einander diese Geschichten erzählten, führte für Wesley und Marie zu einer drastischen Veränderung. Für Marie war es wie ein Wunder, dass man eine Meinungsverschiedenheit haben und darüber sprechen konnte. Es war eben gerade nicht das Ende ihrer Beziehung, sondern Marie fühlte sich ihrem Mann näher als je zuvor, weil sie einander diese Kindheitsgeschichten erzählt hatten. »Unsere Beziehung hat eine höhere Ebene erreicht. Sie fühlt sich viel wirklichkeitsnäher an«, sagt Marie. »Jetzt freue ich mich beinahe auf unsere Konflikte, weil wir am Ende fast immer etwas Neues übereinander erfahren haben, und das bringt uns immer näher zusammen. Ich suche nicht direkt Streit, aber ich laufe auch nicht mehr vor jedem Konflikt davon. Ich mag das Gefühl, wenn wir etwas Schwieriges gemeinsam bewältigen. Darum geht es ja in einer Beziehung. Auch wenn wir unterschiedlicher Meinung sind, gehören wir noch immer zum selben Team und versuchen, einen Weg zu finden, wie wir einander verstehen und die Sache lösen können.« Was das Problem mit dem Fernsehapparat betrifft, haben die beiden jetzt eine Fernbedienung mit einem Timer, der den Fernseher nach 20 Minuten ausschaltet.

Die meisten Paare, die dieses Gespräch geführt haben, haben es wie Wesley und Marie dazu genutzt, ihre Unterschiede unter die Lupe zu nehmen und dann darauf hinzuarbeiten, sie zu verstehen und zu akzeptieren. Sich die Geschichte des jeweils anderen anzuhören, ist ein sehr wirksamer Weg, Meinungsverschiedenheiten zu überwinden.

Mit Konflikten umgehen

Es mag Ihnen merkwürdig erscheinen, ein Gespräch über Konflikte zu führen, aber die beste Zeit für eine Diskussion darüber, wie Sie mit einem Konflikt umgehen wollen, ist nicht dann, wenn Sie mitten in einer hitzigen Debatte sind. Wichtig ist, dass Sie wissen, dass Konflikte in Beziehungen normal sind und einem Zweck dienen. Und was ist dieser Zweck? Hat ein Konflikt jemals ein Ziel? Viele Menschen denken, dass Konflikte sinnlos und schädlich sind. Stimmt nicht. Sie sind notwendig, weil wir mit unserer Liebesfähigkeit unvermeidlich an Bremsschwellen kommen, und wenn wir auf eine solche Schwelle treffen, müssen wir abbremsen und vorsichtig weiterfahren.

Gegenseitiges Verstehen: Das ist das gesündeste und produktivste Ziel aller Konflikte.

Das überrascht Sie vielleicht. Sinn und Zweck eines Konflikts ist nicht, zu gewinnen oder Ihr Gegenüber davon zu überzeugen, dass Sie recht haben, und nicht einmal, dass Sie gleich denken. Wenn wir einen Kompromiss suchen, müssen wir die Kernbedürfnisse des jeweils anderen in Bezug auf das strittige Thema verstehen und auch herausfinden, wo er flexibel sein kann. Das Ziel ist jedoch nicht, identisch zu werden, sondern einander zu verstehen.

IN DIESEN EWIGEN PROBLEMEN, DIE SIE ANSCHEINEND NIEMALS LÖSEN KÖNNEN, LIEGEN DIE GRÖSSTEN CHANCEN FÜR WACHSTUM UND INTIMITÄT.

Wie Marie und Wesley herausfanden, hilft uns der Umgang mit Konflikten, uns im Lauf der Zeit mehr zu lieben, einander besser zu verstehen und unser Bekenntnis zu unserer Beziehung zu erneuern.

Niemand von uns kann perfekt kommunizieren, nicht einmal Paartherapeuten und -therapeutinnen oder diejenigen, die schon seit Jahrzehnten verheiratet sind.

Hier kommt noch ein weiterer Merksatz: *Unsere Forschung hat gezeigt, dass die meisten Beziehungskonflikte nicht gelöst werden können.* Jede Beziehung bringt eine Reihe von Problemen mit sich, weil jeder Mensch einzigartig ist und sich von anderen unterscheidet, und manche Probleme sind einfach da, ganz gleich, wer der Partner oder die Partnerin sein mag. Immer und immer wieder hören wir von Paaren, die sich wegen ihrer Schwierigkeiten scheiden lassen, dann andere Partner heiraten und anschließend feststellen, dass sie in der neuen Beziehung wieder ganz ähnliche oder auch neue Probleme haben.

Viele unserer Schwierigkeiten bleiben uns erhalten und tauchen auch in jeder anderen Beziehung immer wieder auf, bis wir erkennen, worum es dabei eigentlich geht, und angemessen mit ihnen umgehen. Eine häufige Quelle für Kummer ist die irrige Vorstellung, dass all unsere Probleme lösbar sind. Bei unserer Forschungsarbeit hat sich gezeigt: Wenn Paare über das spezielle Thema reden, über das sie sich immerzu streiten, geht es in 69 Prozent der Zeit um das, was wir ein »ewiges Problem« nennen. Es wird sich nicht lösen lassen. Beziehungen gelingen in dem Maße, in dem Sie lernen, mit einer Reihe von ewigen Problemen zu leben. Und das große Geschenk ist, dass in diesen Konflikten, diesen ewigen Problemen, die Sie anscheinend niemals lösen können, die größten Chancen für Wachstum und Intimität liegen. Wenn Sie entdecken, was ihnen zugrunde liegt, dann decken Sie etwas auf, das im Zentrum der Überzeugungen oder der Persönlichkeit Ihres Partners oder Ihrer Partnerin angesiedelt ist. Offenkundig gibt es Konflikte, die für eine Beziehung das Aus bedeuten können, wie wir in der Einleitung erwähnt haben – einer von Ihnen möchte Kinder, der andere nicht, jemand weigert sich, Drogen- oder Alkoholmissbrauch behandeln zu lassen oder etwas gegen seine Gewalttätigkeit zu unternehmen –, aber überwiegend sind Probleme entweder vom Typ ewige Probleme (sie können nicht gelöst werden und werden niemals gelöst), oder sie können gelöst werden.

LÖSBARE PROBLEME: Diese Probleme sind situationsbezogen. Sie streiten etwa über die Hausarbeit oder darum, wer die Kinder freitags abholt, oder wohin Sie in Urlaub fahren sollen. Der Konflikt bezieht sich auf die Sache, und hinter Ihrer Position verbirgt sich keine tiefere Bedeutung. Er lässt den Toilettensitz hochgeklappt, sie hasst es, sich auf die dadurch kalte Brille zu setzen. Das ist ein Ärgernis, aber es gibt keinen tieferen Grund dafür, dass er die Brille hochgeklappt lässt und sie sie unten haben möchte. Bei lösbaren Problemen gibt es einen Ausweg, und er kann auch beibehalten werden. Sie teilen sich die Hausarbeit, wechseln sich beim Abholen der Kinder ab, jeder darf mal den Urlaubsort wählen, und so weiter. Lösbar heißt nicht, dass es keine Mühe kostet. Es erfordert Anstrengung und Tatkraft, die Vereinbarungen einzuhalten, die Sie gemeinsam für die lösbaren Probleme treffen.

EWIGE PROBLEME: Das sind Probleme, die ihren Kern in grundsätzlichen Unterschieden zwischen Ihren Persönlichkeiten oder Ihren Präferenzen beim Lebensstil haben. Es sind die Probleme, zu denen Sie immer wieder zurückkehren. Dabei kann es um unterschiedliche Grundbedürfnisse gehen, um Pünktlichkeit, Organisation, um die Frage, wie viel Zeit man allein oder zusammen verbringt, um unterschiedliche Vorstellungen davon, wie man Weihnachten feiert oder mit den Schwiegereltern umgeht. Sogar wie Sie sich sportlich betätigen, kann grundverschieden sein, wenn er gerne gemütlich durchs Viertel schlendert, während sie die Mitgliedschaft in einem

Fitnesscenter für unerlässlich hält, um gesund zu bleiben. Sie können die Unterschiede in Ihrer Persönlichkeit oder Ihrem bevorzugten Lebensstil nicht »lösen« und sollten das auch gar nicht erst versuchen. Wenn man ein ewiges Problem als solches erkennt, führt das dazu, dass man die Verschiedenheit beider akzeptiert und schätzt. Der Kern des Konfliktmanagements besteht – besonders, wenn es sich um ein ewiges Problem handelt – darin, Ihren Partner oder Ihre Partnerin als den oder die anzunehmen, der er oder die sie ist. Wenn Sie annehmen, was Sie nicht ändern können, nehmen Sie einander an. Akzeptieren Sie Ihren Partner oder Ihre Partnerin so, wie er oder sie ist, dann wird Ihr Gegenüber das auch tun. Zelebrieren Sie Ihre Verschiedenheit und lernen Sie aus ihr.

Ein Wort über Sackgassen

Niemand fühlt sich in einer Sackgasse wohl, mit dem Gefühl, festzusitzen und nicht von der Stelle zu kommen. Dieses kann eintreten, wenn Sie sich schließlich nur noch im Konflikt über ein ewiges Problem im Kreis drehen. Dass Ihr ewiges Problem sich festgefahren hat, erkennen Sie daran, dass Sie das gleiche Gespräch und die gleiche Auseinandersetzung wieder und wieder führen und keinen Fortschritt erkennen. Am Ende der Diskussion fühlt sich einer von Ihnen oder alle beide frustriert, verletzt oder abgelehnt. Dann sieht man sein Gegenüber als Feind an. Marie hatte begonnen, Wesley innerlich zu verteufeln, und dass er mit laufendem Fernseher einschlief, wurde für sie zu einem Symbol für seine extreme Selbstsucht in allen Bereichen. Wenn Sie feststellen, dass Sie immer weiter in eine Polarisierung geraten, immer extremer und kompromissloser werden, dann stecken Sie in einer Sackgasse fest. Das wird mit der Zeit zu emotionaler Distanz zwischen Ihnen führen, und diese ist der eigentliche Todesstoß für eine Beziehung – nicht Wut oder Streit oder Konflikte im Allgemeinen, sondern die Distanz, die Sie dadurch zwischen sich entstehen lassen. Wir werden im letzten Kapitel, in dem es darum geht, den Träumen des jeweils anderen zur Erfüllung zu verhelfen, noch mehr über festgefahrene Konflikte schreiben. Denn bei jedem Konflikt, der in eine Sackgasse geraten ist, steckt in der Haltung beider Partner zu dem betreffenden Thema eine Sehnsucht, ein Traum, der unter der Oberfläche begraben ist und darauf wartet, aufgedeckt zu werden. Konflikte können Sie näher zusammenbringen, wenn Sie sie als einen Weg ansehen, Ihren Partner oder Ihre Partnerin besser kennenzulernen. Wenn Sie sich ernsthaft bemühen, die Haltung Ihres Gegenübers zu verstehen, können Sie durch jegliche Meinungsverschiedenheit eine tiefere Intimität und eine stärkere Beziehung erreichen. Wenn Ihr Partner oder Ihre Partnerin Ärger ausdrückt, könnten Sie ja, statt defensiv zu reagieren und zurückzuschlagen, einmal versuchen, sich oder sogar den anderen zu fragen, was er braucht, welcher unerfüllte Wunsch oder welche unerfüllte Hoffnung noch offen ist. Über jeden Streit hinweg können Ihre Beziehung und Ehe nicht nur Bestand haben, sondern sogar gedeihen, wenn Sie dem anderen mitteilen können, dass Sie ihn lieben und akzeptieren, auch wenn Sie zutiefst anderer Meinung sind als er. Paare, die schon jahrzehntelang verheiratet sind, haben gelernt, die Schwächen und Marotten ihres Partners oder ihrer Partnerin sowie die Unterschiede in der Persönlichkeit eher als amüsant denn als frustrierend anzusehen. Wenn wir jemanden wirklich lieben, lieben wir den ganzen Menschen und nehmen ihn so an, wie er ist.

ÜBUNG

Wir alle haben Streitpunkte

Wir haben eine Liste mit 25 Themen zusammengestellt, die fundamentale Unterschiede zwischen Ihren Persönlichkeiten ansprechen könnten, die vielleicht zu Konflikten führen, oder auch fundamentale Unterschiede zwischen Ihren Bedürfnissen bezüglich der Lebensweise, die ebenfalls eine Quelle von Konflikten sein könnten. Bedürfnisse in Bezug auf Ihren Lebensstil sind grundlegend für Ihre Identität und dafür, wer Sie als Person sind.

Diese Übung ist eine Gelegenheit, einander auf neue Weise kennenzulernen und sich neugierig zu fragen, welche potenziellen Konfliktquellen in Ihrer Beziehung auftauchen könnten. Schauen Sie sich alle Punkte an. Suchen Sie sich die wichtigsten drei bis fünf heraus, die Ihnen ins Auge springen. Schreiben Sie auf, welche Gefühle Sie zu jedem der ausgewählten Themen haben. Meinen Sie, das sei gerade jetzt ein wichtiger Konflikt? Denken Sie, es könnte künftig eine Quelle für Konflikte sein? Sie werden bei Ihrer Gesprächsverabredung über Ihre Notizen sprechen, deshalb nehmen Sie sich am besten etwas Zeit, über das Thema nachzudenken. Manche Paare haben sich auch dafür entschieden, alle Themen durchzugehen, und haben notiert, wie sie zu all diesen Bereichen standen. Tun Sie das, was Ihnen vernünftig erscheint.

Denken Sie daran, dass Sie letztlich danach streben, die Innenwelt Ihres Partners oder Ihrer Partnerin zu verstehen und zu einem gemeinsamen Sinn zu gelangen. Wenn Pünktlichkeit für Ihr Gegenüber wichtig ist und Sie denken, pünktlich zu kommen, heiße, nicht mehr als eine Stunde später zu erscheinen, dann diskutieren Sie bitte, warum es dem einen so wichtig oder der anderen nicht so wichtig ist. Normalerweise ist unter jeder starken Emotion eine

Geschichte verborgen. Seien Sie bereit, einander diese Geschichten zu erzählen, und streben Sie nach dem Verständnis, das Ihnen helfen wird, Ihre Konflikte mit Geschick und Mitgefühl zu bereinigen.

Wenn Sie darüber nachdenken, was Sie brauchen, formulieren Sie es bitte positiv – überlegen Sie, was Sie *brauchen,* und nicht, was Sie *nicht brauchen* oder wollen. Und geben Sie sich auch Mühe, dieses positive Bedürfnis so genau wie möglich zu definieren, sodass es wie ein Erfolgsrezept im Umgang mit Ihnen ist. So ist beispielsweise »Ich möchte gerne, dass du mich respektierst« nicht so gut wie »Ich möchte gerne, dass du beim Abendessen dein Smartphone oder deine sonstigen elektronischen Geräte ausschaltest, damit wir in Ruhe miteinander reden können«.

Ergründen Sie und seien Sie bereit zu diskutieren:

- Worin sind wir gleich, und worin unterscheiden wir uns?
- Wie können wir die Unterschiede zwischen uns berücksichtigen und akzeptieren?
- Gibt es Unterschiede, die wir nicht annehmen können?

1. **Unterschiede in Ordentlichkeit und Organisation.** Die eine Person kann ordentlich und gut organisiert sein, während die andere weniger organisiert ist und kein Problem mit einem gewissen Maß an Unordnung hat.
2. **Unterschiede in der Pünktlichkeit.** Die eine ist immer pünktlich oder schon früher da, der andere geht laxer mit Zeit um und kommt oft zu spät.
3. **Unterschiede in der Erledigung von Aufgaben und der Abwicklung von Dingen.** Einer von Ihnen kann vielleicht mehrere Dinge gleichzeitig tun und Multitasking betreiben, während der andere sich gerne auf jeweils nur eine Sache konzentriert.

4. **Unterschiede in der Emotionalität.** Die eine kann emotional sehr expressiv sein, während der andere Gefühle weniger stark ausdrückt. Einer von Ihnen schätzt es vielleicht mehr, den Emotionen auf den Grund zu gehen, während der andere lieber aktiv wird, als Gefühle tiefer zu erforschen.
5. **Unterschiede im Wunsch nach gemeinsamer Zeit beziehungsweise Zeit allein.** Die eine Person möchte vielleicht mehr Zeit allein haben als die andere, die sich mehr gemeinsame Zeit wünscht. Das spiegelt grundlegende Unterschiede im Wunsch nach Autonomie versus Interdependenz wider.
6. **Unterschiede in der optimalen Frequenz von Sex.** Einer von Ihnen möchte häufiger Sex haben als der andere.
7. **Unterschiede im Sprechen über Ihr Sexleben.** Die eine Person möchte über den Sex in der Beziehung sprechen und ihn im Lauf der Zeit verbessern können, während die andere diesen Bereich lieber spontan halten und ihn nicht unter die Lupe nehmen möchte.
8. **Unterschiede im Umgang mit Geld.** Einer von Ihnen ist finanziell viel konservativer, macht sich Sorgen und plant genau, während der andere viel mehr ausgeben möchte und der Philosophie anhängt, man solle im Augenblick leben.
9. **Unterschiede in der Abenteuerlust.** Die eine Person ist abenteuerlustig und bereit, einige Risiken einzugehen, wenn sie ins Unbekannte vorstößt, die andere ist vorsichtiger und risikoscheu und möchte, dass jedes Abenteuer im Vorfeld ausgearbeitet wird, sodass es überwiegend geplant und überschaubar ist.
10. **Unterschiede im Umgang mit Verwandten.** Die eine möchte mehr Unabhängigkeit von der Verwandtschaft, der andere wünscht sich mehr Nähe und Verbindung.
11. **Unterschiede im Umgang mit Hausarbeit und Kinderbetreuung.** Einer von Ihnen möchte eine gleichmäßige Verteilung

der Aufgaben, während der andere dieses Prinzip ablehnt oder das Gefühl hat, es sei unrealistisch.

12. **Unterschiede in der Art und Weise, Meinungsverschiedenheiten zu besprechen.** Die eine Person wünscht sich, offen streiten zu können und ihre Gefühle so offen auszudrücken wie möglich, während die andere einen logischeren, ruhigeren und rationaleren Umgang mit Konflikten braucht, ohne allzu viel Emotionalität.
13. **Unterschiede im Ausdruck von Ärger.** Der eine fühlt sich wohl damit, Ärger auszudrücken und auch das Ziel von Ärger zu sein, möchte die Freiheit haben, Ärger zu zeigen, und lässt ihn leicht wieder hinter sich. Die andere sieht Ärger als potenziell destruktiv und respektlos an und möchte ihn weitgehend aus Interaktionen heraushalten. Sie nimmt Ärger vielleicht auch eher persönlich und hegt dann einen Groll.
14. **Unterschiede in der Einstellung zur Erziehung und Disziplinierung von Kindern.** Einer von Ihnen neigt zu mehr Strenge gegenüber Kindern und glaubt, es sei wesentlich, dass sie sich respektvoll verhalten, während der andere Empathie und Verständnis für Kinder betont und denkt, sie sollten Freiheiten haben und ihren Eltern emotional nahe sein.
15. **Unterschiede im Umgang mit Traurigkeit.** Die eine Person ignoriert Momente der Trauer oder Verzweiflung lieber, verlegt sich aufs Problemlösen und möchte mithilfe von Aktivität einfach ihr Leben weiterleben, während die andere über ihre Trauer reden möchte und sich einen empathischen Zuhörer wünscht.
16. **Unterschiede im gewünschten Aktivitätslevel.** Die eine ist gerne sehr aktiv, während der andere ruhigere und weniger aktive Formen der Erholung bevorzugt.
17. **Unterschiede in der Geselligkeit.** Einer von Ihnen ist stärker extravertiert und gesellig und kann sich im Zusammensein mit

Menschen energetisch aufladen, während der andere die Gesellschaft von Menschen anstrengend findet und eher im Alleinsein Energie tankt.

18. **Unterschiede bezüglich Einfluss oder Macht.** Die eine Person möchte bei allen Entscheidungen eher dominant sein, während die andere die Macht gleichmäßig verteilt haben möchte.
19. **Unterschiede im Ehrgeiz und bei der Bedeutung von Arbeit.** Die eine ist wesentlich ehrgeiziger und auf Arbeit und Erfolg hin orientiert, während der andere sich mehr auf die Qualität des Familienlebens und auf Spaß mit dem Partner oder der Partnerin fokussiert.
20. **Unterschiede im Hinblick auf Religion und Spiritualität.** Die eine Person schätzt religiöse Aktivitäten oder religiöse Werte mehr als die andere.
21. **Unterschiede im Umgang mit Drogen und Alkohol.** Einer von Ihnen ist beim Konsum von Freizeitdrogen und Alkohol wesentlich toleranter als der andere.
22. **Unterschiede in der Unabhängigkeit.** Die eine Person hat ein größeres Bedürfnis, unabhängig statt eng verbunden zu sein, als die andere.
23. **Unterschiede im Bedürfnis nach Aufregung.** Einer von Ihnen hat ein größeres Bedürfnis nach einem aufregenden oder abenteuerreichen Leben als der andere.
24. **Unterschiede in der Treue.** Es gibt große Unterschiede darin, wie loyal man sexuell oder gefühlsmäßig sein möchte oder bisher gewesen ist.
25. **Unterschiede im Spaßhaben.** Die eine Person neigt zum Ernst und hält nicht viel von der Vorstellung, »Spaß zu haben«, während die andere spielerischer und weniger ernst ist.

Fair streiten und wiedergutmachen

Von den vielen Paaren, die dieses Gespräch führten, die gleich folgende Übung machten und einander die offenen Fragen stellten, geriet nur eines in Streit. Ja, genau: Über Konflikte zu reden, hat zu einem Konflikt geführt, aber nur bei einem einzigen Paar. Wenn Ihnen das hier auch passiert oder bei irgendeinem der anderen Gespräche, dann ist das völlig in Ordnung. Streit gibt es in jeder Beziehung – er ist unvermeidlich und auch gesund –, aber die Forschung hat gezeigt, dass Paare, die in ihrer Ehe oder Beziehung wirklich glücklich sind, auf eine sanfte, positive Art und Weise mit ihren Konflikten umgehen. Sie hören sich die Position ihres Partners oder ihrer Partnerin an, versuchen, ihn oder sie zu verstehen, und bemühen sich gemeinsam darum, einen Kompromiss zu finden, mit dem beide zufrieden sind.

In einem Buch liest sich das leicht, aber manchmal sagen und tun wir Dinge, die unserem Partner oder unserer Partnerin Schaden zufügen. Wir vergessen, nach einer Verständigung zu suchen, und halten 20 Minuten lang einen wütenden Vortrag darüber, warum wir recht haben und der oder die andere nicht. Wir werden defensiv, wir kritisieren, wir sind verächtlich und wenden uns genau in dem Augenblick ab, in dem wir uns einander zuwenden sollten. Wir nennen so etwas »bedauerliche Vorfälle« – das ist eine freundliche Bezeichnung für einen Streit, und

WIR WENDEN UNS GENAU IN DEM AUGENBLICK AB, IN DEM WIR UNS EINANDER ZUWENDEN SOLLTEN.

die Meister der Beziehungskunst wissen, wie sie den Schaden von Worten möglichst gering halten können, die in der Hitze des Gefechts gesagt wurden. John und Julie haben bei ihrer Studie die Paare in »Könner« und »Katastrophen« eingeteilt. Paare, die Könner waren, blieben zusammen und waren glücklich. Katastrophale Paare trennten sich oder blieben zusammen, aber waren unglücklich. Wenn es zu Konflikten kam, wussten die Könner immer, wie sie den Schaden wiedergutmachen konnten, der bei einem bedauerlichen Vorfall entstanden war.

Wir schildern gleich einen Prozess der Wiedergutmachung von bedauerlichen Vorfällen, und Sie sollten ihn in Ihr System für den Umgang mit Konflikten in Ihrer Beziehung eingliedern. Einen Streit zu verarbeiten, heißt, über das zu sprechen, was während des Streits geschehen ist, ohne gleich wieder mit Boxhandschuhen bewehrt in den Ring zurückzuspringen. Jetzt wird nur rekapituliert und überlegt, wie Sie diese bestimmte Kampfrunde in Zukunft besser handhaben können. Ziel und Zweck ist nicht, noch einmal für Ihre Sicht der Dinge zu streiten oder zu beweisen, dass Sie recht haben und der oder die andere unrecht: Es geht darum, zu begreifen, wie die Wirklichkeit des anderen aussieht. Sie haben alle beide recht in Ihren eigenen Gefühlen und Wahrnehmungen, und Sie sind dennoch fähig, die Situation mit den Augen Ihres Partners oder Ihrer Partnerin anzuschauen.

SCHRITT 1: Beide Beteiligte sprechen nacheinander darüber, was sie während des Streits gefühlt haben: Waren Sie traurig, wütend, beunruhigt, einsam, haben Sie sich geschämt, haben Sie sich nicht geschätzt oder defensiv gefühlt oder hatten sonstige Emotionen und Gefühle? Vielleicht hatten Sie auch das Gefühl eines Kontrollverlusts oder waren verwirrt.

SCHRITT 2: Beide Beteiligte sprechen darüber, wie sie die Situation gesehen haben, und erläutern ihre Ansicht darüber, was eigentlich bei dem Streit geschehen ist. Halten Sie sich vor Augen, dass Sie zwei sehr unterschiedliche Sichtweisen von dem Geschehen haben können, aber beide sind richtig. Vermeiden Sie einen Wettstreit darüber, wer sich genauer erinnert. Erkennen Sie die Wirklichkeit des oder der anderen an. Anerkennen heißt nicht, dass Sie zustimmen. Vielmehr heißt es, dass man in der Lage ist, einen Satz wie den folgenden zu formulieren: »Von deiner Sichtweise her ist es für mich begreiflich, dass du diese Gefühle und Bedürfnisse hast. Ich verstehe.« Wenn Sie es als hilfreich ansehen, schauen Sie sich den Abschnitt »Die Kunst des Zuhörens« am Anfang des Buchs noch einmal an. Lassen Sie Ihren Partner oder Ihre Partnerin wissen, dass Sie seine oder ihre Perspektive ein Stück weit verstehen. Sprechen Sie nur über die Gefühle und Bedürfnisse, die Sie selbst hatten. Verwenden Sie Ich-Aussagen. Sagen Sie Ihrem Partner oder Ihrer Partnerin nicht, was er oder sie getan oder nicht getan hat. Zeigen Sie so wenig wie möglich mit dem Finger auf Ihr Gegenüber, und machen Sie keine Vorwürfe. Es ist besser, »Ich habe dich sagen hören …« zu sagen als »Du hast gesagt …«. Die erste Formulierung stellt klar, dass das Ihre Perspektive ist, aber nicht unbedingt den Fakten entspricht. Es gibt keine makellose Wahrnehmung.

SCHRITT 3: Bei manchen bedauerlichen Vorfällen (nicht bei allen) gibt es bestimmte Gründe dafür, dass der Konflikt eskaliert ist. Diese Gründe nennen wir »Trigger«. Das sind alte, *dauerhaft verletzliche Schwachstellen*, die schon da waren, *ehe* die Beziehung begonnen hat, und die auf emotionalen Narben beruhen, die aktiviert werden können. Wenn Sie das Gefühl haben, ein solcher Trigger sei angesprungen, dann suchen Sie in Ihrer Erinnerung nach einem Ereignis in Ihrem Erwachsenenleben oder in der Kindheit, bei dem Sie ähnliche Gefühle erlebt haben. Trigger gehen nie mehr weg, sie bleiben dauerhaft.

Anleitung: Wenn Sie spüren, dass ein solcher Trigger aktiv ist, erzählen Sie Ihrem Partner oder Ihrer Partnerin von dem, was in der Vergangenheit passiert ist, damit er oder sie Ihre besonderen Empfindlichkeiten verstehen kann und weiß, warum etwas für Sie ein Trigger ist. Wenn Sie der Partner oder die Partnerin sind, drücken Sie Verständnis und Mitgefühl aus, während der oder die andere den Auslöser schildert und den Zusammenhang herstellt. Es folgen Beispiele für emotionale Trigger, die Ihnen helfen könnten, ein Gefühl mit einem Ereignis zu verbinden:

- Als ich mich einmal verurteilt fühlte.
- Als ich mich einmal ausgeschlossen fühlte.
- Als ich mich einmal gedemütigt und gering geschätzt fühlte.
- Als ich mich einmal im Stich gelassen fühlte.
- Als ich mich einmal ohnmächtig fühlte.
- Als ich einmal gemobbt wurde.
- Als ich mich einmal allein fühlte.
- Als ich einmal einen Kontrollverlust erlitt.
- Als ich mich einmal herabgesetzt fühlte.
- Als ich mich einmal sehr unsicher fühlte.
- Als ich einmal überfallen und angegriffen wurde.

SCHRITT 4: Übernehmen Sie Verantwortung und bekennen Sie sich zu Ihrem Anteil an dem Streit. Vielleicht waren Sie übermäßig gestresst oder beschäftigt, oder Sie haben sich keine Zeit für Ihren Partner oder Ihre Partnerin genommen, oder Sie haben nicht gut zugehört. Zu welchem Beitrag zu dem Streit können Sie sich bekennen? Es ist wichtig, hier Vorwürfe zu vermeiden. Wir haben bei unserer Forschungsarbeit entdeckt, dass die Übernahme von Verantwortung – selbst für nur einen kleinen Teil des Kommunikationsproblems – eine hervorragende Möglichkeit der Wiedergutmachung darstellt. Sie ist sehr wirksam.

SCHRITT 5: Diskutieren Sie darüber, was Sie beide beim nächsten Mal anders machen könnten. Was kann Ihr Partner oder Ihre Partnerin besser machen, wenn es noch einmal zu einem Vorfall dieser Art kommt? Was können Sie selbst besser machen? Benennen Sie jeweils mindestens einen möglichen Schritt. Entwerfen Sie gemeinsam einen Plan dafür, Verletzungen zu minimieren und einen solchen Vorfall in Zukunft zu vermeiden.

Schnelleinstieg

Zusammenfassung des Kapitels

Konflikte treten in jeder Beziehung und Ehe auf, und es ist ein Mythos, dass man sich in einer glücklichen Beziehung jederzeit bestens verträgt.

- Ein Beziehungskonflikt ist eine Gelegenheit, den Partner oder die Partnerin besser kennenzulernen und eine tiefere Intimität zu entwickeln, während Sie über die Unterschiede zwischen sich sprechen und sie durcharbeiten.
- Es gibt zwei Arten von Konflikten:
- Lösbare Probleme sind situativ und haben mit dem aktuellen Thema zu tun. Normalerweise hat dabei der Konflikt oder die Haltung des Einzelnen keine tiefere Bedeutung.
- Ewige Probleme sind fundamentale Unterschiede zwischen Ihren Persönlichkeiten oder Ihren Bedürfnissen in der Lebensweise. Alle Paare haben ewige Probleme, und sie verursachen 69 Prozent aller Konflikte. Ewige Probleme können sich festfahren, und wenn ein Partner oder eine Partnerin sich vom anderen kritisiert, zurückgewiesen oder nicht akzeptiert fühlt, kann das ein Anzeichen dafür sein, das Sie in einer Sackgasse gelandet sind.
- Gehen Sie an Ihre Unterschiede besser mit Neugier als mit der Frage nach dem heran, was richtig ist. Entwickeln Sie ein echtes Interesse daran, die Geschichten zu verstehen, die unter den Problemen verborgen sind.

DAS GESPRÄCH: MIT KONFLIKTEN UMGEHEN

Thema

- Wie gehen wir mit Konflikten um? Worin sind wir gleich, und worin unterscheiden wir uns? Wie berücksichtigen und akzeptieren wir die Unterschiede zwischen uns?

Vorbereitung

- Schauen Sie sich die Themen und Ihre Antworten in der Übung zu den Streitpunkten an. Denken Sie über das nach, was Sie in diesem Kapitel gelesen haben, und ebenso über alle davon inspirierten Einfälle dazu, wie Sie bisher mit Konflikten umgegangen sind und wie Sie künftig mit ihnen umgehen wollen.

Ort

- Dieses Date wird von der Person geplant, die das erste Date nicht geplant hat. Bei diesem Gespräch ist es am besten, wenn Sie an einen Ort gehen, an dem Sie völlig ungestört reden können. Suchen Sie nach einem Ort, den Sie beide als friedlich empfinden oder an dem Sie schon einmal etwas sehr Schönes zusammen erlebt haben.

Vorschläge

- Ein Picknick in Ihrem Lieblingspark, ein Strand oder sogar Ihr eigener Garten. Falls Sie dieses Gespräch bei einem Essen im Restaurant führen wollen, stellen Sie bitte sicher, dass Sie reichlich Zeit haben und ungestört sind. Eventuell ist ein Date am Nachmittag besser als eine Abendverabredung, damit keiner von beiden zu müde oder zu ausgepowert ist.

EIN DATE ZU HAUSE: Vielleicht entscheiden Sie sich auch dafür, dieses Gespräch bei einem Spaziergang durch Ihr Viertel zu führen. Falls Sie dann beim Reden stecken bleiben, sind Sie immer noch in Bewegung. Und selbst wenn Sie sich nicht einig sind, gehen Sie dennoch gemeinsam in dieselbe Richtung. Halten Sie sich unterwegs an den Händen, während Sie über etwas sprechen, das zwischen Ihnen schwierig ist oder war. Und schauen Sie, wie es sich anfühlt, einander festzuhalten und zugleich darüber zu reden, wie Sie mit Konflikten umgehen.

Mitbringen

- Sie sollten die Notizen über die Unterschiede mitbringen, die Sie in der Übung ausgewählt haben, und bereit sein, die Antworten Ihres Partners oder Ihrer Partnerin zu lesen oder offen anzuhören und zu diskutieren.

Fehlervermeidung

- Schieben Sie Ihrem Partner oder Ihrer Partnerin nicht die Rolle des oder der Bösen zu. Bei einem gesunden Konflikt gibt es keinen Sieger, es gibt nur Verständnis und eine Lösung oder Akzeptanz.
- Vermitteln Sie Ihrem Partner oder Ihrer Partnerin eine grundsätzliche Akzeptanz seiner oder ihrer Persönlichkeit, ganz gleich, wie unterschiedlich Sie sein mögen.
- Vermeiden Sie Konflikte nicht. Konfliktvermeidung führt zu emotionaler Distanz.
- Kritisieren oder verurteilen Sie Ihren Partner oder Ihre Partnerin nicht, und denken Sie nicht, seine oder ihre Sichtweise sei falsch und Ihre richtig. Beide Standpunkte sind gültig.
- Wenn es zu bedauerlichen Vorfällen kommt, wenden Sie die vier Schritte zur Verarbeitung Ihres Streits und zur Wiedergutmachung an.

- Lieben Sie Ihren Partner oder Ihre Partnerin um seiner oder ihrer selbst willen, wie er oder sie ist.
- Erkennen Sie, wann ein Problem lösbar ist und wann nicht. Nicht alle Konflikte können oder müssen gelöst werden.

Offene Fragen für Ihr Gespräch

Besprechen Sie jedes Thema, das Sie aus der Übung zu den Streitpunkten ausgewählt haben. Manche Paare, die dieses Gespräch geführt haben, haben sich dafür entschieden, alle Punkte auszuloten. Wechseln Sie sich beim Sprechen und Zuhören ab. Wenn Sie mit dem Zuhören an der Reihe sind, stellen Sie dem Partner oder der Partnerin bei jedem Thema, das Sie beide als Konfliktquelle ansehen und in dem Sie sich unterscheiden, die folgenden drei Fragen:

1. Welche Geschichte steckt dahinter, dass dieser Punkt dir wichtig ist?
2. Steckt hinter diesem Punkt eine Geschichte, die mit deinem persönlichen Werdegang oder mit deiner Familie zusammenhängt, in der du aufgewachsen bist?
3. Hat deine Einstellung zu diesem Thema einen tieferen Sinn und Zweck?

Weitere offene Fragen über Konflikte

1. Wie wurde in deiner Familie mit Konflikten umgegangen, als du groß wurdest?
2. Welche Gefühle hast du in Bezug auf Ärger oder Wut? Wie wurden sie in der Familie, in der du aufgewachsen bist, ausgedrückt?
3. Wie kann ich dich am besten unterstützen, wenn du ärgerlich oder wütend bist?
4. Wie soll unsere Wiedergutmachung nach einer Meinungsverschiedenheit aussehen?

5. Was verstehen Sie *jetzt* an Ihrem Partner oder Ihrer Partnerin, das Sie vor dieser Übung nicht gewusst haben?

Eine Affirmation für unsere gemeinsame Zukunft

Lesen Sie einander diese Affirmation abwechselnd laut vor. Halten Sie Blickkontakt, solange Sie sie rezitieren.

> *Ich verspreche dir, dich vollständig zu akzeptieren und die Unterschiede zwischen uns anzunehmen. Wenn wir einen Konflikt haben, werde ich mir Mühe geben, deine Gefühle und deine Sichtweise des Themas zu verstehen, und werde unseren Streit so geschickt wie möglich handhaben. Wenn es zu bedauerlichen Vorfällen kommt, werde ich den Schaden möglichst auf dem Weg wiedergutmachen, den wir besprochen haben.*

DRITTES GESPRÄCH

Kommen wir zur Sache:

Sex und Intimität

»Ich geb's zu: Wir haben das Gespräch über Sex als Erstes geführt!« Katya und Ethan sind seit fast einem Jahr verheiratet und arbeiten beide viele Stunden täglich im gleichen Technologieunternehmen. »Normalerweise hält man Ingenieure und Computerwissenschaftler nicht für sonderlich sexy«, sagte Katya, »aber ich rede mit Vergnügen über Sex! Da gibt es nichts, was mir unangenehm wäre. Darin bin ich wie meine Großmutter. Sie diskutiert einen Blowjob mit derselben Unbefangenheit wie das Ziel ihrer nächsten Kreuzfahrt. Ich dachte immer, das sei völlig normal, bis ich Ethan kennengelernt habe.«

Zu sagen, dass Ethan in einem konservativeren Elternhaus aufwuchs als Katya, wäre eine Untertreibung. »Als ich ungefähr 17 war, hatten wir das obligatorische Aufklärungsgespräch«, sagte er. »Es war höchst peinlich, und mein Dad hat mich einfach nur gefragt, ob ich wisse, wie ich mich schützen könne, und das war's. Man merkte, dass ihm nicht wohl war in seiner Haut, und dadurch war ich auch befangen. Ich war unberührt, bis ich 21 war. Meine Eltern redeten nicht über Sex. Also, das einzige Zeichen dafür, dass meine Eltern ein Sexualleben haben mussten, war die Tatsache, dass es mich und meine zwei Brüder gab. Ansonsten fand alles, was sie sexuell ausleben mochten, im Schlafzimmer statt, und zwar leise. Wir hatten ein ganz kleines Haus. Ich glaube nicht, dass ich sie je knutschen gesehen habe, höchstens ab und zu mal ein Küsschen auf die Wange, aber nichts Leidenschaftliches.«

Für Katya war das Gespräch über Sex ein Weg, sich einander zu öffnen und zu sagen, was sie beide an ihrem Liebesspiel mochten und was nicht. »Es hat uns einen guten Rahmen für ein echtes Gespräch gegeben. Weil es ganz spezifische Fragen gab, die jemand anders geschrieben hatte, der uns nicht kennt, konnten wir sie uns zu eigen machen – und das hat uns erlaubt, wirklich persönlich zu werden.«

Als Katya und Ethan sich kennenlernten und anfingen, miteinander auszugehen, funkte es auf der körperlichen Ebene sofort zwischen ihnen. »Es war heftig«, sagte Katya, »und das hat mich ziemlich überrascht, weil er so ein gelehrtenhafter Typ war. Supernerdig, was für mich sexy ist. Wir machten eine Wanderung zusammen, und ich wollte die ganze Zeit einfach über ihn herfallen. Die Anziehungskraft war so stark, dass ich ihm nicht einmal zuhören konnte – ich glaube nicht, dass er das gemerkt hat –, und es hat mir ein bisschen Angst gemacht, weil ich mich vorher noch nie so gefühlt hatte.«

»Klar habe ich das gemerkt«, sagte Ethan. »So hungrig, wie du mich die ganze Zeit angeschaut hast!«

»Diese Anziehungskraft hat mich dazu bewogen, länger mit dem Sex zu warten als sonst. Ich wusste, dass er ein Gamechanger war. Wir warteten einen Monat, aber das fühlte sich sehr lang an, weil wir beinahe täglich zusammen waren. Ich wusste, er war jemand, der mein Leben verändern würde – nicht einfach einer, mit dem ich ein paarmal ausgehen würde, oder der ein Freund oder Liebhaber war –, er war der Richtige. Ich mochte diesen Monat der Vorfreude. Er war wie ein einziges langes Vorspiel, und als wir dann schließlich Sex hatten … Bingo! Es war umwerfend.«

DAS GESPRÄCH ÜBER SEX WAR EIN WEG, SICH EINANDER ZU ÖFFNEN UND ZU SAGEN, WAS SIE BEIDE AN IHREM LIEBESSPIEL MOCHTEN UND WAS NICHT.

»Ich denke nicht gern an all die Typen, bei denen sie nicht so lange gewartet hat. Katya hat viel mehr sexuelle Erfahrung als ich, und das war am Anfang schwer für mich. Ich habe mich immer gefragt, ob sie wollte, dass ich Dinge mit ihr mache, von denen ich nicht einmal eine Ahnung hatte. Ich schaue keine Pornos an. Ich habe noch nie ein Buch über Sex gelesen. Sex ist nicht das Gebiet, auf dem ich das größte Selbstbewusstsein habe. Wenn Sex Programmieren wäre, würde ich mit Leichtigkeit Experte werden, aber das ist er nicht. Frauen waren immer irgendwie ein Rätsel für mich. Katya ist mir noch immer ein Rätsel.«

»Ich oder meine Vagina?«

»Beides!«, lachte Ethan. »Siehst du, das meine ich. Du bist viel offener in dem, was du sagst, und das gefällt mir sehr. Das hilft mir, ebenfalls offener zu sein und mich wohler zu fühlen. Ich glaube, mein Dad würde in Ohnmacht fallen, wenn du das Wort ›Vagina‹ in seiner Gegenwart sagen würdest. Buchstäblich zu Boden gehen.«

»Das ist irgendwie ein merkwürdiger Rollentausch, denn dem Klischee nach sind Frauen unschuldige Jungfrauen, und der Mann führt sie in die Sexualität ein, aber ich mag es sehr, dass du mir erlaubt hast, dir etwas beizubringen und dir zu zeigen, was ich gernhabe. Ich weiß, dass es dir schwerfällt, mir zu sagen, was du gernhast und was nicht, aber ich möchte gerne wissen, was dich am meisten erregt.«

»Alles erregt mich.«

»Das ist leicht gesagt, aber ich möchte es wirklich im Detail wissen. Ich möchte ernsthaft, dass wir über alles Sexuelle reden können. Ich habe keine Ahnung, ob du irgendwelche Fantasien hast. Ich würde mit Begeisterung eine Fantasie von dir ausleben. Allen Ernstes. Was auch immer.«

»Was auch immer?«

»Was auch immer!«

Grace und Mia sind ein gleichgeschlechtliches unverheiratetes Paar, das seit etwas mehr als einem Jahr zusammen ist und gerade überlegte, ob sie auch zusammenziehen sollten, als sie das Gespräch über

Sex und Intimität führten. »Wir arbeiten beide manchmal 70 Stunden in der Woche, sodass wir an gemeinsamen Abenden einfach einschlafen, statt uns der Liebe zu widmen. Aber wir arbeiten daran«, sagte Grace. »Früher hatten wir drei- oder viermal in der Woche Sex, aber jetzt kuscheln wir eine Menge und schlafen dabei ein.«

»Ist das für dich ein Problem?«, erkundigte sich Mia.

»Ich denke, solange wir mindestens einmal in der Woche Sex haben, ist das für mich okay. Ich versuche, künftig nur noch 50 Stunden in der Woche zu arbeiten. Und wie sieht es bei dir aus?«

»Wenn wir zwei Wochen lang keinen Sex haben«, lachte Mia, »werden wir miteinander reden müssen.«

»Ich werde ebenfalls mit dir reden wollen, wenn es so lange wird.«

Grace und Mia konnten unbefangen und spielerisch über das reden, was sie sexuell mochten und was nicht. »Wir probieren viele neue Stellungen und Haltungen aus, wenn wir uns lieben«, sagte Mia. »Das macht Spaß. Ich mag es, wenn wir langsam und sinnlich vorgehen und wirklich in Verbindung sind. Das gibt mir das Gefühl, geliebt zu sein. Das, und wenn du mir sagst, dass du mich liebst. Am allermeisten fühle ich mich geliebt, wenn du es mir sagst und es mir gleichzeitig zeigst.«

Sowohl Mia als auch Grace drückten Besorgnis wegen der Häufigkeit ihrer sexuellen Aktivität aus, und Grace äußerte sich zudem noch beunruhigt über die Kreativität ihres Sexlebens. »Manchmal kommt es mir vor, als würden wir einfach die alte, eingespielte Routine immer wieder durchlaufen, und ich würde gerne Neues ausprobieren.«

»Zum Beispiel?«

»Zum Beispiel würde ich gerne Yoga und Sex kombinieren. Oder sogar AcroYoga, bei dem man mit dem Kopf nach unten hängt. Ich möchte sehen, ob wir mehr Spiritualität in unser Liebesleben integrieren können. Mit Energie arbeiten. Das interessiert mich sehr.«

»Ich wusste nicht, dass du das gerne ausprobieren würdest.«

»Wir sind beide ziemlich biegsam, deshalb denke ich, das könnte Spaß machen. Und wenn wir aufs Gesicht fallen, wenn wir AcroYoga-Sex machen, haben wir es zumindest versucht!«

»Auf alle Fälle wird es für eine gute Geschichte sorgen!«

Matthew und Erin haben ein neun Monate altes Baby, sind seit drei Jahren verheiratet und seit neun Jahren zusammen. »Es ist schwer, die Zeit und die Energie dafür zu finden«, sagte Erin. »Früher waren wir sehr spontan beim Sex, das fehlt mir. Ich mochte dieses eine Mal am Strand in den Ferien.«

»Das war ziemlich öffentlich, auch wenn wir im Wasser waren«, sagte Matthew. »Ich weiß nicht, ob irgendjemand damals mitbekam, was wir gemacht haben, aber das hat es noch aufregender gemacht.«

»Es war fantastisch«, sagte Erin.

Matthew antwortete: »Ich würde gerne wissen, wie ich dir helfen kann, spontaner zu sein. So ist es, wenn man ein Baby hat – hier sitze ich und versuche, unsere Spontaneität zu planen! Aber ich weiß, dass du müde bist und das Baby dir sehr viel Zeit und Aufmerksamkeit und Energie abverlangt.«

»Fühlst du dich vernachlässigt?«, fragte Erin.

»Nicht vernachlässigt«, erwiderte Matthew, »weil ich weiß, dass wir uns dafür entschieden haben, Eltern zu werden, und ich weiß auch, dass es nicht ewig so bleiben wird, aber ich vermisse schon mehr intime Zweisamkeit.«

»Die vermisse ich auch. Es ist nur wegen des Stillens – manchmal möchte ich nicht, dass irgendetwas oder irgendjemand mich berührt, besonders meine Brüste. Und ich habe noch nicht wieder so viel Vertrauen in meinen Körper. Aber ich möchte nicht, dass wir diese Intimität verlieren. Manchmal ist es einfach schön, im Arm gehalten und beruhigt zu werden. So sieht im Augenblick sexy Zeit für mich aus. Wir haben so lange mit diesem Baby gewartet, und jetzt bin ich so oft müde. Ich hätte mit 24 ein Baby bekommen sollen und nicht mit 34!«

»Ich finde dich wunderbar, und ich will versuchen, dir mehr zu helfen, damit du ausgeruhter sein kannst.«

»Und mehr Sex haben kannst?«, lachte Erin.

Matthew antwortete: »Na ja, ich werde mich nicht beklagen, wenn das der Fall sein sollte.«

»Es hilft, darüber zu reden, wie sehr sich die Dinge verändert haben. Manchmal mache ich mir Sorgen darüber und frage mich, ob du mich wegen einer jüngeren Frau verlassen wirst, die nicht die ganze Zeit müde ist und die viermal am Tag Sex haben kann.«

»Wirklich?«, fragte Matthew.

Erin antwortete: »Ja, aber das ist teilweise hormonell bedingt.«

»Ich kann auch auf Sex verzichten, aber ich möchte noch immer die Verbundenheit auf der Paarebene spüren, nicht nur auf der Elternebene. Ich möchte dich küssen und mit dir flirten. Ich möchte, dass du mir sagst, wie sexy und gut aussehend du mich findest. Ich werde dich niemals um einer jüngeren Frau willen verlassen, die viermal am Tag Sex haben kann. Versprochen.«

»Sie wäre wahrscheinlich sowieso ein Biest!«

»Wahrscheinlich«, sagte Matthew.

Erin dachte einen Augenblick darüber nach. »Wie wäre es, wenn wir uns vornehmen, einander tagsüber mehr das Gefühl zu geben, geliebt zu sein, wenn es keinen Druck gibt, Sex zu haben oder auch nicht. Das wird mir helfen, dass ich nicht so viel Stress in Bezug darauf habe, ob ich dich in diesem Bereich hängen lasse. Vielleicht einfach ab und zu eine SMS, damit ich mich weniger wie eine Melkmaschine und mehr wie Erin am Strand fühle.«

»Oh, ich kann dir supersexy SMS schicken!«, lachte Matthew.
»Na bitte, es klappt schon!«

Bei allen Paaren, die uns an ihren Gesprächen über Sexualität teilhaben ließen, spielte Humor eine große Rolle. Über Sex zu reden, muss nicht unangenehm oder peinlich oder ernst sein. Gehen Sie dieses Gespräch mit Leichtigkeit und Ehrlichkeit an. Ein verlobtes Paar, das bis zur Hochzeit abstinent bleiben wollte, lachte während des ganzen Gesprächs, fand es aber dennoch erhellend, schon einmal über Sex zu reden, ehe es ihn praktizierte. »Es hat Spaß gemacht. Wir haben es einfach auf das angewendet, was wir sexuell schon miteinander gemacht haben. Wir sind abstinent und jungfräulich, aber wie im Kloster leben wir nicht. Über Sex zu lachen, nimmt ihm etwas von seinem Ernst und verringert den Stress. Und es war eine gute Möglichkeit, schon einmal ins Gespräch zu kommen, ehe wir heiraten. Wir haben allerdings keine Ahnung, wie oft wir voraussichtlich Sex haben wollen. Wir wissen einfach noch nicht, was in diesem Bereich wirklich normal für uns ist.«

Ihre Normalität finden

Wir alle fragen uns, wie es bei anderen Paaren aussieht. Wie viel Sex haben sie? Wie steht unser Sexleben im Vergleich zu ihnen da? Was ist, wenn Sex uns gar nicht so wichtig ist? Oder wenn wir beschlossen haben, abstinent zu leben? Wenn wir nicht sehr oft Sex haben oder das Sexleben einschläft, heißt das dann, dass unsere Beziehung dem Untergang geweiht ist? Wie sieht es mit Fantasien und Rollenspielen aus? Mit oralem Sex? Mit analem Sex? Und wie viel Sex ist in einer Langzeitbeziehung »normal«?

Normal ist, was immer für Sie und Ihren Partner oder Ihre Partnerin stimmt. Laut einer umfassenden Studie der University of Chicago haben 80 Prozent der verheirateten Paare mehrmals im Monat oder öfter Sex, wobei 32 Prozent angaben, dass sie zwei- bis dreimal in der Woche miteinander schlafen, und 48 Prozent, dass sie es ein paarmal im Monat tun. Es ist ein Mythos, dass Sex höchst romantisch ist oder sein sollte, mit Kerzenlicht, stimmungsvoller Musik und viel Zeit für ein ausgedehntes Liebesspiel. In Wirklichkeit nehmen sich Paare manchmal richtig viel Zeit dafür, oder sie haben öfter mal Quickies. Sie können Fantasien, Rollenspiele, Sexspielzeug und sogar manches einbeziehen, was man sich bei seinen besten Freunden gar nicht vorstellen kann. Normal ist alles, bei dem Sie beide sich wohlfühlen, und was normal ist, wird sich im Lauf Ihrer Beziehung auch ändern – wenn Sie Kinder haben, wenn Sie älter werden, wenn Sie mit gesundheitlichen Problemen zu kämpfen

ES IST EIN MYTHOS, DASS SEX HÖCHST ROMANTISCH IST ODER SEIN SOLLTE.

haben. All das gehört ganz normal zur menschlichen Sexualität, und es ist alles in Ordnung. Wenn Sie Ihre Beziehung oder Ihre Ehe mit dem Vorsatz beginnen, jeden Tag Sex zu haben, dann ist das Scheitern vorprogrammiert. Denn dann kommt das Leben dazwischen, und nichts offenbart so genau, von welcher Seite sich das Leben gerade zeigt, wie Ihre Sexualität.

Wir alle möchten unsere Beziehung gerne leidenschaftlich und eng verbunden halten, und es gibt Wege, Ihre Verbundenheit zu fördern und zu zerstören, die sämtlich außerhalb des Schlafzimmers liegen. Das Wichtigste ist, die Sexualität nicht zum letzten Punkt auf einer endlosen To-do-Liste werden zu lassen, die letzte Pflicht, der Sie sich zuwenden, wenn Sie beide schon erschöpft sind. Es gibt konkrete Wege, sicherzustellen, dass Sie ein wunderbares Sexleben haben.

Chrisanna Northrup, Pepper Schwartz und James Witte haben eine Studie mit 70 000 Teilnehmern aus 24 Ländern gemacht und in ihrem Buch *The Normal Bar* die Ergebnisse ihrer umfassenden Erhebung über Liebe und Sexualverhalten veröffentlicht. Paare mit einem beglückenden Sexleben …

- … sagen ihrem Partner oder ihrer Partnerin täglich »Ich liebe dich« und meinen es auch;
- … kaufen einander romantische Überraschungsgeschenke;
- … machen ihrem Partner oder ihrer Partnerin häufig Komplimente;
- … verbringen romantische Urlaube;
- … massieren einander den Rücken;
- … küssen sich leidenschaftlich ohne jeglichen Anlass (85 Prozent derer, die Sex lieben, küssen auch leidenschaftlich);
- … zeigen öffentlich Zuneigung (halten Händchen, liebkosen einander, küssen sich);

- ... kuscheln jeden Tag miteinander (nur 6 Prozent derer, die nicht kuscheln, hatten ein gutes Sexleben);
- ... haben einmal in der Woche ein romantisches Date, zu dem es gehören kann, sich schick zu machen, auswärts zu essen, sich zu massieren und miteinander zu schlafen;
- ... erheben Sex zur Priorität und können unbefangen miteinander darüber reden;
- ... sind für vielfältige sexuelle Aktivitäten offen;
- ... wenden sich bei emotionalen Beziehungsangeboten dem anderen zu.

Je häufiger Paare diese Dinge tun, desto besser ist ihr Sexleben. Die Siegerländer waren Spanien und Italien. Unter dem Strich kann man sagen: Ein gutes Sexleben ist keine Hexerei. Es ist durchaus zu bewerkstelligen, aber Sie müssen darüber reden können, und Sie müssen ihm in Ihrer Beziehung Priorität einräumen.

Sex nach der Elternschaft

Bei einer Studie über Doppelkarrierepaare, die das Sloane Center for Everyday Lives of Families an der UCLA durchgeführt hat, ist herausgekommen, dass Paare mit kleinen Kindern tendenziell sehr wenig Zeit miteinander verbrachten. Ganz ähnlich wie Matthew und Erin waren diese Paare an einem typischen Abend nur zehn Prozent der Zeit allein zusammen. Typischerweise waren die Väter allein in einem Zimmer, während die Mütter mit den Kindern anderswo zusammen waren. Ein an der Studie beteiligter Forscher berichtete uns, dass die Doppelkarrierepaare im Durchschnitt 35 Minuten in der Woche miteinander sprachen und sich die Gespräche überwiegend auf Erledigungen bezogen.

Deshalb hören viele Paare schließlich auf, die romantischen Dinge miteinander zu tun, die eine liebevolle Beziehung aufrechterhalten. Sie haben keinen Spaß mehr. Sie nehmen sich keine Zeit mehr, spielerisch miteinander umzugehen. Sie hören auf, romantische kleine Fluchten oder Dates zu planen und umzusetzen. Sie erleben keine Abenteuer mehr zusammen. Sie hören mit all den Dingen auf, die die Leidenschaft und ein lebendiges Liebesleben nähren. Stattdessen verwandelt sich ihr Leben in eine endlose Liste von Erledigungen und wird zu einer einzigen Plackerei.

JE HÄUFIGER PAARE DIESE DINGE TUN, DESTO BESSER IST IHR SEXLEBEN.

Nichts von alledem ist notwendig, besonders wenn Kinder kommen. Das größte Geschenk, das ein Paar seinen Kindern machen kann, ist eine liebevolle Beziehung, die sie sich zum Vorbild nehmen und in der sie wachsen können. Die Kinder werden von der Liebe zwischen den Eltern ebenso sehr genährt wie durch die Liebe, die sie direkt empfangen.

Über Sex reden

Diese ganze Verabredung ist dem Gespräch über Ihr Sexleben und dem Schaffen Ihrer eigenen Rituale der Verbundenheit gewidmet. Doch damit Sie das tun können, müssen Sie dazu fähig sein, über Sex zu reden. Die Forschung hat gezeigt, dass Paare, die offener über Sex sprechen können, mehr Sex haben, und die Frauen in solchen Beziehungen haben auch mehr Orgasmen. Sich über Sex auszutauschen, ist für Paare ein Gewinn. Doch selbst mit dem Wissen, dass allein schon das Sprechen über Sex zu mehr Sex führt (und zu befriedigenderem Sex), kann es immer noch schwierig sein, sich darüber auszutauschen. Nur eine Minderheit von Paaren kann offen und freimütig über Sex reden. Aber diese Kunst können Sie erlernen und sich dann immer wohler damit fühlen. Das Wichtige bei diesen Gesprächen ist, dass Sie sich auf das fokussieren, was Sie mögen und was sich gut anfühlt. »Ich mag es, wenn du mich hier berührst …«, »Es fühlt sich so gut an, wenn du …« Dabei ist es besonders wichtig, dass sich Frauen damit wohlfühlen, denn die Forschung hat ergeben, dass Männer ein gewisses Maß an Hilfestellung brauchen und möchten. Männer möchten ihrer Partnerin Lust schenken, sie möchten sie sexuell befriedigen, und sie wollen ein paar Hinweise.

Ein weiterer zentraler Punkt bei dem Gespräch darüber, was in Ihrem Sexleben klappt und was nicht, ist, dass Sie das außerhalb des Schlafzimmers diskutieren. Wenn Sie mitten im Liebesspiel die Bremse ziehen und konstruktive Kritik anbringen, kommt das nicht gut an, weder bei ihm noch bei ihr. Ein Paar, das wir kennen, macht nach vollbrachter Tat gerne eine sogenannte Sexbesprechung. Meistens am nächsten Morgen beim Kaffee oder sogar unterwegs, wenn sie Besorgungen erledigen. »Wir reden darüber, was wir mochten. Was wir nächstes Mal ausprobieren wollen, wenn wir wieder miteinander schlafen. Was es Neues gab und was überraschend war. Alles, was uns einfällt. Die Sexbesprechung ist ein Weg, Sex auch dann präsent zu halten, wenn wir gerade nicht aktiv dabei sind.«

Dieses spezielle Paar setzte bei seinen Diskussionen über das, was ihnen an ihrem Sexleben gefiel und was für sie gut war, eine Menge Humor ein. Sie hoben immer das Positive hervor, eine »schlechte« Besprechung gab es nicht. Sie besprachen nur das, was sie gemocht hatten. Bei allen Gesprächen in diesem Buch werden Sie gebeten, offen und ehrlich zu sein und auch Verletzlichkeit zuzulassen, und das kann und wird sich mitunter unbehaglich anfühlen. Doch über Sex zu sprechen, kann die Verletzlichkeit auf eine ganz neue Ebene heben. Oft mag es Ihnen leichter vorkommen, körperlich nackt als emotional nackt zu sein, aber wenn Sie eine Beziehung oder Ehe erreichen wollen, die bis zum Lebensende hält, werden Sie alles offenlegen müssen.

Sex anbahnen

Studien zufolge nutzen über 70 Prozent aller Menschen (sowohl Männer als auch Frauen) indirekte Strategien, um Sex in die Wege zu leiten. Eine direkte Methode wäre etwa: »Hey, Schatz, lass uns miteinander schlafen«, »Ich möchte gern Sex haben« oder »Möchtest du Sex haben?«. Aber nur 30 Prozent aller Paare, ob verheiratet oder nicht, gehen so direkt vor. Die meisten Menschen zeigen, dass sie gerne mit dem anderen schlafen möchten, indem sie ihn berühren, in den Arm nehmen und drücken oder küssen, und sie werden dabei in einer gesichtswahrenden Weise vorgehen. Das heißt, sie wagen erst mal einen Kuss oder eine Umarmung, schauen, wie die Reaktion ausfällt, und machen dementsprechend weiter. Das ist ein Weg, erst einmal vorzufühlen und eine Ablehnung zu vermeiden. Niemand fühlt sich gerne zurückgewiesen, besonders, wenn er erregt ist und Lust auf Sex hat. Wenn Beziehungen schon gereift sind, werden die Signale für Zuneigung und Sex direkter werden. Und das ist gut, weil es dann weniger Möglichkeiten für Missverständnisse und verletzte Gefühle gibt, wenn wir direkt und liebeshungrig – und sexy – sind.

Im Allgemeinen gibt es einige Unterschiede zwischen Männern und Frauen, wenn es um eine Bitte um Sex geht. Wir sagen »im Allgemeinen«, weil es keine Regel ohne Ausnahmen gibt. Wir möchten auch darauf hinweisen, dass wir die Forschungsergebnisse für schwule und lesbische Paare einbezogen haben, doch zu Transgenderpaaren gibt es so gut wie keine, was einen Großteil unserer Angaben auf heterosexuelle Cisgender-Paare begrenzt. Wir hoffen, das wird sich in Zukunft ändern.

AN SEX DENKEN: Männer denken häufiger an Sex als Frauen. 54 Prozent der Männer gegenüber 19 Prozent der Frauen denken täglich oder mehrmals täglich an Sex.

HÄUFIGKEIT: Bei unserer Forschung über das Sexleben von Paaren haben wir festgestellt, dass Männer am liebsten vier- bis fünfmal in der Woche Sex haben möchten, Frauen hingegen ein- bis zweimal.

FANTASIEN: Männer haben mehr explizite sexuelle Fantasien, und Frauen haben mehr romantische Fantasien.

MASTURBATION: Heranwachsende Männer masturbieren öfter als heranwachsende Frauen, und dieser Unterschied bleibt auch im Erwachsenenalter erhalten.

VORBEDINGUNGEN FÜR SEX: Im Allgemeinen möchten Männer Sex haben, um sich emotional verbunden zu fühlen, Frauen brauchen eine emotionale Verbindung, um Sex zu haben. Beinahe 90 Prozent der Paare, die wir interviewt haben, haben dem letzten Satz zugestimmt. Deshalb sagen wir, Frauen stellen mehr Bedingungen für eine sexuelle Begegnung als Männer. Nicht immer geht es dabei nur um emotionale Nähe, manchmal sind die Frauen auch erschöpft, abgelenkt, übermüdet oder haben kein gutes Gefühl in Bezug auf sich und ihren Körper. Interessanterweise zeigen die Daten, dass homosexuelle Männer am meisten Sex von allen Arten von Paaren haben – denn da tun sich *zwei* Personen mit den wenigsten Vorbedingungen zusammen – und dass lesbische Frauen den wenigsten Sex von allen Arten von Paaren haben – denn das sind *zwei* Personen mit den meisten Vorbedingungen. Sexuelles Begehren ist bei Frauen ein Barometer dafür, wie es insgesamt um sie steht. Ist eine Frau nicht ausgeruht, glücklich, gesund oder fühlt sich nicht unterstützt und geliebt, wird sie auch keine Lust auf Sex haben.

ZUSTIMMUNG: Obwohl Frauen mehr Vorbedingungen für Sex stellen, stimmen sie einer sexuellen Begegnung ebenso oft zu wie Männer. Die Psychologen Sandra Byers und Larry Heinlein forderten Männer und Frauen auf, über ihr Sexleben Buch zu führen, und stellten fest, dass sowohl Männer als auch Frauen in etwa 75 Prozent der Fälle Ja sagen. Unabhängig davon, wer die Initiative ergreift – und in ihrer Studie haben Männer häufiger den Anstoß gegeben –, ist der Prozentsatz einer positiven Antwort gleich hoch. Ist das nicht eine erstaunliche Zahl, wenn man bedenkt, wie sehr wir alle eine Zurückweisung fürchten? Es ist nicht nötig, sich so viele Sorgen zu machen!

EIN NEIN AKZEPTIEREN: Wenn Ihr Partner oder Ihre Partnerin keinen Sex möchte, ist das Allerwichtigste, es nicht persönlich zu nehmen. Bei glücklichen Paaren gibt es keinen Ärger und keine Defensivität, wenn einer oder eine der beiden nicht in Stimmung ist. Nach unserer Forschung wird einer von beiden in 25 Prozent der Fälle nicht in der richtigen Stimmung sein, wenn der oder die andere Lust hat. Einen Weg zu finden, mit dem »Nein« umzugehen, ist entscheidend für den Erfolg Ihrer Beziehung. Suchen Sie Wege, zärtlich und einander nahe zu sein, auch wenn Sex gerade nicht angesagt ist. Die Paare, die gelernt haben, das Nein zu akzeptieren, haben am Ende sogar mehr Sex als Paare, bei denen der oder die eine sauer wird, wenn der oder die andere nicht in Stimmung ist. Ein sehr guter Weg, auf das Nein zu reagieren, ist die Erkenntnis, dass es nicht das Ende der Verbundenheit bedeuten muss. Dann kann man sagen: »Danke, dass du mir gesagt hast, dass du nicht in Stimmung bist. Wozu hast du denn Lust? Ist dir nach einem Spaziergang? Oder nach fernsehen? Kuscheln? Oder einfach nur reden? Oder möchtest du gerne eine

Weile allein sein?« Es ist wichtig, den Partner oder die Partnerin nicht für das Nein zu bestrafen. Schmollen und jammern Sie nicht. Besonders für Männer ist es hart, ein Nein zu kassieren, weil die Forschung gezeigt hat, dass sexuell begehrt zu werden für deren Männlichkeitsgefühl wesentlich ist. Es gibt eine Studie, die zeigt, dass sich Männer sogar lieber feuern lassen würden, als nicht sexuell von ihrer Partnerin begehrt zu werden. Wenn es an körperlicher Zärtlichkeit, am Flirten und an intimer Verbundenheit außerhalb sexueller Begegnungen mangelt, wird Ihr Sexleben darunter leiden. Wenn es emotionale Distanz oder einen heftigen Konflikt gibt, wie wir das im letzten Kapitel besprochen haben, dann wird Ihr Sexleben ebenfalls leiden. Wenn es an physischer oder emotionaler Sicherheit mangelt oder sich einer von Ihnen nicht geschätzt fühlt, kann das sowohl die Qualität als auch die Häufigkeit Ihres Sexlebens beeinträchtigen. Wenn Sie die Innenwelt Ihres Partners oder Ihrer Partnerin im Auge behalten, wird Ihr Sexleben blühen und gedeihen.

Die Leidenschaft erhalten

Es gibt einen einfachen Weg, die Leidenschaft in Ihrer Beziehung lebendig zu halten – küssen Sie! Küssen Sie viel. Küssen Sie oft. Küssen Sie sich jedes Mal, wenn Sie sich trennen, und jedes Mal, wenn Sie sich anschließend wiedersehen. Und wir sprechen nicht von einem kurzen Küsschen auf die Lippen, wie Sie es Ihrer Großmutter geben würden, sondern wir empfehlen einen heißen Sechs-Sekunden-Kuss, bei dem Ihre Großmutter – oder jeder andere, der Ihnen dabei zuschaut – erröten würde. Wenn Sie sich leidenschaftlich küssen, setzen Sie eine chemische Kaskade von Hormonen und Neurotransmittern in Gang, die Dopamin freisetzen und das Oxytocin erhöhen, die beide dazu führen, dass Sie sich gut fühlen. Richtig gut. Wenn Sie beim Küssen wirklich voll dabei sind, werden sich Ihre Blutgefäße erweitern, Ihr Gehirn erhält zusätzlichen Sauerstoff, Ihre Pupillen weiten sich, und Ihre Wangen werden rot. Lippen sind die exponierteste erogene Zone des Körpers und mit einem überproportional großen Gehirnareal assoziiert. Das Gehirn leuchtet bei einem guten Kuss buchstäblich auf, und Küssen aktiviert fünf der zwölf Hirnnerven. Noch wichtiger ist aber, dass Sie sich in den sechs Sekunden beim Abschied und bei der Rückkehr von der Außenwelt abkoppeln und sich wieder mit Ihrem Partner oder Ihrer Partnerin und der Welt verbinden, die Sie sich gemeinsam erschaffen. In nur sechs Sekunden teilen Sie einander mit, dass Sie einander wichtig sind und sich jetzt wieder neu füreinander entscheiden.

Wie bereits erwähnt, kam in der größten Studie über die Liebe auf der Welt, an der 70 000 Menschen in 24 Ländern teilnahmen, heraus, dass in allen guten Beziehungen leidenschaftliches Küssen ohne jeden Anlass ein universeller Schlüssel zu einem guten Sexleben ist. Sheril Kirshenbaum zitiert in ihrem Buch *The Science of Kissing* eine deutsche Studie, die über zehn Jahre hinweg lief und zu dem Ergebnis kam, dass Männer, die ihre Frau küssten, ehe sie zur Arbeit gingen, fünf Jahre länger lebten und 20 Prozent mehr verdienten als Männer, die »ohne einen Abschiedskuss weggingen«.

Ein weiterer wichtiger Weg, die Leidenschaft lebendig zu halten, ist, Ihre Zuneigung und Zärtlichkeit und Wertschätzung füreinander verbal auszudrücken. Sie können nicht nur Positives über Ihren Partner oder Ihre Partnerin *denken*, Sie müssen es auch *aussprechen*. Würdigen Sie seine oder ihre Bemühungen, Attraktivität, Intelligenz, Arbeit, sein oder ihr vielseitiges Können, den Sinn für Humor und was immer sonst Sie an ihm oder ihr lieben und bewundern. Im Liebeslabor hat sich gezeigt, dass in erfolgreichen Beziehungen bei allen Alltagsinteraktionen Positives zu Negativem in einem Verhältnis von 20 zu 1 steht. Das heißt, dass Sie jedes Mal, wenn Sie wegen irgendetwas, was Ihr Partner oder Ihre Partnerin sagt oder tut, die Augen verdrehen, zum Ausgleich 20 positive Signale und Reaktionen dagegensetzen müssen. Wenn er oder sie um Ihre Aufmerksamkeit bittet, geben Sie sie ihm oder ihr. Sie fragen einander, wie der Tag für den anderen gelaufen ist, und halten dabei Blickkontakt, Sie sprechen über die Dinge, die ihm oder ihr Stress verursachen, Sie hören zu und haben Mitgefühl mit den Kämpfen, die er oder sie bestehen muss. Jedes Mal, wenn Sie zusammen sind, besteht die Möglichkeit, mehr übereinander zu lernen und sich näherzukommen. Wenn Sie getrennt sind, schicken Sie sich Liebesbotschaften, flirten Sie am Telefon oder per E-Mail miteinander. Lassen Sie Ihren Partner oder Ihre

LEIDENSCHAFTLICHES KÜSSEN OHNE JEDEN ANLASS IST EIN UNIVERSELLER SCHLÜSSEL ZU EINEM GUTEN SEXLEBEN.

Partnerin wissen, dass Sie an ihn oder sie denken und ihn oder sie lieben. Diese kleinen Aktionen, mit denen man sich Momente der Verbundenheit stiehlt – der Art, die außerhalb des Schlafzimmers entsteht –, sind genau das, was die Leidenschaft in Ihrer Beziehung lebendig erhalten wird. Viel mehr als irgendwelche exotische Tricks, die Sie hinter verschlossenen Türen ausprobieren mögen. Nehmen Sie sich Zeit, sich zu Gesprächen zu verabreden, sich Tag für Tag besser kennenzulernen und sich Ihre eigenen Rituale der Verbundenheit zu schaffen. Einander zu lieben, ist ein Tun, das aus dem Geist und dem Herzen kommt – ob der Körper dabei miteinbezogen wird oder nicht. Und vertrauen Sie uns, wenn wir sagen, dass diese Art von liebevollen Gesten und romantischen Ritualen dazu führen wird, dass Ihr Verlangen nacheinander mit den Jahren wachsen wird.

Schnelleinstieg

Zusammenfassung des Kapitels

- Romantische, intime Rituale der Verbundenheit halten eine Beziehung glücklich und leidenschaftlich.
- Paare, die offen über Sex sprechen können, haben mehr Sex, und die Frauen haben mehr Orgasmen.
- Über Sex zu sprechen, ist für die meisten Paare schwierig, aber im Lauf der Zeit und je öfter Sie es tun, wird es leichter und unbefangener.
- Die beste Zeit, um über Sex zu reden, ist nicht, wenn Sie gerade dabei sind, sondern wenn Sie nicht im Schlafzimmer sind. Sexbesprechung!
- Sagen Sie Ihrem Partner oder Ihrer Partnerin, was sich gut anfühlt, und nicht, was er oder sie falsch macht.
- 80 Prozent der verheirateten Paare haben mehrmals im Monat oder noch öfter Sex. Ihre normale Frequenz ist die, mit der Sie sich beide wohlfühlen, wie immer sie aussehen mag.
- Ehepaare haben mehr Sex als Paare, die nur Dates haben oder zusammenleben.
- Die häufigsten Sex- und Leidenschaftskiller in einer Beziehung sind:
    - Mangel an körperlicher Zärtlichkeit und intimer Verbundenheit außer in Form von Sex, kein Flirten
    - Wichtige unerledigte Dinge
    - Emotionale Distanz und heftige Konflikte
    - Mangel an Sicherheit, sei es emotional oder körperlich
    - Erschöpfung und Stress
    - Sich nicht gewürdigt fühlen

DAS GESPRÄCH: SEX UND INTIMITÄT

Thema

- Romantik, Sex und körperliche Intimität erkunden und besprechen.

Vorbereitung

- Denken Sie über das nach, was Sie in diesem Kapitel gelesen haben, und überlegen Sie, ob es irgendwelche Vorstellungen davon geweckt hat, wie Sex und Leidenschaft in Ihrer Beziehung oder Ehe aussehen sollen. Welche Rituale der Verbundenheit könnten Sie einführen? Wenn es Ihnen schwerfällt, über Sex zu reden, dann seien Sie bereit, das zu sagen und zu erforschen, warum es so ist. Es gibt keine richtige oder falsche Weise, über Sex zu reden. Zunächst geht es darum, dass Sie mutig genug sind, zu sagen, was immer Sie beschäftigt.

Ort

- Für dieses Date sollten Sie irgendwo ein Candle-Light-Dinner einnehmen. Entweder in einem romantischen Restaurant oder an einem öffentlichen Ort, an dem Sie ganz für sich sein können – in einer Bucht an einem Strand oder einem versteckten Winkel eines Parks oder Gartens. Das Thema ist Intimität, Sex und Romantik. Gibt es einen Ort, der für Sie und Ihren Partner oder Ihre Partnerin besonders romantisch und intim ist? Sie könnten auch etwas Körperliches tun, um vor dem Gespräch gut in Ihrem Körper anzukommen, etwa eine gemeinsame Tanz- oder Yogastunde oder Stretching-Sitzung machen.

Vorschläge

- Wir schlagen vor, dass Sie diese Verabredung so romantisch und verführerisch wie möglich gestalten. Wenn Sie ausgehen, ziehen Sie etwas an, das Ihr Partner oder Ihre Partnerin sexy findet. Wenn Sie nicht wissen, was das ist – fragen Sie ihn oder sie. Sie könnten sogar beschließen, dass für dieses Gespräch über Sex Ihr Gegenüber aussuchen darf, was Sie anziehen. Bei diesem Date sollten Sie sich Ihres Körpers gewahr sein. Da Sie sich darauf fokussieren, miteinander über körperliche Intimität zu reden, stellen Sie sich auf Ihre Körperempfindungen ein. Halten Sie nach der Hälfte der Fragen inne und achten Sie auf Ihren Körper und auch auf Ihren Partner oder Ihre Partnerin. Schlägt Ihr Herz schnell? Atmen Sie schnell oder langsam? Sind Sie erregt? Gehen Sie Ihren Körper langsam von den Zehenspitzen bis zum Scheitel durch und nehmen Sie jeden Bereich wahr.

EIN DATE ZU HAUSE: Wenn Sie dieses Gespräch zu Hause führen, sorgen Sie dafür, dass Sie Haus oder Wohnung allein für sich haben, und führen Sie das Gespräch nackt im Bett. Oder nackt im Wohnzimmer. Wenn Sie einen schönen Hof oder Garten haben, können Sie das Date auch dort haben (dann aber wahrscheinlich bekleidet).

Mitbringen

- Sie sollten geistige Offenheit und die Bereitschaft mitbringen, sich Ihrem Partner oder Ihrer Partnerin gegenüber verletzlich zu zeigen. Begegnen Sie den Ideen Ihres Partners oder Ihrer Partnerin eher mit der Haltung »JA, UND …« statt mit »JA, ABER …«. *Ja, und …* bedeutet, dass Sie alles, was Ihr Partner oder Ihre Partnerin sagt, als für ihn oder sie wahr akzeptieren, und im Geiste der Improvisation (daher stammt dieses *Ja, und …*) fügen Sie dem Gespräch und der Verständigung zwischen sich etwas hinzu. *Ja, aber* … negiert das, was der oder die andere Ihnen mitteilt. Wenn es Ihnen nicht leichtfällt, über Sex zu reden, möchten Sie vielleicht Ihre Gedanken zu diesem Kapitel im Voraus aufschreiben und sie dann Ihrem Partner oder Ihrer Partnerin vorlesen.

Fehlervermeidung

- Seien Sie so genau wie möglich bei dem, was Sie sexuell mögen – lassen Sie es möglichst nicht im Ungefähren. Und sagen Sie, was Sie mögen, nicht, was Sie nicht mögen.
- Vergleichen Sie Ihre sexuellen Erfahrungen mit Ihrem Partner oder Ihrer Partnerin nicht mit denen mit irgendeinem anderen Partner oder einer anderen Partnerin.
- Wenn Sie nicht wissen, was Ihr Partner oder Ihre Partnerin meint, wenn er oder sie über Sex oder eine bestimmte sexuelle Handlung spricht, fragen Sie nach.
- Benutzen Sie die Worte, mit denen Sie sich wohlfühlen, um offen über die Anatomie und sexuelle Aktivitäten zu sprechen.
- Seien Sie offen gegenüber allem, was Ihren Partner oder Ihre Partnerin erregt, und verurteilen Sie ihn oder sie nicht wegen Fantasien, die er oder sie haben mag.
- Wenn Ihr Partner oder Ihre Partnerin am Ende des Gesprächs nicht in der Stimmung für Sex ist, akzeptieren Sie das und bleiben Sie liebevoll und zugewandt. Werden Sie niemals wütend, wenn eine sexuelle Avance abgelehnt wird.

Offene Fragen für Ihr Gespräch

Stellen und beantworten Sie diese Fragen bitte abwechselnd:

1. Denk an all die Male, die wir Sex hatten. Gab es dabei Lieblingserlebnisse – und welche? Woran liegt es, dass ein bestimmtes Mal zu deinem Lieblingserlebnis wurde?

2. Was erregt dich?
3. Wie kann ich deine Leidenschaft steigern?
4. Wie soll ich dir signalisieren, dass ich gerne Sex haben möchte? Was ist dir am liebsten?
5. Wo und wie möchtest du gerne berührt werden?
6. Was ist deine Lieblingszeit für Sex, und warum? Welche Stellung ist dir am liebsten?
7. Gibt es im sexuellen Bereich etwas, was du schon immer mal gerne ausprobieren wolltest, ohne je darum zu bitten? Wie oft möchtest du gerne Sex haben?
8. Was kann ich dazu beitragen, unser Sexleben zu verbessern?

Eine Affirmation für unsere gemeinsame Zukunft

Lesen Sie einander diese Affirmation abwechselnd laut vor. Halten Sie Blickkontakt, solange Sie sie rezitieren.

> *Ich verspreche dir, mit dir zusammen eigene romantische Rituale der Verbundenheit zu erfinden und für mehr Leidenschaft außerhalb des Schlafzimmers zu sorgen, indem ich meine Zärtlichkeit und Liebe für dich ausdrücke. Ich verspreche, dir eine Woche lang jedes Mal einen Sechs-Sekunden-Kuss zu geben, wenn wir uns verabschieden oder wiedertreffen. Ich verspreche dir, unsere sexuelle Beziehung zu diskutieren, zu erforschen und zu erneuern.*

VIERTES GESPRÄCH

Die Kosten der Liebe:

Arbeit und Geld

Adam und Trevor sind seit etwas mehr als zwei Jahren verheiratet, leben aber schon seit fünf Jahren zusammen. Sie freuten sich auf dieses Gespräch, weil Geld schon ein Thema für sie war, seit sie sich näher kennengelernt hatten. Adam plant gerne für die Zukunft und für schlechte Zeiten und ist fast fanatisch darauf bedacht, mindestens die Summe auf die hohe Kante zu legen, die man für sechs Monate Miete und die laufenden Kosten braucht, falls eine Notlage eintritt. Trevor meint, alles überschüssige Geld sollte für Spaß, Erholung und Erlebnisse ausgegeben werden, von denen man ein Leben lang zehrt. »Das Leben ist kurz«, sagt Trevor. »Morgen bist du vielleicht schon gar nicht mehr da. Ich will keine Liste vom Typ ›Was ich noch machen will, ehe ich sterbe‹. Ich habe eine Liste mit Dingen, die ich sofort tun will.«

Die Konflikte über das Geld schienen in den ersten beiden gemeinsamen Jahren ziemlich leicht lösbar. Sie sparten die Hälfte von dem, was Adam jeden Monat zurücklegen wollte, und gaben die andere Hälfte für Trevors Wünsche aus – aufregende Wochenendtrips und Neues ausprobieren, wie etwa Stehpaddeln und Seilrutschen. Aber als Adam eine kleine Erbschaft machte, wurde aus ihrer unerheblichen Meinungsverschiedenheit über Geld ein großer Streit. »Es war Extrageld, zusätzlich zum Budget, deshalb wollte ich die ganze Summe sofort auf das Sparkonto einzahlen«, sagte Adam. »Aber Trevor wollte reisen. Wir hatten schon immer davon geträumt, einmal nach Südostasien zu fahren, aber für so eine große Reise hatten wir nicht genug Geld. Zumal wir beide Freiberufler sind, sodass es nicht nur um die Reisekosten ging, sondern auch um die Einbußen aufgrund unserer ausgefallenen Arbeitsstunden.«

»Es war ein Geschenk«, sagte Trevor. »Es war eine Chance, etwas zu tun, von dem wir immer geträumt hatten. Doch ich konnte ihm meine Sichtweise nicht nahebringen. Und es war natürlich auch sein Erbe, deshalb hatte ich das Gefühl, ich könnte sie nur bis zu einem gewissen Punkt verfechten.«

»Er war ganz aufgebracht«, sagte Adam. »Es ging um richtig viel. Für mich war es durchaus *unser* Geld – wir teilen alles –, aber ich konnte einfach nicht verstehen, warum er es nicht als eine Chance ansah, einmal Spielraum zu gewinnen und ein dickeres Polster für den Fall anzulegen, dass wir es brauchen. Ich wollte auch reisen, aber ich konnte mir nicht vorstellen, so lange nicht zu arbeiten. Es fühlte sich für mich riskant an.«

Alles veränderte sich, als sie zu erkunden begannen, was Geld eigentlich für beide bedeutete. Trevors Vater war sehr jung gestorben, schon mit 35 Jahren. »Meine Eltern redeten oft davon, dass sie viele Abenteuerreisen mit uns machen wollten, aber diese Reisen fanden immer in weiter Ferne in irgendeiner magischen Zukunft statt. *Irgendwann* würden wir ins Disneyland fahren. *Irgendwann* würden wir nach Hawaii fahren. Und als mein Vater starb, starben all diese magischen Abenteuer mit ihm. *Irgendwann* fand einfach nie statt. Wenn man auf dem Sterbebett liegt, wird man nie die Erinnerungen bereuen, die man mit Menschen geschaffen hat, die man liebt – man wird nur das bereuen, was man nicht getan hat.«

Adams Eltern hatten nie etwas gespart. »Mein Vater hat seine Arbeit verloren, und es ging uns schlecht. Er hatte nichts, auf das er zurückgreifen konnte – keinerlei Ersparnisse. Wir kamen irgendwie durch, aber dass er seine Familie nicht ernähren konnte, belastete ihn schwer. Meine Schwester und ich begannen sehr früh zu arbeiten, mit zwölf und vierzehn Jahren, und wir taten alles, womit wir Geld verdienen konnten, nur um zur Miete und zur Versorgung mit Essen beizutragen. Es war hart. Am Ende bekam er eine sehr gute Stelle und verdiente mehr als genug, aber ich hegte schon früh einen

Groll gegen ihn, weil er nichts gespart hatte, um uns über Wasser zu halten. Jetzt fragt er mich immer, ob ich etwas spare und was ich als Rückendeckung habe, wenn ich meinen Job verliere. Eigentlich hat *er* mir diese Furcht eingepflanzt. Dieses Erbe von meiner Großmutter bedeutet mir wirklich eine Menge, und ich möchte es sinnvoll nutzen.«

Sobald Adam und Trevor begriffen hatten, was Geld für jeden von ihnen repräsentierte, und verstanden, wie grundverschieden ihre Erfahrungen in ihren Herkunftsfamilien in Bezug auf Ausgeben und Sparen waren, konnten sie den Konflikt über das Erbe beilegen. Obwohl Adam anbot, die Reise nach Südostasien zu machen, schlug Trevor vor, nur zehn Prozent der Summe in diesen Urlaub zu stecken und nach Wegen zu suchen, kostengünstig zu reisen. »Sobald ich erfahren hatte, dass sein Vater seinen Job verloren hatte, verstand ich, woher seine Haltung kam. Es hatte nichts mit mir zu tun. Es hing damit zusammen, wie er aufgewachsen war, und es hätte sich nicht richtig angefühlt, alles Geld für eine große Reise auszugeben. Nur ein bisschen davon ist für mich in Ordnung. Ich glaube, wir werden in Zukunft beim Thema Geld ein besseres Gleichgewicht finden.«

Ob Sie ein gut gefülltes Bankkonto haben oder von einem Gehalt zum nächsten leben: Geld gehört zu den wichtigsten fünf Gründen für Streit unter Paaren. Eine Studie mit einer Stichprobe von 4574 Paaren hat gezeigt, dass von sämtlichen Themen, über die Ehepaare streiten, Auseinandersetzungen über die Finanzen die sicherste Vorhersage einer Scheidung ermöglichten.[1] Über welche anderen vier Themen Paare am häufigsten streiten? Sex, die Schwiegereltern, den Genuss von Alkohol oder Drogen und Kindererziehung.

Falls man nicht gerade über ein unerschöpfliches Vermögen verfügt, kann man die Arbeit nicht vom Gespräch über Geld trennen.

Viele Paare, die an diesen acht Dates teilnahmen, hatten lange Arbeitstage oder verbrachten viele Stunden täglich mit Schule oder Studium. Zeit, Geld und Arbeit waren Themen, die viele Gespräche durchzogen – besonders die über Verbindlichkeit, Familie, Spaß und Spiel und Träume.

Bei den meisten Paaren fallen Auseinandersetzungen über Geld in eine von drei klar unterscheidbaren Kategorien: eine unterschiedliche Wahrnehmung finanzieller Ungleichheit, eine unterschiedliche Wahrnehmung dessen, was man sich unter Wohlstand vorstellt, und eine unterschiedliche Wahrnehmung der Art und Weise, wie man sich über Geld streitet. Von diesen dreien sagte die Art und Weise des Streitens am besten voraus, ob ein Paar sich trennen würde. Das heißt, Konflikte über Geld brauchen kein Thema zu sein, das über das Gelingen oder Scheitern einer Beziehung entscheidet. Am meisten kommt es darauf an, *wie* ein Paar über seine finanziellen Meinungsverschiedenheiten spricht.

ALLES ÄNDERTE SICH, ALS SIE ZU ERKUNDEN BEGANNEN, WAS GELD EIGENTLICH FÜR BEIDE BEDEUTETE.

Paare müssen vermeiden, einander in eines der beiden gängigsten Klischees in diesem Bereich einzusortieren: den Geldausgeber und den Sparsamen.

Der Geldausgeber sieht sich selbst als jemanden, der klugerweise Geld dafür verwendet, ein glückliches Leben zu führen, mit Komfort, Wohlbefinden, Großzügigkeit, in Gesundheit und mit Spaß für die ganze Familie. Wenn der Sparer den Geldausgeber charakterisiert, benutzt er Wörter wie leichtsinnig, gedankenlos, impulsiv, maßlos, verschwenderisch, extravagant oder schwelgerisch.

Der Sparsame sieht sich als praktisch, konservativ, klug und stoisch an. Der Sparsame wertet Geld als Leistung, Sicherheit, Erfolg, Macht, Freiheit von Sorgen, eine Investition in die Zukunft und ein künftiges Erbe. Wenn der Geldausgeber den Sparsamen charakterisiert, benutzt er Wörter wie geizig, kalt, knauserig, knickrig, selbstsüchtig, billig, zynisch; er bezeichnet ihn als einen, der Geld hortet und nicht weiß, wie man das Leben genießt.

Die Wahrheit ist, dass wir zu unterschiedlichen Zeiten alle manchmal sparsam sind und manchmal Geld ausgeben, und Klischees helfen uns nur selten, verstehen zu lernen, was Geld für unseren Partner oder unsere Partnerin bedeutet, was uns wiederum hilft, Konflikte um Geld zu steuern, sobald sie auftreten. Ob Sie verheiratet sind oder nicht: Bei den Auseinandersetzungen um Geld geht es nicht um Zahlen, sondern darum, was Geld bedeutet. Mit Geld kann man Vergnügen kaufen und ebenso Sicherheit. Diese beiden Faktoren in ein Gleichgewicht zu bringen, kann jedem Paar gelingen, und letzten Endes sollte man anstreben, die Freiheit und den Machtgewinn, die das Geld mit sich bringt, gut mit der Sicherheit und dem Vertrauen zu kombinieren, die es ebenso bedeutet.

Beide Partner kommen mit ihrer jeweils eigenen Geschichte, mit ihrem eigenen Verhältnis zum Geld und ihren eigenen Gefühlen gegenüber Geld in die Beziehung. Wir alle haben ein Erbe in Bezug darauf – die Geschichte von der Bedeutung des Geldes in unserer Familie, die von einer Generation zur nächsten weitergereicht wird.

Hart arbeiten fürs Geld

Die Arbeit kann beinahe ebenso viel Zeit, Energie und Einsatzbereitschaft in Anspruch nehmen wie unsere Beziehung. Oft ist die Arbeit sogar wie der Dritte im Bunde. Ein Gespräch über Ihr Engagement für die Arbeit und das Geldverdienen zu führen, ist ebenso wichtig wie die Debatte darüber, was Verbindlichkeit in Ihrer Beziehung oder Ehe bedeutet. Unsere Beziehung erfordert Zeit, und unsere Arbeit ebenso. Es ist ein Mythos, dass man sich zwischen beidem entscheiden muss, wenn man eine gute Ehe führen möchte. Das muss man nicht. Ein Problem gibt es erst, wenn ein Konflikt zwischen unserer Verpflichtung gegenüber der Arbeit und der gegenüber unserem Partner oder unserer Partnerin entsteht. Entscheidend für das Gelingen unserer Beziehung ist dann, wie wir einen Weg finden, beiden Verpflichtungen gerecht zu werden.

Wenn einer von Ihnen oder womöglich beide 60, 80 oder sogar 100 Stunden in der Woche arbeiten, lässt das offensichtlich nicht viel Zeit oder Kraft für Ihr Beziehungsleben übrig. Das machen allein schon die Zahlen deutlich. Dabei ist es geradezu sprichwörtlich, dass niemand auf dem Sterbebett sagen wird: »Ich wollte, ich hätte mehr Zeit im Büro verbracht.« Wenn einer von Ihnen unfassbar viele Stunden arbeitet, von den Anforderungen des Berufs übermäßig gestresst und unter Druck gesetzt wird oder willens ist, die Beziehung dem Ehrgeiz und dem Geldverdienen zuliebe zu opfern, dann ist das nicht tragfähig und führt nicht zu einer glücklichen Ehe. Sehr lange Arbeitszeiten können die Menschen auseinanderreißen, wenig Zeit für Verbundenheit lassen und zu Einsamkeit in der Beziehung führen.

John und Julie fahren jedes Jahr einmal in die Flitterwochen. Dieses Ritual haben sie eingeführt, um ihre Verbindung zu feiern und zu würdigen – so zeigen sie einander, dass ihnen ihre Beziehung noch immer so wichtig ist, dass sie ihr Zeit fernab von Beruf, Familie, Freunden und Verpflichtungen widmen, genau wie damals, als sie frisch verheiratet waren. Das ist nicht immer leicht einzurichten. Beide haben eine florierende therapeutische Praxis, die Forschungsarbeit erfordert, und in manchen Jahren müssen Bücher verfasst und Abgabetermine eingehalten werden. Als John 71 war, beschloss er, einen beruflichen Traum zu verwirklichen – ein Buch für Therapeuten zu schreiben, in dem er seine Bemühungen aus 15 Jahren zusammenfasste, die Liebe mithilfe von mathematischen Gleichungen und den Gesetzen der Physik zu verstehen.[2] Das war ein ehrgeiziges Projekt, um es vorsichtig auszudrücken, und John war völlig begeistert davon.

John ist in einer Zweizimmerwohnung aufgewachsen, in der sie zu fünft lebten, und hat dabei eine erstaunliche Fähigkeit entwickelt, sich zu konzentrieren und alles um sich herum auszublenden, solange er arbeitet. Wenn er in seine Arbeit vertieft ist, kann man im gleichen Zimmer sein und ihn beim Namen rufen, ohne dass er einen hört. Diese Fähigkeit half ihm, in seinem beengten Zuhause zu überleben, als er heranwuchs, half ihm, seinen Doktortitel zu erwerben, und ermöglichte ihm, stundenlang intensiv die Mikroexpressionen und das Mienenspiel von Paaren im Liebeslabor zu studieren. Bei diesem speziellen Buch war John ein Getriebener und hatte eine Mission. Und diese Mission stellte alles andere in seinem Leben in den Schatten – einschließlich Julie.

Bei den Vorbereitungen auf die Abreise in die 14. jährlichen Flitterwochen packte John seine mathematischen Gleichungen und seine Physikbücher ein, dazu stapelweise Forschungsartikel, Diagramme und komplizierte Formeln. All das kam in den Koffer. Er war wie besessen. Er war fokussiert. Es war sein Werk und hatte für ihn eine hohe Priorität. Er hatte bereits das ganze letzte Jahr intensiv daran gearbeitet.

In den ersten fünf Tagen der Reise arbeitete John 16 Stunden täglich an dem Buch. Er war im Mathematikhimmel. Am fünften Abend fuhren sie zu ihrem italienischen Lieblingsrestaurant, in dem es gedämpftes Licht gab und ein Klavierspieler in der Ecke gefühlvolle Lieder sang. John überflog die Speisekarte und fragte Julie, was sie essen wolle. Sie wollte sagen, »Fettuccine Alfredo«, brach aber stattdessen in Tränen aus. John war perplex. Warum weinte sie? Da quoll das ganze Elend über das gesamte letzte Jahr, einschließlich der letzten fünf Tage, aus ihr heraus. Die Flitterwochen sollten doch ihre ganz spezielle Zeit sein, um sich wieder neu miteinander zu verbinden und ihre Liebe zu feiern, und John hatte sie die ganze Zeit ignoriert. Sein Drang, seine Forschungsergebnisse zwischen zwei Buchdeckel zu bringen, hatte alles andere beiseitegefegt, einschließlich ihrer Flitterwochen.

OBWOHL JOHN EIN EHEEXPERTE WAR, BEDURFTE ES ERST JULIES TRÄNEN, DAMIT ER ERKANNTE, WIE WEIT SEINE PRIORITÄTEN AUS DER BALANCE GERATEN WAREN.

Der Schock über Julies Tränen katapultierte John aus seiner starken Fokussierung auf einen einzigen Punkt heraus. Ja, er liebte seine Arbeit und wollte mit diesem Buch für andere Therapeuten etwas für seine Karriere tun, aber er erkannte, dass er es in ein Gleichgewicht mit seiner Liebe zu Julie bringen musste.

Dass John während der alljährlichen Flitterwochen täglich 16 Stunden an seinem Buch arbeitete, vertrug sich nicht mit der Verabredung, die Julie und er getroffen hatten, diese Zeit einer Auffrischung ihrer Verbindung zu widmen. Obwohl John ein Eheexperte war, bedurfte es erst Julies Tränen, damit John erkannte, wie weit seine Prioritäten aus der Balance geraten waren. Sein Buch war ein beruflicher Traum, aber in diesem Moment musste er zugeben, dass seine vielen Stunden Forschung und Schreiben zwar für ihn ein Segen waren, für seine Beziehung aber nicht.

Jedenfalls nicht zu diesem speziellen Zeitpunkt.

Julie forderte nicht von ihm, etwas für ihn Bedeutsames für immer aufzugeben, sie sagte nicht, er müsse zwischen dem Buch und ihr wählen; sie bat ihn lediglich darum, es für den Rest ihrer freien Woche aufzugeben.

Wenn Ihr Partner oder Ihre Partnerin beispielsweise ein Unternehmen gründet, wird das Zeit und Engagement und viele Arbeitsstunden in Anspruch nehmen, aber solange Sie Ihr Engagement für die Arbeit und Ihre finanzielle Zukunft transparent kommunizieren, es diskutieren und im Voraus Vereinbarungen mit Ihrem Partner oder Ihrer Partnerin treffen, muss Ihre Beziehung nicht daran zerbrechen. Und die vielen Überstunden werden nicht für immer geleistet werden müssen. Wenn wir nicht von Haus aus vermögend sind, müssen wir offenkundig arbeiten, um zu leben. Rechnungen müssen bezahlt werden. Nahrung, Kleidung und Wohnen sind unverzichtbare Bedürfnisse. Ja, Arbeit bedeutet Geld, aber sie kann auch persönliche Erfüllung, Freude an der Leistung und sogar Sinn, Bedeutung und Leidenschaft schenken. Auch diese Dinge sind wichtig.

Die Last teilen

In den 1950er-Jahren war diese Art von Gespräch über Arbeit und Geld nicht üblich. Der Mann war der Ernährer, der jeden Morgen seinen Mantel anzog, den Hut aufsetzte, das Haus verließ und ins Büro ging. Man behielt seinen Beruf ein Leben lang – hatte von der Einstellung bis zum Eintritt in den Ruhestand die gleiche Stelle. Er verdiente das Geld. Er hatte das Sagen. In einer Ehe blieb die Frau zu Hause und kümmerte sich um den Haushalt, die Kinder, die Küche und das Saubermachen. Die Medien empfahlen den Frauen eindringlich, ihren Mann am Ende des Tages hübsch zurechtgemacht an der Tür zu begrüßen, mit einem Cocktail für ihren hart arbeitenden Mann in der Hand.

Jetzt haben wir nicht mehr 1950.

Alles hat sich verändert, und diese traditionellen Rollen sind schon seit Jahrzehnten im Fluss. Frauen arbeiten und erziehen Kinder, Männer arbeiten und erziehen Kinder. Väter bleiben heute häufiger zu Hause bei den Kindern, und manchmal machen das die Mütter ebenfalls noch. Noch häufiger sind beide Ehepartner berufstätig. Im Idealfall wird die Hausarbeit geteilt. Die Elternaufgaben werden geteilt. Geld und Macht werden geteilt.

Die manchmal nostalgischen Erinnerungen der Menschen an die 1950er-Jahre sind häufig falsch, wie Stephanie Coontz in ihrem Buch *The Way We Never Were* erläutert. Damals waren Ehefrauen oft depressiv und voller Ängste, fühlten sich unerfüllt, aber glaubten, kein Recht auf eigene Träume zu haben; sie hatten keine finanzielle Freiheit, wurden von ihren Ehemännern dominiert und nahmen Medikamente, um ihre Traurigkeit und ihre Wut unter Kontrolle zu halten. Frauen und Männer, die unverheiratet, homosexuell oder lesbisch waren oder in alternativen Beziehungen lebten, wurden oft ganz aus der Kultur und dem gesellschaftlichen Leben ausgeschlossen.

Heute beginnen Frauen im Alter von 25 bis 32 Jahren ihr Berufsleben mit einer höheren Bildung als ihre männlichen Kollegen.[3] 38 Prozent der Frauen, die ins Arbeitsleben eintreten, haben einen Collegeabschluss, der mindestens vier Jahre Studium erfordert hat, bei den Männern in der gleichen Altersgruppe sind es nur 31 Prozent. Im Jahr 2015 machten Frauen in den Vereinigten Staaten sogar mehr als die Hälfte (51 Prozent) der technischen und sonstigen qualifizierten Arbeitskräfte aus.[4] Laut dem Meinungsforschungszentrum Pew Research Center ist der Prozentsatz der Frauen, für die ein Beruf mit einem hohen Gehalt »zu den wichtigsten Dinge in meinem Leben« zählt, höher als der Prozentsatz der Männer in der gleichen Altersklasse.[5] 66 Prozent der Frauen stufen eine Karriere auf der Liste ihrer Prioritäten weit oben ein, Männer dagegen nur zu 59 Prozent. Die gleiche Studie offenbart auch, dass sowohl Männer als auch Frauen eine glückliche Ehe für wichtiger halten als eine erfolgreiche Karriere. Liebe triumphiert über die Arbeit, wie es aussieht, ganz gleich, in welchem Jahrzehnt wir leben. Die gute Nachricht ist, dass die Menschen nicht zwischen Arbeit und Beziehung wählen müssen. Die Forschung hat sogar gezeigt, dass man dann, wenn man in einer glücklichen Ehe lebt, auch im Beruf eher glücklich ist. Umgekehrt gilt auch, dass die Zufriedenheit im Beruf oft auf die Zufriedenheit in der Ehe schließen lässt, allerdings ist dieser Zusammenhang laut den Wissenschaftlern schwächer ausgeprägt.[6]

Es gibt eine Art von Arbeit, die Paare zuverlässig in Konflikte bringt – unbezahlte Arbeit. Paare streiten sich mehr über die Verteilung der Hausarbeit – Spülen, Putzen, Wäschewaschen – als über bezahlte Jobs außer Haus.[7] Eine weitere Studie des Pew Research

Center aus dem Jahr 2007 hat sogar gezeigt, dass nach Treue und einem guten Sexleben die Aufteilung der Hausarbeit als drittwichtigster Faktor einer erfolgreichen Ehe angesehen wurde. Ein ordentliches Einkommen, eine gute Wohnung, gleiche religiöse Überzeugungen, gemeinsame Interessen und Kinder kamen allesamt nach der Verteilung der Hausarbeit.

Würde man jemanden einstellen, der all die erforderliche Arbeit verrichtet, um einen Haushalt in Schuss zu halten, würden die Kosten – vor allem, wenn man Kinder hat – bei rund 90 000 Dollar (circa 80 000 Euro) im Jahr liegen. Das müsste eine »traditionelle« Hausfrau heute dafür bezahlt bekommen, dass sie das Haus sauber hält, als persönliche Einkäuferin und Assistentin fungiert, Besorgungen aller Art erledigt und sich um die Kinder kümmert. Das ist viel Geld, und es ist auch viel Arbeit. Deshalb muss man entweder jemanden dafür bezahlen, dass er das macht, oder einer der Beziehungspartner muss diese Aufgaben übernehmen. Nach Daten aus der American Time Use Survey aus den Jahren 1965 bis 2011 ist der Anteil der Zeit, die Männer und Frauen mit bezahlter Arbeit, unbezahlter Arbeit und Kinderbetreuung (wo nötig) verbringen, ungefähr gleich; durchschnittlich 59 Stunden in der Woche bei Männern, 58 Stunden in der Woche bei Frauen. Im Jahr 1965 widmeten sich Männer rund 6,5 Stunden in der Woche unbezahlter Arbeit wie Hausarbeit oder Kinderbetreuung, im Jahr 2011 waren es durchschnittlich 17 Stunden in der Woche.[8] Im Gegensatz dazu brachten Frauen 1965 durchschnittlich 32 Stunden in der Woche allein mit Hausarbeit zu, und diese Zahl war (dank der Männer, die ihnen einen Teil der Last abnahmen) im Jahr 2011 auf 18 Stunden in der Woche gefallen. Die Rollen von Männern und Frauen in Bezug auf die Arbeit bewegen sich aufeinander

ES GIBT EINE ART VON ARBEIT, DIE PAARE ZUVERLÄSSIG IN KONFLIKTE BRINGT.

zu, und im 21. Jahrhundert gibt es keine richtige oder falsche Weise mehr, die Arbeit aufzuteilen – es geht alles, was für Sie beide richtig ist. In einer Zeit, in der Ehepaare zusammenarbeiten und die Partner ein Team bilden, werden Sie gemeinsam entscheiden müssen, was für Ihre Beziehung und für Ihr Leben gut funktioniert. Und dabei wissen, dass sich das ändern wird, wenn Sie erst einmal Kinder haben, wenn Sie einen Berufswechsel vornehmen, und auch, wenn Sie gemeinsam daran arbeiten, die Träume des jeweils anderen zu verwirklichen. Bei der Arbeit geht es um viel mehr als um das Gehalt, und Ihre Ansichten darüber, was Arbeit und Geld bedeuten, werden sich ein Leben lang weiterentwickeln.

Zeit ist Geld

Arbeit und Geldverdienen werden zu verschiedenen Zeiten in Ihrem Leben Unterschiedliches bedeuten, und das richtige Gleichgewicht zu finden, kann schwierig sein. Es werden sowohl Kosten als auch ein Nutzen für die Beziehung entstehen, je nachdem, welche Entscheidungen jeder von beiden trifft. Wenn Sie sich auf eine Langzeitbeziehung oder eine Ehe einlassen und denken, dass Sie und Ihr Partner oder Ihre Partnerin jeden Nachmittag um 17 Uhr von der Arbeit nach Hause gehen können und dann freie Bahn haben, auszugehen, das Abendessen zu kochen, zum Sport zu gehen, gemeinsam einen Abendkurs zu besuchen oder ein tiefgehendes Gespräch zu führen – dann ist eine Enttäuschung schon vorprogrammiert. Manchmal werden sich die Anforderungen der Arbeit so anfühlen, als hätte eine feindliche Macht Ihre Freizeit und Ihre Beziehung übernommen, und Sie müssen unbedingt dafür sorgen, dass Ihre Partnerschaft stabil genug ist, um mit diesen Zeiten fertigzuwerden.

Als Rachel ihre Assistenzarztzeit machte, verbrachten sie und Doug sehr wenig gemeinsame Zeit. Sie musste viele Stunden hart arbeiten und litt unter Schlafmangel, und beide hatten das Gefühl, sie würden sich nie sehen, außer an ihrem wöchentlichen Date-Abend. Doug unterstützte Rachels Traum, Ärztin zu werden, aber dass sie kaum Zeit miteinander verbringen konnten, hatte einen Keil in ihre Beziehung getrieben. Beide waren unzufrieden und begannen sich in der kurzen Zeit, die sie noch gemeinsam hatten, mehr zu streiten. Zwar behielten sie die geplanten Date-Abende bei, aber sie fühlten sich dabei frustriert und allein. »Ich erinnere mich vor allem an einen solchen Abend, weil wir gar nicht erst aus dem Parkplatz des Wohnblocks herauskamen, in dem wir damals wohnten«, erinnert sich Rachel. »Wir saßen einfach nebeneinander im Auto, und ich fühlte mich völlig erschöpft, taub und irgendwie verloren. Ich arbeitete so hart, *für uns*, aber irgendwie war uns mitten in meiner fürchterlichen Assistenzarztzeit das ›uns‹ abhandengekommen. Jetzt war bloß noch die Arbeit übrig, und ich wandte mich Doug zu und sagte: ›Ich fürchte, wir schaffen es nicht.‹ Ich glaube, wir waren beide schockiert, als ich die Worte laut aussprach.«

Es war dieser Moment der Verletzlichkeit und Ehrlichkeit, der ihnen beiden erlaubte, ihre Frustration loszulassen. Sie saßen im Auto und weinten bei der Vorstellung, einander nicht mehr zu haben und alles zu verlieren, was sie miteinander teilten. Diese Aussicht war niederschmetternd, und mitten auf diesem Parkplatz hatte Rachel eine Erleuchtung.

»Ich erkannte, dass mir meine Ehe das Allerwichtigste war, und wenn mir am Ende nichts anderes übrig blieb, als zwischen Ehe und Medizin zu wählen, würde ich die Medizin aufgeben und beruflich etwas anderes machen.«

Rachel wurden ihre Prioritäten mitten in dieser Krise klar. Statt die Medizin aufzugeben, sagte sie dann ihrem Chef, sie müsse einen Monat Pause einlegen, weil ihre Ehe kaputtginge, wenn sie sieben Tage in der Woche 24 Stunden lang Bereitschaftsdienst habe. In diesem Monat erstellten sie und Doug eine Liste der Punkte, die in ihrem Leben und ihrer Ehe Priorität haben sollten. Ganz oben standen ihre körperliche Gesundheit und ihr geistig-seelisches Wohlbefinden. Dann folgte ihre Ehe. Dann Kinder, dann Arbeit und Geld. Sie waren wichtig, aber Rachel und Doug erkannten, dass für sie diese Punkte ganz unten auf der Liste standen. Jedes Paar sollte zu einer Vereinbarung über Prioritäten kommen, aber sie wird für jedes Paar einzigartig sein. Sie und Ihr Partner oder Ihre Partnerin sollten sich über Ihre Prioritäten und Werte austauschen.

Der Umgang mit Zeit

Die Klage, dass einer der Partner zu viel arbeitet, ist sehr häufig. Für eine gute Ehe ist es nötig, dass beide Partner dem jeweils anderen Zeit und Energie widmen. Ob Sie derjenige sind, der ungebührlich viel arbeitet, oder diejenige, die sich über das Übermaß beschwert – es hilft, ein Gespräch zu führen, das beide Standpunkte unter die Lupe nimmt. Oft machen wir unsere Identität, unseren Daseinssinn und unser Selbstwertgefühl von dem abhängig, »was wir tun«, und das zwingt uns, lange zu arbeiten. Aber durchgängig überlange Arbeitszeiten haben einen Preis, und vielleicht verlieren Sie allmählich, wie Doug und Rachel, beide das Gefühl der emotionalen Verbundenheit, und das ist ein Risiko für Ihre Beziehung. Wenn Ihre gemeinsame Zeit wegen der Arbeitslast des einen oder der anderen auf dem Spiel steht, dann stellen Sie einander bitte die folgenden Fragen:

Dem Partner oder der Partnerin, der oder die viele Stunden arbeitet:

- Was bedeutet dir deine Arbeit?
- Welche Freude oder Befriedigung bringt dir deine Arbeit?
- Welches Bedürfnis erfüllt die Arbeit in deinem Leben?
- Wie würdest du deinen Tag verbringen, wenn Geld kein Thema wäre und du nicht zu arbeiten bräuchtest?

Dem Partner oder der Partnerin, den oder die die vielen Arbeitsstunden frustrieren:

- Was bedeutet meine Abwesenheit für dich?
- Was genau fehlt dir, wenn ich so viel weg bin?
- Wonach sehnst du dich in Bezug auf die emotionale, körperliche, intellektuelle oder spirituelle Verbundenheit mit mir?

Sobald lange Arbeitszeiten ein Problem in Ihrer Beziehung werden, helfen Ihnen diese Fragen, zu einer Verständigung zu gelangen, statt sich zu streiten. Wie wir unsere Zeit verbringen, beeinflusst unsere Partnerschaft. Denken Sie eine Weile darüber nach, wie die 24 Stunden eines Tages bei Ihnen im Durchschnitt aussehen. Erstellen Sie ein Kreisdiagramm und stellen Sie darin Ihre durchschnittlichen 24 Stunden dar. Wie viel Zeit verbringen Sie getrennt voneinander mit Arbeit (mit bezahlter Arbeit außer Haus) und wie viele Stunden mit gemeinsamer Arbeit (unbezahlte Arbeit zu Hause)? Wie viele Stunden verbringen Sie damit, sich als Beziehungspartner miteinander zu verbinden? Wie viele Stunden mit den Kindern (falls zutreffend)? Wie viel Zeit verbringen Sie allein? Jetzt erstellen Sie ein zweites Kreisdiagramm und verteilen die Zeit so auf diese Bereiche, wie es für Sie *ideal* wäre. Wenn Sie beispielsweise gerne drei Stunden am Tag Zeit für die Verbindung miteinander hätten und zwei Stunden allein, und in Wirklichkeit haben Sie ungefähr je eine Stunde für beides, dann wissen Sie, an welchen Bereichen Sie arbeiten müssen und welche Prioritäten Sie haben. Wenn Sie Ihre Prioritäten für die gemeinsame Zeit am Anfang Ihrer Beziehung festsetzen, kann dieser gemeinsame Wert als Leitlinie dienen. Sie haben ein gemeinschaftlich gesetztes Ziel und ein Maß, an dem Sie ablesen können, wann sich das Gleichgewicht auf eine Weise verschoben hat, die nicht mit dem übereinstimmt, was Sie beide als wichtig für Ihre Beziehung eingestuft haben.

Der wahre Wert des Geldes

Unsere ganz persönliche Geschichte mit Geld kann unsere Beziehungen in überraschender Weise beeinflussen. Es ist wichtig, zu erkunden, wie Ihr Familienerbe in Bezug auf Geld, Großzügigkeit, Macht und Reichtum aussieht. Welche emotionale Geschichte und welche Gedanken haben Sie in Bezug auf Armut, Abhängigkeit oder Unabhängigkeit, auf Stärke und Schwäche, in Bezug auf Philanthropie, bürgerliche Verantwortung, Luxus und Stolz auf Leistungen? Wenn zwei Menschen mit zwei getrennten Geschichten im Umgang mit Geld sich zusammentun, dann stehen sie vor der anspruchsvollen Aufgabe, diese beiden Geschichten miteinander zu verschmelzen – oder die Konsequenzen zu tragen, wenn sie einen Bogen darum herum machen.

Der erste Schritt ist, Ihre eigene Geschichte zu verstehen.

Der zweite Schritt ist, die Ihres Partners oder Ihrer Partnerin zu verstehen.

ÜBUNG

Meine Familiengeschichte im Umgang mit Geld

Füllen Sie den folgenden Fragebogen vor Ihrem Gespräch getrennt aus. Dann besprechen Sie die Antworten.

Lesen Sie jede Frage und beantworten Sie sie ehrlich:

- Womit haben Ihre Großeltern väterlicherseits und mütterlicherseits ihr Geld verdient?
- Wie wohlhabend waren Ihre Großeltern?
- Womit haben Ihre Eltern ihr Geld verdient?
- Wie wohlhabend waren Ihre Eltern?
- Welche Einstellung hatten Ihre Eltern zum Geld? Wie fanden Sie diese elterlichen Vorstellungen als Kind?
- Haben sich Ihre Eltern damit wohlgefühlt, Geld auszugeben? Wie fanden Sie diese Einstellung zum Geld als Kind?
- Haben Ihre Eltern Geld gespart oder investiert? Wie fanden Sie diese Einstellung zum Geld als Kind?
- Hat Ihre Familie gemeinsame Ferien oder Reisen gemacht, als Sie heranwuchsen? Wie fanden Sie diese Ferien als Kind? Wurde über Geld gesprochen?
- Wurden in Ihrer Familie Gäste eingeladen? Wie fanden Sie das als Kind?
- Hat Ihre Familie Geld für philanthropische Zwecke oder Wohltätigkeit ausgegeben?
- Haben Sie als Kind Taschengeld bekommen? Wie fanden Sie das als Kind?
- Was haben Sie für eine Arbeitsbiografie?
- Was bedeutet Geld für Sie persönlich und warum?

- Haben Ihre Eltern Ihre Geburtstage gefeiert? Haben Sie sich dann besonders gewürdigt gefühlt?
- Haben Sie einen Geburtstagskuchen bekommen? War Ihnen das als Kind wichtig?
- Wie haben Ihnen Ihre Eltern gezeigt, dass sie stolz auf Sie waren? Oder haben sie das nicht getan?
- Haben Sie an hohen Feiertagen Geschenke bekommen? War Ihnen das als Kind wichtig?
- Was haben Ihnen Ihre Eltern über Geld beigebracht? Wie geht es Ihnen heute mit diesen Lektionen?
- Was hat Ihnen die Geschichte Ihrer Familie über Geld beigebracht? Welche Einstellung haben Sie heute dazu?
- Welche Werte hatte Ihre Familie in Bezug auf Geld? Womit waren Sie einverstanden und womit nicht?
- Welche Erinnerung zum Thema Geld schmerzt Sie am meisten? Erzählen Sie Ihrem Partner oder Ihrer Partnerin davon.
- Welche Erinnerung zum Thema Geld ist Ihre beste oder glücklichste? Erzählen Sie Ihrem Partner oder Ihrer Partnerin davon.

Wie viel ist genug?

Im jüdischen Talmud heißt es, ein reicher Mensch sei einer, der genug hat. Aber »genug Geld« ist ein relativer Begriff. Ob Sie knausern müssen, um durchzukommen, oder so viel Geld haben, dass Sie es gar nicht schnell genug ausgeben können: Geld kann eine Quelle für erhebliche Konflikte zwischen Paaren sein. Was ist also genug Geld? Offenkundig haben Paare Geldprobleme, wenn sie über ihre Verhältnisse leben, wenn einer von beiden hohe Schulden in die Beziehung mitbringt, wenn sie finanzielle Geheimnisse voreinander haben oder nicht als Team zusammenarbeiten, um ihre finanziellen Ziele zu erreichen. Jeder hat kurzfristige Ziele – die Miete zahlen oder das Hypothekendarlehen abzahlen, die Rechnungen für das tägliche Leben begleichen können. Viele Paare haben auch langfristige Ziele. Ein gemeinsames Budget zu erstellen, ist ein sehr guter Weg, einen Plan zu schmieden, wie Sie sowohl Ihre finanziellen Verpflichtungen im Alltag als auch Ihre langfristigen Wünsche erfüllen können. Jeder von Ihnen stellt die Hälfte eines finanziellen Teams dar, aber jeder von Ihnen kann auch sehr unterschiedliche Ansichten darüber haben, wie viel Geld genug ist, wie es bei Trevor und Adam war. Das ist so, weil Geld unterschiedliche symbolische Bedeutungen hat.

GELD HAT UNTERSCHIEDLICHE SYMBOLISCHE BEDEUTUNGEN.

Bei unserer Forschung über heterosexuelle Paare haben wir festgestellt, dass es in Bezug auf Geld tiefgreifende Unterschiede zwischen Männern und Frauen geben kann. Frauen sparen typischerweise kein Geld, und mehr als 58 Prozent der Frauen, die zwischen

1946 und 1964 geboren wurden (die Babyboomer), haben weniger als 10 000 Dollar (circa 8 800 Euro) auf ihr Rentenkonto eingezahlt. Nach Schätzungen werden zwischen einem Drittel und zwei Dritteln der Frauen, die heute 25 bis 55 Jahre alt sind, in Armut leben, wenn sie 70 Jahre alt sind. Das ist eine erstaunliche Statistik. Und für viele Frauen kann »genug« Geld zu haben viele verschiedene Dinge bedeuten. Frauen setzen »genug« Geld oft mit Liebe, Respekt und Sicherheit gleich, oder auch mit Akzeptanz, Attraktivität und Stärke.

Bei Männern gibt es typischerweise ein Zusammenspiel von Geld und Macht. (Das kann auch auf Frauen zutreffen, ist aber nach unseren Ergebnissen bei Männern häufiger.) Wenn sie gefragt werden, ist für Männer Geld gleichbedeutend mit Kompetenz, Verantwortlichkeit und ihrem Status als Versorger. »Genug« Geld wird häufig gleichgesetzt mit Stärke, Unabhängigkeit, Reife, Konkurrenz, gesellschaftlicher Macht und Gewinnen. Unter dem Strich hat Geld eine Bedeutung, die jenseits der Ausgaben und des Budgets und der Arithmetik liegt, die für das Sparen und Ausgeben gilt. Das Ziel ist, herauszufinden, was Geld für Sie bedeutet, und zu verstehen, was Geld für Ihren Partner oder Ihre Partnerin bedeutet.

ÜBUNG

Was genug Geld zu haben für mich bedeutet

Sowohl Sie als auch Ihr Partner oder Ihre Partnerin sollten den nun folgenden Fragebogen getrennt ausfüllen. Dann besprechen Sie bitte Ihre Antworten.

Lesen Sie jeden Punkt durch und kreisen Sie jeweils die Zahl ein, die Ihrer Ansicht nach am nächsten kommt. Die Zahlen bedeuten: 5 = völlige Zustimmung, 4 = Zustimmung, 3 = weder Zustimmung noch Ablehnung, 2 = Ablehnung, 1 = völlige Ablehnung

Für mich heißt genug Geld zu haben, über Macht zu verfügen.

☐ 5 ☐ 4 ☐ 3 ☐ 2 ☐ 1

Für mich heißt genug Geld zu haben, unabhängig zu sein.

☐ 5 ☐ 4 ☐ 3 ☐ 2 ☐ 1

Für mich heißt genug Geld zu haben, stark zu sein.

☐ 5 ☐ 4 ☐ 3 ☐ 2 ☐ 1

Für mich bedeutet genug Geld zu haben, nicht auf jemand anderen angewiesen zu sein.

☐ 5 ☐ 4 ☐ 3 ☐ 2 ☐ 1

Für mich bedeutet genug Geld zu haben, verantwortlich zu sein.

☐ 5 ☐ 4 ☐ 3 ☐ 2 ☐ 1

Für mich bedeutet genug Geld zu haben, dass ich mich entspannen kann und mir keine Sorgen zu machen brauche.

☐ 5 ☐ 4 ☐ 3 ☐ 2 ☐ 1

Für mich bedeutet genug Geld zu haben, mir Zeit nehmen zu können für das, was ich tun möchte.

☐ 5 ☐ 4 ☐ 3 ☐ 2 ☐ 1

Für mich bedeutet genug Geld zu haben, dass ich mir Luxus leisten kann.

☐ 5 ☐ 4 ☐ 3 ☐ 2 ☐ 1

Für mich bedeutet genug Geld zu haben, dass ich schöpferisch arbeiten kann.

☐ 5 ☐ 4 ☐ 3 ☐ 2 ☐ 1

Für mich bedeutet genug Geld zu haben, einen Teil davon anderen Menschen geben zu können.

☐ 5 ☐ 4 ☐ 3 ☐ 2 ☐ 1

Für mich bedeutet genug Geld zu haben, Liebe, Fürsorge und Zuneigung zu erhalten.

☐ 5 ☐ 4 ☐ 3 ☐ 2 ☐ 1

Für mich heißt genug Geld zu haben, dass es Sicherheit und Stabilität in meinem Leben gibt.

☐ 5 ☐ 4 ☐ 3 ☐ 2 ☐ 1

Für mich heißt genug Geld zu haben, dass ich mich kompetent fühle.

☐ 5 ☐ 4 ☐ 3 ☐ 2 ☐ 1

Für mich heißt genug Geld zu haben, Kontrolle ausüben zu können.

☐ 5 ☐ 4 ☐ 3 ☐ 2 ☐ 1

Für mich heißt genug Geld zu haben, über ein gutes Selbstwertgefühl zu verfügen.

☐ 5 ☐ 4 ☐ 3 ☐ 2 ☐ 1

Für mich heißt genug Geld zu haben, dass ich für mich selbst und andere akzeptabel bin.

☐ 5 ☐ 4 ☐ 3 ☐ 2 ☐ 1

Für mich bedeutet genug Geld zu haben eine Belohnung für große Anstrengungen.

☐ 5 ☐ 4 ☐ 3 ☐ 2 ☐ 1

Für mich heißt genug Geld zu haben, dass ich ein erfolgreicher Erwachsener oder eine erfolgreiche Erwachsene bin.

☐ 5 ☐ 4 ☐ 3 ☐ 2 ☐ 1

Für mich bedeutet genug Geld zu haben, Stress vermeiden zu können.

☐ 5 ☐ 4 ☐ 3 ☐ 2 ☐ 1

Für mich heißt genug Geld zu haben, mich wohlverdientem Genuss hingeben zu können.

☐ 5 ☐ 4 ☐ 3 ☐ 2 ☐ 1

Für mich heißt genug Geld zu haben, mich respektiert zu fühlen.

☐ 5 ☐ 4 ☐ 3 ☐ 2 ☐ 1

Für mich heißt genug Geld zu haben, als Erwachsene/r Verantwortung zu übernehmen.

☐ 5 ☐ 4 ☐ 3 ☐ 2 ☐ 1

Für mich bedeutete genug Geld zu haben, dass ich größere sexuelle Chancen hatte.

☐ 5 ☐ 4 ☐ 3 ☐ 2 ☐ 1

Für mich bedeutet genug Geld zu haben eine große Freiheit.

☐ 5 ☐ 4 ☐ 3 ☐ 2 ☐ 1

Für mich heißt genug Geld zu haben, nicht allein sein zu müssen.

☐ 5 ☐ 4 ☐ 3 ☐ 2 ☐ 1

Für mich bedeutet genug Geld zu haben, dass ich mich reich und wohl fühle.

☐ 5 ☐ 4 ☐ 3 ☐ 2 ☐ 1

Für mich heißt genug Geld zu haben, eine Leere in meinem Leben füllen zu können.

☐ 5 ☐ 4 ☐ 3 ☐ 2 ☐ 1

Für mich heißt genug Geld zu haben, dass ich glücklich sein kann.

☐ 5 ☐ 4 ☐ 3 ☐ 2 ☐ 1

Die Konflikte über das Thema Geld lassen sich am besten handhaben, wenn Sie begreifen, in welcher Hinsicht Ihre lebensgeschichtlichen Erfahrungen mit Geld gleich sind und wo sie sich unterscheiden. Was bedeutet es für jeden von Ihnen, *genug zu haben*? Mithilfe dieser Fragen können Sie verstehen lernen, was Geld für Ihren Partner oder Ihre Partnerin bedeutet. Denken Sie darüber nach, was jeder von Ihnen zum größeren Reichtum Ihrer Beziehung beiträgt, ob Zeit, Hausarbeit oder Finanzen. Sie können das Verhältnis Ihres Partners oder Ihrer Partnerin zum Geld und seine oder ihre Erfahrungen damit gar nicht früh genug kennenlernen, und es ist auch nie zu spät, sich damit zu befassen. Im Interesse einer lebenslangen Liebe und möglichst weniger Konflikte sollten Sie Ihre Dankbarkeit für das ausdrücken, was Sie haben, was jeder beiträgt und was Sie gemeinsam aufbauen. Unterschiedliche Bedeutungen des Geldes führen zu einem unterschiedlichen Verhältnis zum Geld. Es gibt Wege, Ihre diesbezüglichen Einstellungen miteinander zu vereinbaren. Es lohnt die Mühe, in der jetzt folgenden Diskussion die Meinungsverschiedenheiten über das Ausgeben und Sparen Ihres sauer verdienten Geldes auszuklammern.

Schnelleinstieg

Zusammenfassung des Kapitels

- Geld gehört zu den fünf häufigsten Themen, die bei Paaren Konflikte auslösen.
- Wenn man klischeehaft die eine Hälfte des Paars als den Sparsamen und die andere Hälfte als Geldausgeber tituliert, ist das nicht hilfreich. Sie haben beide eine Familiengeschichte und Werte, die Ihnen anerzogen wurden. Ihre Aufgabe ist es, einander zu verstehen, nicht, sich gegenseitig zu etikettieren oder dieselben Werte zu haben.
- Arbeit ist neben Ehe und Familie der zweite Bereich in Ihrem Leben, der sehr viel Engagement verlangt.
- Arbeit und Geldverdienen können in einer Beziehung wie der Dritte im Bunde sein – und Zeit und Energie erfordern. Dass Sie Ihre Beziehung und Ihre Arbeit in ein gutes Gleichgewicht bringen, ist fundamental für das Gelingen Ihrer Ehe.
- Bei Schwierigkeiten mit dem Thema Geld geht es nicht um Euro und Cent, sie haben damit zu tun, was Geld für jeden der beiden Beziehungspartner bedeutet.

- Paare sagen, dass die Aufteilung der Hausarbeit nach der Treue und einem guten Sexleben das wichtigste Element einer glücklichen Ehe ist.
- Wenn einer von Ihnen bei der Arbeit unter hohem Druck und Stress steht und sehr lange Arbeitszeiten hat, kann das zu Einsamkeit und einem Mangel an emotionaler Verbundenheit führen. Es schiebt sich trennend zwischen Sie.
- Zu entdecken, was Geld für Sie beide bedeutet, wird einen großen Beitrag zur Lösung der Konflikte leisten, die Sie zum Thema Geld haben mögen.
- Kultivieren Sie Dankbarkeit für das, was Sie haben, und für den Beitrag, den jeder von Ihnen zur Beziehung leistet.

DAS GESPRÄCH: ARBEIT UND GELD

Thema

- In welcher Weise bringen wir beide Wertvolles in unsere Beziehung ein? Wie sieht unsere Lebensgeschichte mit Arbeit und Geld aus, und was bedeutet genug Geld zu haben für jeden von uns?

Vorbereitung

- Lesen Sie dieses Kapitel und überlegen Sie sich vor dem Gespräch drei Dinge, die Sie am finanziellen oder nichtfinanziellen Beitrag Ihres Partners oder Ihrer Partnerin zum Reichtum der Beziehung oder Familie schätzen. Sie werden einander diese drei Dinge zu Beginn Ihres Gesprächs mitteilen. Füllen Sie den Fragebogen »Meine Familiengeschichte im Umgang mit Geld« aus. Und bearbeiten Sie den Fragebogen »Was genug Geld zu haben für mich bedeutet«. Seien Sie bereit, beide zu besprechen.

Ort

- Dieses Date sollte nichts oder so wenig wie möglich kosten. Wenn Ihr Einkommen in der Zeit Ihrer Beziehung gestiegen ist, dann tun Sie etwas Ähnliches wie damals, als Sie weniger Geld hatten. Wenn Sie sich für ein Restaurant entscheiden, wählen Sie eines, das Sie mögen, in dem aber auch jegliches Gericht auf der Speisekarte für Sie erschwinglich ist.

Vorschläge

- Überlegen Sie, ob Sie für Ihr Gespräch in die Lobby eines Fünfsternehotels gehen wollen. Sie können an jeden Ort gehen, an dem Sie sich wohlfühlen, sich wohlhabend oder in irgendeiner Weise reich fühlen, wie auch immer Sie das jeweils definieren.

Seien Sie kreativ. Sie können auch einen Picknickkorb packen und mit einer Decke in den Park gehen.

EIN DATE ZU HAUSE: Diskutieren Sie die Fragen bei einem Mittagessen von Ihrem Lieblings-Take-away. Überlegen Sie sich, was Sie anziehen. Benutzen Sie das gute Service. Verwöhnen Sie sich mit Luxus zu Hause.

Mitbringen

- Sie sollten die Antworten zu den beiden Übungen in diesem Kapitel mitbringen, damit Sie sie vergleichen und besprechen können. Stellen Sie sich darauf ein, einander Ihre Geschichten mit dem Finanziellen und Ihre separaten Lebensgeschichten und Werte in Bezug auf Arbeit und Geld und deren Bedeutung für Sie zu erzählen.

Fehlervermeidung

- Denken Sie daran, dass es bei diesem Thema nicht um das Budget oder das Geldausgeben und irgendetwas geht, das mit Zahlen zu tun hat. Vielmehr geht es darum, zu verstehen, was Geld für jeden von Ihnen bedeutet, und sich darauf einzulassen, ehrlich über Geld und Arbeit zu sprechen.
- Verzichten Sie darauf, die Werte Ihres Partners oder Ihrer Partnerin zu beurteilen – es gibt keine richtige oder falsche Weise, über Geld zu denken oder damit umzugehen.
- Reden Sie niemals den Stress klein, den die Arbeit bei Ihrem Partner oder Ihrer Partnerin erzeugt.
- Seien Sie in Bezug auf die Hausarbeit ehrlich bei der Einschätzung dessen, was Sie tun können und was nicht, und vergleichen Sie Ihren Anteil an der Arbeit nicht mit dem Ihres Partners oder Ihrer Partnerin.

- Erlauben Sie sich finanzielle Träume.
- Fokussieren Sie sich auf all das, was Sie haben, anstatt auf das, was Sie nicht haben, und rücken Sie nicht frühere finanzielle Fehler in den Mittelpunkt.
- Wenn Ihr Partner oder Ihre Partnerin Ihnen mitteilt, was er oder sie sich erträumt, wenn einmal genug Geld da ist, dann widersprechen Sie ihm oder ihr nicht und tun Sie seine oder ihre Träume nicht als albern ab. Wie bei allen Träumen, die unser Partner oder unsere Partnerin uns verrät, sollten wir zuhören und sie bestätigen und Fragen stellen, wenn wir etwas nicht verstehen.

Offene Fragen für Ihr Gespräch

- Sagen Sie Ihrem Partner oder Ihrer Partnerin drei Dinge, die Sie als seinen oder ihren (finanziellen oder nichtfinanziellen) Beitrag zum Reichtum der Beziehung schätzen.
- Besprechen Sie Ihre Antworten in den beiden Fragebogen.
- Sprechen Sie über Dinge, die Sie haben und für die Sie dankbar sind.
- Welches Gefühl hast du derzeit in Bezug auf deine Arbeit?
- Was glaubst du, wie sich deine Arbeit in Zukunft verändern könnte?
- Was ist deine größte Befürchtung in Bezug auf Geld?
- Was brauchst du, um dich sicher zu fühlen, wenn du darüber sprichst, wie du Geld ausgeben oder verdienen willst?
- Wie oft denkst du an Geld, gemessen auf einer Skala von 1 bis 10 (1 = nie, 10 = immer)? Wie kann ich dir helfen, dich sicher zu fühlen, wenn du dir wegen des Geldes Sorgen machst?
- Welche Hoffnungen und Träume hast du in Bezug auf Geld?

Eine Affirmation für unsere gemeinsame Zukunft

Lesen Sie einander diese Affirmation abwechselnd laut vor. Halten Sie Blickkontakt, solange Sie sie rezitieren.

> *Ich verspreche dir, deine Werte in Bezug auf Geld und Arbeit zu respektieren und mit dir zusammen auf ein gemeinsames finanzielles Ziel hinzuarbeiten.*

FÜNFTES GESPRÄCH

Raum zum Wachsen:

Familie

Es ist schwer, über Familienleben zu sprechen, wenn man noch nicht wirklich weiß, wie es sein wird. Jeder weiß, dass Familie das Allerwichtigste ist, aber ob das nur man selbst und die Partnerin ist oder ob die Freunde wie Familie sind oder ob man Kinder hat – das ist schwer zu sagen. Ich möchte ein Kind«, sagte Jamal, »aber nur eins. Die Welt ist ohnehin schon überbevölkert, und ich weiß nicht, wie die ideale Familie für mich aussieht, außer dass sie das Gegenteil von der ist, in der ich aufgewachsen bin.«

Jamal und Luciana sind verlobt und haben vor, nächstes Jahr zu heiraten. Sie sind beide in großen Familien aufgewachsen und möchten Kinder, sind sich aber nicht einig, wie viele. »Eins ist zu einsam«, entgegnete Luciana, »und zwei ist so schablonenmäßig normal. Ich denke, drei wäre perfekt, das ist eine große Familie, aber noch nicht übertrieben groß.«

Jamals Wunsch, nur ein Kind zu haben, war mit starken Gefühlen verbunden. »In meiner Familie hat die Aufmerksamkeit nie für alle gereicht. Mit fünf Kindern lebten meine Eltern ständig im Krisenmodus. Sie liebten uns, aber ich denke, mit so vielen Kindern waren sie als Eltern fortwährend mit Logistik und dem schlichten Überleben beschäftigt. Wir haben Zeit gemeinsam verbracht – überwiegend, weil nie genug Geld da war, dass irgendeiner von uns etwas außer Haus unternehmen konnte –, aber es war nicht das, was ich als lebendiges Miteinander bezeichnen würde. Meine Eltern haben beide gearbeitet, und ich glaube, die Arbeitszeit meiner Mutter war noch länger als die meines Vaters. Sie waren immer erschöpft. Ich weiß überhaupt nicht, warum sie so viele Kinder hatten.«

Luciana wuchs mit drei Geschwistern auf, und ihre Mutter arbeitete nicht außer Haus. »In dieser Hinsicht war sie ziemlich traditionell. Sie nahm fast übermäßig stark an unserem schulischen und sozialen Leben teil, aber sie war mit Begeisterung Mutter. Wir haben immer gemeinsam zu Abend gegessen, und wir hatten einen riesigen Terminkalender an der Küchenwand, in den sie all unsere Aktivitäten und Sportpläne eintrug. Ich schwöre, sie hätte ein CEO sein können – sie war so gut darin, Leute zu managen. Sie wirkte nie sonderlich gestresst oder so, als vermisse sie etwas im Leben. Selbst jetzt, da wir alle aus dem Haus sind, macht sie ständig Freiwilligenarbeit und unterrichtet beim YMCA. Sie liebt einfach Kinder. Ich glaube, sie hätte zehn Kinder bekommen, wenn mein Vater da mitgespielt hätte. Aber sie haben immer unsere Unabhängigkeit gestärkt. Sobald wir laufen konnten, bereiteten sie uns auf die Selbstständigkeit vor. Ich hatte Freundinnen im College, die nicht einmal wussten, wie man Wäsche wäscht oder ein Ei kocht. Es war verrückt. Ich möchte in meinem Beruf arbeiten, und ich glaube, dass es möglich ist, sowohl den Kindern eine Menge Zeit und Aufmerksamkeit zu schenken als auch der Arbeit nachzugehen, die man liebt. Man braucht nur einen von diesen gigantischen Wandkalendern.«

Für Jamal und Luciana ist der gemeinsame Wunsch nach Kindern der entscheidende Faktor, von dem die Beziehung abhängt. »Ich könnte nicht mit jemandem zusammen sein, der keine Kinder haben möchte«, sagte Luciana, »aber dass wir uns nicht einig sind, wie viele, damit komme ich klar. Keiner von uns hat eine Ahnung, welche Anforderungen im Leben noch auf uns zukommen werden – wir wissen, dass sich das Leben drastisch ändern und in einer Weise verrückt werden wird, die wir nicht vorhersagen kön-

VON FAMILIE KANN MAN ÜBERALL DORT SPRECHEN, WO UND MIT WEM AUCH IMMER SIE SICH GELIEBT, ZUGEHÖRIG UND ZU HAUSE FÜHLEN.

nen –, deshalb kann es gut sein, dass ich drei Kinder zwar jetzt ideal finde, aber angesichts der Wirklichkeit später noch umdenke.«

Sie sind sich aber beide einig, welche Eigenschaften und Werte sie gerne ihren zukünftigen Kindern beibringen würden. »Ich möchte, dass unser Kind hart arbeitet«, sagte Jamal. »Ich möchte, dass es freundlich und selbstlos und nicht gierig oder verwöhnt sein wird.«

Luciana möchte, dass die Kinder hohe Bildungsziele haben. »Einen Master-Abschluss oder sogar noch höher. Ich will sie so erziehen, dass sie Bildung und das Lernen schätzen.«

Jamal blickte zweifelnd drein. »Das wird aber eine Menge Geld kosten, wenn wir drei haben. Außer wir können zweien davon beibringen, Bildung nicht wichtig zu finden. Kann man das als Eltern machen? Die ganze Bildung ist noch ein Grund mehr, nur ein einziges Kind zu haben!«

Luciana lachte. »Ich möchte, dass sie deinen Sinn für Humor haben. Und so kontaktfreudig sind wie du. Du hast große soziale Fähigkeiten. Ich möchte, dass sie sich in Gesellschaft unterschiedlicher Gruppierungen wohlfühlen. Ich bin eher schüchtern und introvertiert. Du bist gut darin, alle miteinzuschließen, und so hätte ich sie auch gerne.«

Jamal möchte, dass sie Lucianas Das-schaffe-ich-Haltung haben. »Sie gibt nie auf. Sie verfolgt so hartnäckig das, was sie will. Das möchte ich für unser Kind auch – oder unsere Kinder, denn wahrscheinlich lässt sie ja doch nicht locker und bleibt bei drei.«

Jamals und Lucianas Fähigkeit, Kompromisse zu schließen und Humor ins Spiel zu bringen, während sie über die Zahl ihrer künftigen Kinder diskutieren, ist ein guter Indikator dafür, dass das keine Quelle großer Konflikte für sie werden wird. Sie sind offen und flexibel und verstehen die Sichtweise des anderen genau. Wir möchten, dass Sie das Thema Familie mit dem gleichen Humor und der gleichen Flexibilität angehen. Familie bedeutet für verschiedene Menschen Unterschiedliches. Und als einzige Definition für Familie einen Ehemann und eine gleichgesinnte Ehefrau und zwei Kinder und einen weiß gestrichenen Lattenzaun ums Haus gelten zu lassen, ist so hoffnungslos überholt wie Funkrufempfänger, Videorekorder und Anrufe beim »Fräulein vom Amt«, wenn man eine Auskunft braucht. Heutige Familien sind ethnisch, politisch, sexuell und religiös vielfältig. »Familie« kann heißen biologische Kinder, Stiefkinder, Adoptivkinder, Pflegekinder, gar keine Kinder oder den besten Freund des Ehemannes im Haus haben, der sich noch verhält wie ein Kind. Es gibt auch mehr Familien mit Eltern des gleichen Geschlechts oder Trans-Eltern. Eine Familie kann nur aus Ihnen und Ihrem Partner oder Ihrer Partnerin bestehen, oder sie kann Ihre weitere Familie miteinbeziehen, Ihr Haustier und Ihre engen Freunde. Von Familie kann man überall dort sprechen, wo und mit wem auch immer Sie sich geliebt, zugehörig und zu Hause fühlen.

Wie Sie Familie jetzt oder künftig definieren, liegt bei Ihnen und Ihrem Partner oder Ihrer Partnerin. Das Wichtigste ist, dass Sie darüber sprechen, was Familie bedeutet und wie Ihre Familie für Sie beide aussehen und sein soll. Und wenn Kinder zu Ihrem Lebensplan gehören, ist es am besten, in diese Zukunft mit einer Diskussion und Verständigung darüber hineinzugehen, wie Ihre Liebe zueinander – Ihre Primärbeziehung – sich erweitern und die Liebe zu anderen Menschen miteinschließen kann. Das jetzt vorab zu besprechen, wird Ihnen später jede Menge Herzeleid ersparen.

Wie bereits erwähnt, kann es für eine Beziehung den Bruch bedeuten, wenn einer von Ihnen Kinder möchte und der andere nicht. Wenn Sie mit der Vorstellung heiraten, dass Sie Ihren Partner oder Ihre Partnerin irgendwann später dazu bringen können, es sich anders zu überlegen, dann steuern Sie auf eine Katastrophe zu. Die

Diskussion darüber, ob Sie Kinder haben wollen, ist wichtig, und ebenso darüber, wie viele Kinder sich jeder von Ihnen in seinem idealen Familienszenario vorstellt. Wenn der oder die eine denkt, eine Familie sei mit einem Kind vollständig, und der oder die andere stellt sich Dreier-Etagenbetten in jedem Zimmer vor, um den Nachwuchs in der Stärke eines Baseballteams unterzubringen, dann wird das ein Problem sein, wenn Sie nie darüber sprechen.

Wir sind mit Kindern gesegnet, und sie sind die Liebe unseres Lebens. Und sie bedeuten eine Menge Arbeit. Und eine Menge Geld. Aus Statistiken geht hervor, dass die Kosten für das Großziehen eines Kindes, das 2015 in den Vereinigten Staaten geboren wurde, bei durchschnittlich 233 610 Dollar (circa 206 000 Euro) liegen, bis es 17 Jahre alt ist.[9] Das gilt für eine Familie mit einem mittleren Einkommen von ungefähr 60 000 bis 100 000 Dollar (circa 53 000 Euro bis 88 000 Euro) im Jahr. Wenn Sie gemeinsam mehr als 105 000 Dollar (circa 92 500 Euro) verdienen, dann liegen die durchschnittlichen Kosten für das Großziehen eines Kindes bis zum Alter von 17 Jahren bei stattlichen 407 820 Dollar (circa 360 000 Euro). Jetzt multiplizieren Sie diese Summe mit der Anzahl der Kinder, die Sie haben möchten. Und dabei sind die Kosten für das College noch *nicht* miteingerechnet. Manche Länder sind besser darin, ihren jungen Menschen eine College-Ausbildung zukommen zu lassen, ohne dass entweder das Kind oder die Eltern dafür Schulden machen müssen. Aber in den Vereinigten Staaten können sich die Kosten für einen Abschluss an einer Privatuniversität mit Studiengebühren, Unterbringung, Verpflegung und Büchern auf bis zu 80 000 Dollar (circa 70 500 Euro) im Jahr belaufen.

Vermeiden Sie das Zufriedenheitstief

Wenn wir, die Autoren und Autorinnen, ans Kinderbekommen denken, dann denken wir an Aufopferung und an Liebe. Wenn Sie ein Kind in Ihrer Beziehung willkommen heißen, erleben Sie Selbstlosigkeit und eine sehr tiefe Liebe. Es gibt keine Worte, die angemessen ausdrücken können, wie es ist, wenn Sie sich in Ihr Kind verlieben. Sich in den Partner oder die Partnerin zu verlieben, ist eine Sache, aber die Art von Sichverlieben, die Sie erfahren, wenn Sie zum ersten Mal Ihr Neugeborenes in den Armen halten, ist, als würden Sie von einem Meteor getroffen werden. Ohne Zweifel brauchen, verlangen und verdienen Kinder Ihre Liebe, Zeit und Aufmerksamkeit, aber das sollte nicht auf Kosten Ihrer Primärbeziehung miteinander gehen.

Das Prominentenpaar Giuliana und Bill Rancic sagte in einem Interview in der Zeitschrift *US Weekly*: »Wir haben unsere Ehe an die erste Stelle gerückt und unser Kind an die zweite.« Dieser Spruch wurde zu einer großen Nachricht aufgebauscht und hat in den Medien zu einer Debatte darüber geführt, ob die beiden »gute« Eltern sind. Was keine Schlagzeilen machte, war der restliche Inhalt weiter unten:

> Wir sind Mann und Frau, aber wir sind auch beste Freunde. Es ist komisch, dass viele Leute, wenn sie Kinder haben, das Baby auf Platz eins setzen und die Ehe auf Platz zwei. Bei manchen klappt das gut. Für uns ist es stimmig, die Ehe an die erste Stelle

zu rücken und unser Kind an die zweite, denn das Beste, was wir ihm bieten können, ist eine gute, stabile Ehe.

Diese Debatte darüber, wer den Vorrang haben sollte, wenn die Partner Kinder haben, führen nicht allein die Rancics. Ayelet Waldman hat sich den Zorn der Öffentlichkeit zugezogen, als vor mehr als einem Jahrzehnt ihr Essay »Truly, Madly, Guiltily« in der *New York Times* erschien.[10] Darin gestand sie (mit Schuldgefühlen), dass sie ihren Mann mehr liebte als ihre Kinder. Und sie sagte, wenn sie eines ihrer Kinder verlieren würde, könnte sie weitermachen, solange sie ihren Mann hätte (den Schriftsteller Michael Chabon). In dem Essay beklagte sie, dass sie in ihrer Mutter-und-Kind-Gruppe die Außenseiterin sei, wenn es darum geht, ob man auch nach der Geburt von Kindern noch auf seinen Ehemann fokussiert ist und ein aktives Sexleben aufrechterhält. »Warum bin ich von all den Frauen im Raum die einzige, die nicht die erotische Verwandlung durchlaufen hat, die eine gute Mutter angeblich durchmachen soll? Warum bin ich die Einzige, die nicht dazu fähig ist, ihre Kinder in den Mittelpunkt all ihrer Leidenschaft zu stellen?«

Der Aufruhr über ihren Essay aus dem Jahr 2005 hat sich bis heute nicht gelegt. Sie steht noch immer zu ihren Aussagen. »Wenn man all seine emotionale Leidenschaft auf die Kinder konzentriert und die Beziehung vernachlässigt, die die Familie überhaupt erst ins Leben gerufen hat ... dann können die Dinge mit der Zeit richtig schlecht laufen. Ich war keine perfekte Mutter, aber dass ich meinen Kindern ein Gefühl der Sicherheit gegeben habe, das in der Beziehung ihrer Eltern wurzelt, ist etwas, auf das ich wirklich stolz bin«, sagt sie.

Waldman weiß, was viele von uns wissen, die schon größere Kinder haben. Irgendwann werden diese Kinder, wenn alles nach Plan läuft, das Elternhaus verlassen. Und wenn dann wieder nur Sie beide unter sich sind, wird Ihre Beziehung Mängel aufweisen, wenn Sie nicht Ihre Intimität und Ihre Verbundenheit aufrechterhalten haben.

Wie sich gezeigt hat, sind die Rancics und Ayelet Waldman und Michael Chabon keineswegs selbstsüchtig oder verrückt; sie sind nur der Kurve voraus – einer u-förmigen Kurve.

Der Soziologe Ernest Burgess war einer der Ersten, die über Ehepaare forschten. In den 1930er-Jahren wollte er ein wissenschaftliches Instrument haben, mit dem er die Erfolgsrate von Ehen vorhersagen konnte. In seiner Längsschnittuntersuchung über Ehepaare stellte er fest, dass die Zufriedenheit mit der Ehe in einer u-förmigen Kurve verlief, beginnend mit den Neuvermählten und dann dem Verlauf des ehelichen Lebens folgend. Die Zufriedenheit begann bald nach der Heirat zu sinken und rutschte ein großes Stück nach unten, als das erste Kind kam – und ging mit jedem weiteren Kind im Sturzflug weiter abwärts.

Zufriedenheit kurz nach der Heirat **Kinder verlassen das Elternhaus**

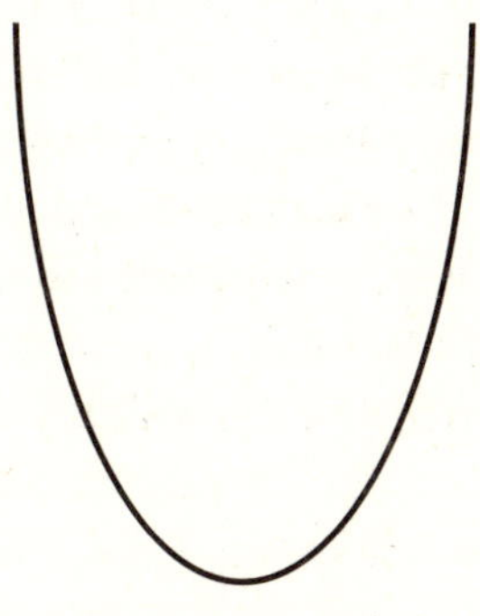

Zufriedenheit im späteren Leben

Wenn sich das Paar am tiefsten Punkt nicht scheiden ließ, begann die eheliche Zufriedenheit wieder zu steigen, wenn das jüngste Kind aus dem Haus ging. Das galt nicht nur für das erste Drittel des 20. Jahrhunderts. Das ist die Norm.

John Gottman stellte in seiner eigenen Längsschnittuntersuchung über Frischvermählte fest, dass bei den Paaren, die innerhalb von durchschnittlich vier Jahren nach der Heirat ein Baby bekommen, 67 Prozent einen plötzlichen Abfall des ehelichen Glücks in den ersten drei Lebensjahren des Kindes erleben. Wertete man Videos von Konflikten aus, bei denen die Beobachter nicht wussten, ob ein Paar Kinder hatte oder nicht, zeigten die Paare mit Kindern eine Zunahme an Feindseligkeit und Konflikten. Aber ein Drittel aller Paare, die Eltern wurden, erlebte keinen Einbruch des Eheglücks, daher beschloss John, sich beide Arten von Paaren drei Monate nach der Hochzeit genau anzuschauen. Gab es vor der Geburt des Babys einen für ihn erkennbaren Unterschied, der eine Vorhersage erlaubte, zu welcher Gruppe das Paar nach der Geburt gehören würde? Was John in seiner Längsschnittuntersuchung von heterosexuellen Paaren herausfand, war, dass die Männer, die respektvoller mit ihren Frauen umgingen und den Einfluss und die Meinung ihrer Frau stärker akzeptierten, weniger wahrscheinlich eine Verringerung ihrer ehelichen Zufriedenheit erlebten, nachdem Kinder geboren wurden.

WENN SIE KINDER HABEN UND GLÜCKLICH BLEIBEN WOLLEN, MÜSSEN SIE BEIDE ZWEI HAUPTZIELE HABEN.

Diese Männer verhielten sich auch während der Schwangerschaft ihrer Frau vollkommen anders. Sie nahmen Anteil, sie sprachen mit dem Baby, sie machten ihrer Partnerin Komplimente und sagten ihr, sie sei schön und sorge gut für das Baby in ihrem Uterus. John und Julie konnten die Abnahme des Eheglücks für 77 Prozent der Paare in einem zweitägigen Workshop umkehren. Daraus entstand ihr Buch *And Baby Makes Three*.

Wenn Sie beschlossen haben, dass Sie Kinder möchten, und sich vom unteren Ende der u-förmigen Kurve fernhalten wollen, dann müssen Sie beide zwei Hauptziele haben.

1. Beide Partner sollten sich darum bemühen, während der Schwangerschaft und nach der Geburt von Kindern involviert zu sein. Beide sollten sich so weit wie möglich mit gleicher Intensität um das Neugeborene kümmern, ob sie ein gleichgeschlechtliches oder ein heterosexuelles Paar sind. Studien haben gezeigt, dass die Beteiligung des Vaters bei heterosexuellen Paaren eine enorme Rolle spielt, und das Geheimnis, das Papa den Zugang zum Baby sichert, ist ein gutes Verhältnis zu Mama. Wenn es wenig Streit und weiterhin eine sexuelle Beziehung gibt, dann wird Papa sich anhaltend um das Baby kümmern, und das Paar hat größere Chancen, sein Eheglück aufrechtzuerhalten.
2. Das zweitwichtigste Ziel ist, dass Sie beide Intimität und Verbundenheit bewahren. Sie müssen Ihrer Beziehung Priorität einräumen. Wenn Sie das nicht tun, werden Sie ganz unten in der Kurve landen und 18 Jahre lang nicht mehr aus dem Tief herauskommen, falls Sie sich nicht vorher scheiden lassen. Um die Intimität aufrechtzuerhalten, müssen Sie miteinander über das sprechen, was Sie stresst, sich Zeit für die Pflege der Verbindung nehmen (Date-Abende!) und Rechtfertigung, Kritik, Verachtung, Mauern und den Rückzug voneinander meiden. Im Zweifelsfall schauen Sie sich noch einmal die Kapitel über Konflikte und Sex an.

Schlaf und Sex

Zu den größten Ängsten im Zusammenhang mit dem Kinderbekommen gehört, dass es das Ende Ihres Sexlebens bedeuten wird, dass es keine Zeit für Romantik, Reisen und ehrgeizige Vorhaben mehr geben wird und dass sowohl Ihre Ehe als auch Ihr Berufsleben darunter leiden werden. Das kommt auch vor. Wie besprochen, kommt es sogar in zwei Dritteln aller Ehen vor. Denken Sie an die weiter vorn besprochene Studie von Wissenschaftlern am Center for Everyday Lives of Families (CELF) an der UCLA, die vier Jahre lang das Leben junger Familien untersucht haben – Eltern in den Dreißigern mit Kindern.[11] Die Paare verbrachten vor dem Schlafengehen allabendlich nur etwa zehn Prozent der Zeit im gleichen Zimmer; meist waren sie getrennt und kümmerten sich um die Kinder, den Haushalt oder berufliche Dinge. Die Gespräche der Paare drehten sich überwiegend um Besorgungen aller Art und anderes, was erledigt werden musste. Wenn Sie sich dafür entscheiden, Kinder zu haben, ist es unerlässlich, dass Sie sich weiterhin Zeiten aussparen, in denen Sie sich aufeinander fokussieren können, dass Sie weiterhin ein befriedigendes Sexleben haben und weiterhin Rituale für Verbundenheit und Intimität pflegen. Das größte Geschenk für ein Kind ist eine liebevolle Beziehung zwischen den Eltern. Das ist die Grundlage, auf der es ein Leben lang aufbauen wird.

Schnelleinstieg

Zusammenfassung des Kapitels

- Die Definition von Familie ist vielfältig und kann Kinder, Adoptivkinder, Pflegekinder, gar keine Kinder, Haustiere, Freunde oder Ihre weitere Familie einschließen.
- Die Entscheidung darüber, ob man Kinder haben will oder nicht, kann über das Fortbestehen einer Beziehung entscheiden. Seien Sie sehr ehrlich und offen bei Ihrem Wunsch nach Kindern und Ihrer Vorstellung davon, wie viele Sie möchten. Gehen Sie nicht mit dem Gedanken in die Ehe, Sie könnten Ihren Partner oder Ihre Partnerin später noch davon überzeugen, Kinder zu bekommen oder auch nicht.
- Die durchschnittlichen Kosten für das Großziehen eines Kindes, das 2015 geboren wurde, liegen bei 233 610 Dollar (circa 206 000 Euro), Collegegebühren nicht inbegriffen.
- Ihre Primärbeziehung ist Ihre Beziehung zueinander.
- Ungefähr zwei Drittel aller Ehepaare erleben kurz nach der Geburt eines Kindes einen jähen Einbruch ihrer ehelichen Zufriedenheit, und dieser wird mit jedem weiteren Kind tiefer.
- Um diesen Einbruch des Eheglücks zu vermeiden, müssen Väter an der Schwangerschaft, Geburt und Fürsorge für das Baby beteiligt werden, es darf nur wenige Konflikte geben, und Sie müssen Ihre sexuelle Beziehung aufrechterhalten.

DAS GESPRÄCH: FAMILIE

Thema

- Was bedeutet es für jeden von uns, eine Familie zu gründen? Möchten wir Kinder? Wie definieren wir Familie für unsere Beziehung?

Vorbereitung

- Denken Sie über das nach, was Sie in diesem Kapitel gelesen haben, und überlegen Sie, welche Ideen Ihnen dazu gekommen sind, was Familie für Sie bedeutet und wie sie in Ihrer Beziehung aussehen sollte.

Ort

- Ein Park oder Spielplatz, ein Vergnügungspark oder irgendein anderer Ort, an dem sich Familien und Kinder aufhalten. Suchen Sie sich eine ruhige Ecke, von der aus Sie die Familienaktivitäten sehen, aber sich trotzdem noch aufeinander und Ihr Gespräch fokussieren können. Falls Sie es vorziehen, das Gespräch bei einem Abendessen im Restaurant zu führen, dann suchen Sie sich ein familienfreundliches aus.

Vorschläge

- Im Idealfall haben Sie bei diesem Date Kinder und Familien im Blickfeld. Das wird entweder als Inspiration für die Familie dienen, die Sie gerne miteinander gründen wollen, oder als Inspiration dafür, Ihre Methode der Geburtenkontrolle wieder sorgfältig anzuwenden.

EIN DATE ZU HAUSE: Jeder von Ihnen bereitet sein Lieblingsgericht aus der Kindheit zu – beispielsweise Bratkartoffeln, Spaghetti mit

Tomatensoße oder Frühstück als Abendessen. Essen Sie zusammen und suchen Sie ein Kinderfoto von sich heraus und zeigen Sie es Ihrem Partner oder Ihrer Partnerin.

Mitbringen

- Ihre Vorstellungen davon, welche Art von Familie Sie gerne hätten, und auch Ihre Ideen dazu, wie Sie Ihrer Beziehung Priorität einräumen könnten, wenn Sie sich entscheiden, Kinder zu bekommen.

Fehlervermeidung

- Bleiben Sie offen für die Ansichten Ihres Partners oder Ihrer Partnerin über Familie.
- Seien Sie ehrlich in Bezug auf Ihren Wunsch, Kinder zu wollen oder nicht.
- Kritisieren Sie nicht die Familie Ihres Partners oder Ihrer Partnerin – seien es die Schwiegereltern oder Geschwister oder enge Freunde, die als Familienmitglieder angesehen werden.
- Falls Sie bereits Kinder haben, würdigen Sie Ihren Partner oder Ihre Partnerin für seine oder ihre Unterstützung als Elternteil.
- Drücken Sie Ihre eigenen Werte und Bedürfnisse an Ihren Partner oder Ihre Partnerin in Bezug auf Familie aus und kritisieren Sie nie seine oder ihre Werte, Bedürfnisse oder seinen oder ihren Erziehungsstil, wenn Sie Kinder haben.

Offene Fragen für Ihr Gespräch

Stellen Sie einander die folgenden Fragen:

1. Wie sieht deine ideale Familie aus? Nur wir beide? Wir und Freunde und Verwandte? Wenn du Kinder möchtest, wie viele hättest du dann gerne?

2. Haben deine Eltern ihre Nähe, Liebe und romantische Seite noch aufrechterhalten können, nachdem sie Kinder hatten, oder nicht? Woran hast du das merken können?

Für Paare, die vorhaben, Kinder zu bekommen:

1. Was meinst du, welche Schwierigkeiten wir haben könnten, unsere Intimität in unserer künftigen Familie aufrechtzuerhalten?
2. Was glaubst du, was dir daran gefallen wird, wenn wir gemeinsam Eltern werden?
3. Welche meiner Eigenschaften oder Qualitäten würdest du gerne in unserem Kind sehen?

Für Paare, die nicht vorhaben, Kinder zu bekommen, oder deren Kinder bereits erwachsen sind:

1. Wie werden wir das Gefühl entstehen lassen, dass wir eine Familie sind?
2. Wen betrachtest du als unsere engste Familie (das können auch Freunde oder Verwandte sein)? Was möchtest du tun, um unsere Beziehung mit unserer Familie oder mit den engsten Freunden zu vertiefen?

Eine Affirmation für unsere gemeinsame Zukunft

Lesen Sie einander diese Affirmation abwechselnd laut vor. Halten Sie Blickkontakt, solange Sie sie rezitieren.

Ich verspreche dir, eine liebevolle Familie zu schaffen. Wenn wir Kinder haben, verpflichte ich mich dazu, destruktive Konflikte zu meiden und unserer Beziehung weiterhin Priorität einzuräumen.

SECHSTES GESPRÄCH

Spiel mit mir:

Spaß und Abenteuer

Unser Leben und unsere Beziehungen sind besser, heiterer und machen mehr Spaß, wenn wir auch ans Spielen denken, wenn wir eine Prise Abenteuer hineinbringen. Wann haben Sie und Ihr Partner oder Ihre Partnerin zum letzten Mal gemeinsam etwas Neues ausprobiert? Wann sind Sie zum letzten Mal zu einem Abenteuer aufgebrochen? Wann haben Sie zuletzt zusammen gelacht? Herumgealbert? Wenn Sie sich nicht mehr erinnern können, dann brauchen Sie dringend eine Dosis Spiel. Spiel ist ein notwendiger und wesentlicher Teil unserer Beziehung. Es ist ganz einfach so: Paare, die miteinander spielen, bleiben zusammen.

Zu den großen Beziehungsmythen gehört, dass man ähnliche Vorstellungen davon haben muss, was Spaß und Abenteuer ausmacht, wenn man eine glückliche Beziehung haben möchte. Natürlich ist es prima, wenn das so ist, aber es ist völlig okay, wenn nicht. Das Wichtigste ist, alle für Sie verfügbaren Möglichkeiten herauszufinden, miteinander zu spielen und einander bei Ihren getrennten Abenteuern zu unterstützen.

Bei vielen Paaren sind Spiel und Spaß das Erste, das aus ihrer Beziehung verschwindet, und das Letzte auf der To-do-Liste, das ausgeführt wird. Lange Arbeitszeiten, Familienpflichten und Stress können jeden Spaß aus einer Beziehung heraussaugen. Howard Markman, Psychologieprofessor an der University of Denver und Co-Direktor des Center for Marital and Family Studies, sagt: »Die Korrelation zwischen Spaß und Eheglück ist hoch und signifikant. Je mehr Sie in Spaß und Freundschaft investieren und für Ihren Partner oder Ihre Partnerin da sind, desto glücklicher wird die Beziehung mit der Zeit werden.« Markman und sein Co-Direktor Scott Stanley haben 1996 eine Langzeitstudie mit mehr als 300 Paaren aus Denver begonnen und dafür einen Fragebogen genutzt, der auf einer »Spaß- und Freundschaftsskala« beruhte, die die beiden entwickelt haben. Die Studie wurde noch nicht veröffentlicht, aber die Ergebnisse sind schon klar – Paare, die spielen, lachen und den Alltag in ein »Spiel« zu verwandeln verstehen, sind glücklicher.

Gemeinsamer Spaß, gemeinsame Aktivitäten und gemeinsames Lachen tragen allesamt zu einer stärkeren, glücklicheren, gesünderen Beziehung bei. Der Psychologe Arthur Aron von der State University of New York at Stony Brook hat Paare untersucht, um herauszufinden, wie die Teilnahme an neuen Aktivitäten sich darauf auswirkt, wie jeder der beiden die Beziehung erlebt. Je mehr neue und anregende (nicht erotisch erregende) Aktivitäten stattfanden, desto glücklicher waren die Paare nach eigener Aussage mit ihrer Beziehung. Die Freude, die die Menschen an neuen Erfahrungen hatten, färbte auf die Gefühle für ihren Partner oder ihre Partnerin ab. Wenn sie mit ihm oder ihr Spaß hatten, dann musste er oder sie lustig sein. Das heißt: Spiel ist kein überflüssiger Luxus, sondern eine Notwendigkeit für eine erfolgreiche, glückliche Beziehung.

Beim Spiel geht es nicht nur darum, zusammen zu sein, sondern sich miteinander zu verbinden. Wenn wir als Paare zusammen spielen, entwickeln wir unser Vertrauen und unsere Intimität weiter. Ebenso wie Kinder durch das Spielen lernen zu kooperieren, so führt Spielen auch in Erwachsenenbeziehungen zu Kooperation. Ob Sie einen Drachen steigen lassen, eine Wanderung machen oder ein Brettspiel spielen – wenn Sie zusammen spielen, erzeugen Sie gemeinsam Sinn und Spaß, und das wiederum vertieft die Intimität und Verbundenheit, die Sie miteinander teilen.

ZU DEN GROSSEN BEZIEHUNGSMYTHEN GEHÖRT, DASS MAN ÄHNLICHE VORSTELLUNGEN DAVON HABEN MUSS, WAS SPASS UND ABENTEUER AUSMACHT, WENN MAN EINE GLÜCKLICHE BEZIEHUNG HABEN MÖCHTE.

Dr. Stuart Brown, Gründer des National Institute for Play, sagt, das Spiel sei »eine fesselnde, scheinbar zweckfreie Aktivität, die Vergnügen und eine Aufhebung des Selbstgewahrseins und des Zeitgefühls mit sich bringt«. Brown glaubt, »nichts lässt das Gehirn so aufleuchten wie das Spiel«, und wir seien »daraufhin angelegt, unser ganzes Leben lang zu spielen, nicht nur als Kinder«.

Was bedeutet das also für unsere Beziehung und unsere Suche nach dem Glück bis ans Ende unserer Tage? Brown sagt: »Spielen bringt Frische in eine langfristige Erwachsenenbeziehung; zu den Merkmalen seiner erfrischenden, belebenden Wirkung gehören Humor, das Vergnügen am Neuen, die Fähigkeit, ein heiteres Gefühl für die Ironie des Lebens miteinander zu teilen, und die Freude am gegenseitigen Geschichtenerzählen. Diese spielerischen Kommunikationsweisen und Interaktionen erzeugen, wenn sie genährt werden, ein Klima, das eine mühelose Verbindung und eine lohnendere Beziehung begünstigt – wahre Intimität.«

Wenn Sie Wege finden, so oft wie möglich miteinander zu spielen, trägt das dazu bei, dass Ihre Beziehung blüht und gedeiht, und wenn Sie das Spielen zu einer Priorität machen, hilft Ihnen das, eine Beziehung voller Freude und Glück entstehen zu lassen.

Lachen ist die beste Medizin

Die emotionale Essenz des Spiels ist das Lachen. Sie können spielen, während Sie den Abwasch erledigen. Sie können spielen, wenn Sie den Rasen mähen. Sie können sogar spielen, während Sie an Ihrer Beziehung »arbeiten«. Spiel ist spontan. Spiel ist freudig. Spiel ist eine Haltung. Spiel hat mit Freundschaft zu tun. Spielen ist auch eine Art, in der Welt zu sein.

Als Sie sich kennenlernten und allmählich näherkamen, haben Sie sich wahrscheinlich eine Menge Zeit für Spielerisches genommen. Ihre Verabredungen waren neu und aufregend und ein Abenteuer. Sie haben eine Freundschaft und eine Liebe auf der Grundlage des Spiels aufgebaut. Das muss nicht aufhören, wenn Sie erst einmal in eine »ernsthafte« Langzeitbeziehung einsteigen. Gerade dann müssen Sie sich noch hartnäckiger und bedacht darum bemühen, Spiel in Ihr Alltagsleben und in das Geflecht Ihrer Beziehung einzubeziehen.

»Alles war anfangs aufregend«, sagte Kim, eine frischverlobte junge Frau in den Zwanzigern. »Wir planten bei unseren Verabredungen lauter Dinge, die Spaß machen. Surfen und Vergnügungsparks und Konzerte und Baseballspiele standen auf dem Programm. Jetzt leben wir zusammen und planen unsere Hochzeit, und es fühlt sich an, als würden wir nur noch fernsehen oder ins Kino gehen, wenn wir mal gemeinsame Freizeit haben. Wir geben uns nicht mehr so viel Mühe, Neues zu unternehmen. Ich mache mir Sorgen, dass wir am Ende auch so ein Paar werden, das Jahr für Jahr in einem Restaurant sitzt und sich einfach gar nichts Interessantes oder Neues zu erzählen hat.«

Kims Befürchtungen sind weitverbreitet. Sie sind vielleicht sogar Teil unserer Veranlagung, denn unser Gehirn braucht anscheinend Spiel und Abenteuer für eine optimale Gesundheit und wirkliches Wohlbefinden. Das Abenteuer- oder Antriebssystem ist eine Triebkraft aller Säugetiere. Dieses Antriebssystem bringt ein Eichhörnchen dazu, Nüsse zu suchen, und bewirkt bei allen Säugetieren, dass sie in ihrer Umgebung nach den Ressourcen suchen, die sie für ihr Überleben brauchen. Auch Menschen haben ein Antriebssystem, und es hat mit Erforschung und letztlich mit Neugier zu tun. Tiere suchen nach Nahrung oder einem Paarungspartner, aber Menschen sind hoch entwickelt. Wir suchen neue Erfahrungen, ein neues Verständnis, einen neuen Sinn. Und wir suchen die Belohnung und die Lust, die diese neuen Erfahrungen uns einbringen.

Wenn Sie Lust, Aufregung oder Euphorie verspüren, arbeitet in Ihrem Gehirn ein neuronales Netzwerk, das man »Belohnungssystem« nennt. Dieser Schaltkreis im Gehirn umfasst die Neuronen des ventralen Tegmentums, der Basalganglien, des präfrontalen Cortex und des Nucleus accumbens. Dieses System spielt auch beim Lernen, bei der Motivation und bei unserer Suche nach dem Neuen und Aufregenden im Leben eine Rolle. Dopamin ist der wichtigste Neurotransmitter im Belohnungssystem. Wenn Ihr Gehirn von Dopamin überflutet wird, fühlen Sie sich euphorisch und so, als würde gleich etwas Wunderbares geschehen. Ob Ihre Lieblingsmannschaft im Sport gewinnt, ob jemand, den Sie lieben, Sie küsst oder ob Ihr Chef Ihre Arbeit lobt: Die Freude, die Sie dann erleben, beruht auf der Ausschüttung von Dopamin, die das Belohnungssystem in Ihrem Gehirn stimuliert. Wenn Sie etwas angenehm Neues und Ungewohntes erleben, bekommt Ihr Gehirn eine dicke, fette dopamingesteuerte Prämie. Das fühlt sich prima an. Es treibt uns an.

In Beziehungen gibt es dann Schwierigkeiten, wenn die Partner diese Belohnung ihres Gehirns auf unterschiedlichen Wegen erhalten. Julie kann nicht auf dem Sofa sitzen und Bücher über Physik lesen, um das Antriebssystem ihres Gehirns zufriedenzustellen. John aber wohl. Johns Gehirn (das Gehirn eines Mannes, dem leicht zehn verschiedene Möglichkeiten einfallen, wie man bei einem Picknick zu Tode kommen kann) bekommt beim Skifahren kein solches Hochgefühl wie Julie, wenn sie mit halsbrecherischem Tempo einen Hang hinunterrast.

Es gibt sogar einige wissenschaftliche Studien, die zeigen, dass manche Menschen eine genetische Variante in ihrem Dopaminsystem haben könnten, die sie dazu veranlasst, sich kühner als andere zu verhalten und riskantere Aktivitäten zu suchen. Diese können von Heliskiing über Riesenwellen-Surfen bis zur Drogensucht reichen. Cynthia Thomson, die an der University of British Columbia forscht, hat ein Gen identifiziert, das sie »Draufgänger-Gen« nennt. Dieses Gen begrenzt möglicherweise bei einigen Menschen die Menge der Dopaminausschüttung, was sie dazu antreibt, immer riskantere und extremere Arten von Abenteuer zu suchen, um die gleiche Belohnung zu bekommen.

SPIEL IST FREUDIG. SPIEL IST EINE HALTUNG. SPIEL HAT MIT FREUNDSCHAFT ZU TUN. SPIELEN IST EINE ART, IN DER WELT ZU SEIN.

Basislager

Stellen Sie sich vor, Sie sind schon 20 Jahre zusammen. Und jetzt stellen Sie sich vor, dass Ihre Frau ins Wohnzimmer Ihres ruhigen, stillen, schönen Heims kommt, das Sie sich im Lauf der Jahre aufgebaut haben. Sie erwarten, dass sie mit Ihnen besprechen will, was es zum Abendessen gibt oder was Sie für das Wochenende planen könnten, aber stattdessen verkündet sie Ihnen, dass sie beschlossen habe, sie müsse unbedingt den Mount Everest besteigen, ehe sie 50 wird, und sie wird schon sehr bald 50.

Genau das ist John vor ungefähr 16 Jahren passiert. Julie erklärte, sie wolle unbedingt mit einer Gruppe von Frauen zum Basislager am Mount Everest reisen, vielleicht noch weiter hinauf. Es würde das Abenteuer ihres Lebens und die Erfüllung eines Traums werden, den sie ihr ganzes Leben lang gehabt hatte. John hörte zu, als Julie darüber sprach, wie unglaublich wichtig diese Reise für sie war, und reagierte genau so, wie man es von einem verständigen Ehemann und Beziehungsexperten erwartet: »Hast du denn vollkommen den Verstand verloren?«

»Zuerst habe ich gedacht, sie sei ein waghalsiges, leichtfertiges Ding und müsse zur Räson gebracht werden. Laut habe ich das nicht gesagt. Schließlich bin ich Paartherapeut und wusste, dass ich mir das verkneifen muss. Mein zweiter Gedanke war: Und wenn sie dabei zu Tode kommt? Ich hatte Panik, und ich hatte Angst. Ich teilte ihr meine Ängste mit.«

Zum Glück war Julie schon lange genug mit John verheiratet, um zu wissen, wie sie am besten mit seiner Panik und seinen Befürchtungen umzugehen hatte. Sie hörte ihm zu, äußerte Verständnis für seine Ängste und beruhigte ihn, so gut sie konnte. Sie schilderte ihm die Reiseroute, erläuterte das Trainingsprogramm, die Sicherheitsvorkehrungen, die Kosten und sämtliche kleinen Details, in der Hoffnung, dadurch würde seine Besorgnis geringer. Am Ende stimmte John ihrem Vorhaben zu, vorausgesetzt, sie nähme ein Mobiltelefon mit und riefe ihn jeden zweiten Tag an.

Julie begann ein einjähriges Trainingsprogramm und kletterte in ganz Seattle steile und hohe Treppen hinauf, bepackt mit einem 20-Kilo-Rucksack.

John erinnert sich: »Sie hat mich sogar gefragt, ob ich sie bis Kathmandu begleiten wolle. Ich bekomme schon die Höhenkrankheit, wenn ich auf eine Leiter steige, und werde ohnmächtig, und ich wusste, dass es auf dem Weg zum Mount Everest keinen Zimmerservice gibt, deshalb habe ich abgelehnt.« John fährt fort: »Sie hat angefangen, mit Sherpas Bewerbungsgespräche zu führen. Ich habe sie auch kennengelernt und habe sie allesamt für gefährliche Halunken gehalten, die nur mit den Frauen schlafen wollten. Aber ich arbeitete daran, die Tatsache zu akzeptieren, dass sie diese Reise machen würde. Schließlich kam der große Tag, und sie ging. Mein Hauptbeitrag war, all mein Gejammer darüber aufzusparen, bis sie wieder zurück war.

Am Ende«, erzählt John weiter, »musste ich der Tatsache ins Auge sehen, dass diese Frau, die Liebe meines Lebens, völlig anders ist als ich. Sie ist eine Sportlerin, eine Forscherin, eine echte Abenteurerin. Für mich heißt Abenteuer, aus der Sicherheit meines Stuhls heraus Quantenmechanik und Differenzialgleichungen zu studieren. Julie war im College eine Skirennfahrerin – sie fuhr mit 80 Stundenkilometern steile Hänge hinunter. Mein Gott, warum sollte jemand so etwas wollen? Aber sie wollte ein Stück weit auf den Mount Everest steigen, und sie ist meine Liebste, deshalb musste ich verstehen, was das für sie bedeutete, und sie unterstützen.

Ich werde nie ihren Gesichtsausdruck auf dem Foto vergessen, das jemand von ihr auf dem Kala Patthar gemacht hat, einem Gipfel in der Nähe des Everest, auf 5669 Meter Höhe. Dieses Bild von Julie am Everest ist das Gesicht von Dopamin in voller Aktion. Ich habe dieses Bild gerahmt bei uns zu Hause an die Wand gehängt, weil ich Julie nie mit einem glücklicheren Gesicht gesehen habe. Niemals.«

Während John und Julie keine gemeinsame Freude am Extremsport finden können, finden sie sie beim Schwimmen, bei Abenteuern, für die man keine Versicherung braucht, beim Auskundschaften neuer Orte zum Kajakfahren, bei gemeinsamen Reisen zu fantastischen Zielen rund um die Welt.

Eine gemeinsame Basis finden

Der Schlüssel ist nicht, Ihren Partner oder Ihre Partnerin zwingen zu wollen, dieselbe Art von Spiel und Abenteuer zu mögen wie Sie selbst; die Ausstattung seines oder ihres Gehirns kann das sogar beinahe unmöglich machen. Das fundamentale Bedürfnis, Neues zu suchen, herausgefordert zu werden und Überraschungen zu erleben, wohnt einem jeden von uns inne. Es ist tief in unseren sehr alten Gehirnstrukturen angesiedelt, und wir verlieren es nie, ganz gleich, wie alt wir werden. Jeder und jede Einzelne von uns sehnt sich nach Erregung und dem überwältigenden Gefühl, dass gleich etwas Wunderbares geschieht.

Für ein Paar haben Spiel und Abenteuer sehr viel damit zu tun, gemeinsam zu lernen, zu wachsen, etwas zu erkunden und die natürliche Neugier zu fördern, die Ihnen beiden zu eigen ist. Zum Abenteuer gehört immer das Unbekannte, und daher schließt es auch eine Prise Gefahr ein. Manche Menschen können mehr Gefahr ertragen, manche weniger. Finden Sie heraus, worin Sie gleich sind, stellen Sie fest, worin Sie verschieden sind, und entdecken Sie Ihren gemeinsamen Nenner. John und Julie haben herausgefunden, dass ihr gemeinsames Abenteuer Seekajakfahren in ihrem Seaward-Zweierkajak ist; daran haben beide großen Spaß.

»Ich liebe das Wasser«, sagt John. »Julie ist gerne aktiv. Ich werde nie auf Berge klettern, aber wir haben einen Schnittpunkt zwischen ihrer Liebe zum Extremsport und meiner generellen Furcht vor allem, was anstrengender ist als Lesen, gefunden. Kajakfahren. Wir lassen unser Kajak zu Wasser, stoßen uns vom Ufer ab und entkommen den Anforderungen von Leben, Arbeit und Familie. Diese Art von Spiel ist eine Befreiung für uns. Und noch wichtiger ist, dass wir eine Stelle gefunden haben, an der unsere unterschiedlichen Spielvorlieben sich treffen können. Das hat uns im Lauf der Jahre näher zusammengebracht. Jedes Mal, wenn wir Kajak fahren gehen, verbinden wir uns miteinander. Auf dem Wasser müssen wir einander vertrauen. Sind voneinander abhängig. Wir stellen uns gemeinsam der sportlichen Herausforderung, und das feuert uns an. Es stärkt uns einzeln und als Paar. Kajakfahren ist unsere besondere gemeinsame Zeit, weit weg von der Welt. Wir lachen. Wir reden. Wir singen. Wir fühlen uns völlig sicher. Wir haben einander beim Paddeln noch nie kritisiert. Anfangs sind wir im Kreis herum gepaddelt und haben nur gelacht. Wir haben eine neue gemeinsame Erfahrung entwickelt, und das hat uns geholfen, die Liebe in unserer Ehe Jahr um Jahr lebendig zu halten.«

WIR HABEN EINE NEUE GEMEINSAME ERFAHRUNG ENTWICKELT, UND DAS HAT UNS GEHOLFEN, DIE LIEBE IN UNSERER EHE JAHR UM JAHR LEBENDIG ZU HALTEN.

Das Bedürfnis nach Abenteuer ist universell, aber die Wege, auf denen wir uns Neues suchen, sind ganz verschieden. Nicht besser, nicht schlechter. Nicht richtig, nicht falsch. Nur verschieden. Für manche Paare besteht ein Abenteuer darin, einen Kochkurs zu machen, wenn sie noch nie in ihrem Leben gekocht haben. Oder einen Malkurs, wenn sie bisher nur Strichmännchen gezeichnet haben. Ein Abenteuer muss nicht auf weit entfernten Bergspitzen stattfinden, auf denen Sie Kopf und Kragen riskieren. Im Kern geht es nur darum, etwas Neues und anderes zu suchen. Es kann alles sein, was Sie aus Ihrer üblichen Komfortzone herausschubst und Ihnen diesen vom Dopamin ausgelösten Thrill beschert.

Höllische Flitterwochen

Doug und Rachel haben Abenteuer von Anfang an zu einem integralen Bestandteil ihrer Beziehung gemacht. Im Gegensatz zu John und Julie haben sie einen sehr ähnlichen Sinn für Abenteuer, was nicht unbedingt eine gute Sache ist. Sie sind beide süchtig nach Nervenkitzel und mussten schon ein kleines Vermögen für Versicherungen ausgeben. In ihren Flitterwochen hatten sie viele um ein Haar tödliche Erlebnisse, wodurch ihrem Eheversprechen, zusammenzubleiben »bis dass der Tod uns scheidet«, eine allzu frühe Erfüllung drohte.

Rachel und Doug beschlossen, in ihren Flitterwochen einen Freund zu besuchen und durch Guatemala zu reisen, in dem noch kurz zuvor ein Bürgerkrieg getobt hatte. Als sie dort waren, herrschte kein Bürgerkrieg mehr, aber sie hörten so viele Geschichten über Todesschwadronen, dass sie sich zu fragen begannen, ob sie nicht besser nach Hawaii oder auf eine Kreuzfahrt gegangen wären, wie die meisten Frischvermählten. Sie verfügten auch nicht über viel Geld, weil Rachel noch Medizin studierte und Doug seinen ersten Job nach dem College hatte.

Bei einem ihrer Abenteuer beschlossen sie, einen Vulkan in der Nähe zu besteigen, der glücklicherweise nicht ausbrach, aber nur mit einem mörderischen, fast senkrechten Aufstieg zu bezwingen und abwärts eine einzige glitschige Rutschbahn war. Nach der kilometerlangen Wanderung in großer Höhe ließ sich Rachel erschöpft ins Kanu gleiten, und nur Dougs Wunsch, seiner Frischangetrauten seine Männlichkeit zu beweisen, gab ihm die Kraft, seine gummiweichen Arme dazu zu bringen, sie über den riesigen See zu ihrer Unterkunft zurückzupaddeln.

Bei einer anderen Gelegenheit beschlossen sie, den Dschungel zu Pferd zu durchqueren, was zu einem todesmutigen Galopp durch tief herabhängende Kletterpflanzen und dornenbesetzte Zweige wurde. Und dann war da noch das Höhlenabenteuer, bei dem sie mit brennenden Kerzen im Mund durch eisiges Flusswasser tief in eine dunkle Höhle hineinschwimmen mussten. Am Ende, nachdem sie eine Stunde geschwommen und die Kerzen inzwischen alle erloschen waren, sagte man ihnen, sie sollten in die pechschwarze Tiefe springen, und versicherte ihnen, sechs Meter weiter unten warte ein Pool auf sie. Es war ein furchterregender Sprung, der blindes Vertrauen erforderte. Sie beschlossen, das sei quasi so wie die Ehe, fassten sich an den Händen und sprangen.

Nach ihren Flitterwochen kamen ihnen die Herausforderungen des Ehelebens dann recht überschaubar vor. Sie gehen mit ihrer Ehe wie mit einem aufregenden Berg um, den sie erklimmen wollen, und suchen sich ständig neue Erfahrungen und Abenteuer. Abenteuer und Neuheiten haben immer ein Element der Aufregung in ihre Beziehung gebracht und ihnen geholfen, ihr ganzes gemeinsames Leben als Abenteuer anzusehen. Nicht ein jedes hat sie in Lebensgefahr gebracht, aber sie hatten das Gefühl, dass die Bewältigung neuer Herausforderungen oder überhaupt neue Erfahrungen ihnen geholfen haben, die Flamme der Leidenschaft lebendig zu halten. »Sich gemeinsam einer Herausforderung zu stellen, hat etwas an sich, das einen eng verbindet, und es verhindert, dass man einander für selbstverständlich nimmt«, sagt Doug.

Das Christie-Brinkley-Phänomen

Dass man sich miteinander verbunden fühlt, nachdem man eine Herausforderung gemeistert oder ein gefährliches Erlebnis bewältigt hat, ist keine nur für Doug und Rachel spezifische Erfahrung. Die Forschung hat gezeigt, dass die physiologische Reaktion auf Furcht in mancher Hinsicht der auf Erregung ähnlich ist. Schweißnasse Handflächen, schneller Herzschlag oder jedes andere Symptom von Furcht und Angst kann als sexuelle Anziehungskraft missdeutet werden. Man braucht nicht Kopf und Kragen zu riskieren, um sich in der Beziehung aufgeladen zu fühlen – versuchen Sie es mal mit einer Achterbahnfahrt oder einem Gruselfilm oder mit irgendeiner anderen Aktivität, die Ihnen oder Ihrem Partner oder Ihrer Partnerin Angst einjagt, und schauen Sie, wie viel näher Sie sich einander nach dieser Erfahrung fühlen.

Wir haben alle schon Geschichten davon gelesen, dass Menschen sich ineinander verliebten, nachdem sie eine Naturkatastrophe oder einen Flugzeugabsturz überlebt hatten. Denken Sie an das Supermodel Christie Brinkley, das einen Hubschrauberabsturz beim Heliskiing auf einem Berg in Colorado mit einem gut aussehenden Mann überlebte, der nicht ihr Ehemann war. Kurz nach dem Absturz erklärte sie, sie liebe diesen gut aussehenden Mann, und ließ sich scheiden. Ihre Blitzehe mit dem Mitüberlebenden hielt lediglich sieben Monate.

Wissenschaftlern ist bekannt, dass der Teil des Gehirns, der Angstgefühle in uns auslöst – die rechte Amygdala –, mit dem Teil des

Gehirns verbunden ist, der sexuelle Erregung in uns weckt. (Also deshalb gehen Teenager so gerne in Horrorfilme, denken Sie jetzt vielleicht.) Die beiden Bereiche sind so eng miteinander verknüpft, dass Billy Joel keine Chance hatte, als seine Frau mit einem anderen Mann auf einem Berggipfel abstürzte. Ein hormoneller Faktor spielt auch eine Rolle, wenn wir ein neues, aufregendes Abenteuer in Angriff nehmen: ein kleiner Cocktail aus Dopamin, Noradrenalin und Phenylethylamin. Phenylethylamin ist die chemische Verbindung, die zu dem natürlichen Hochgefühl führt, das Sie erleben, wenn Sie sich verlieben. Es ist das, was Ihnen ermöglicht, die ganze Nacht aufzubleiben und zu reden, statt zu schlafen. Der Phenylethylamin-Spiegel erhöht sich auch bei Aktivitäten mit hoher Intensität wie Fallschirmspringen (und durch die Einnahme bestimmter Drogen oder den Verzehr großer Mengen Schokolade). Oft werden wir den Verlust dieser liebestrunkenen Tage und Nächte später beklagen, in denen unsere Energie füreinander keine Grenzen kannte, aber unser Körper entwickelt nach und nach eine Toleranz für die Wirkung von Phenylethylamin (ganz ähnlich wie für Koffein und andere Substanzen), die häufig als das Ende der Liebe missverstanden wird. Das stimmt nicht. Und wenn wir uns hinter unser Bedürfnis nach Abenteuern und fortgesetzter Erkundung von Neuem mit unseren Partnern stellen und es verstehen, können wir den hormonellen Liebescocktail jederzeit reaktivieren.

Gemeinsame Abenteuer

Unser Verlangen nach Abenteuern und Spiel vergeht nie. Es kann einmal einschlafen oder gleich ganz in den Winterschlaf fallen, aber es ist dennoch ein fundamentales Bedürfnis des Menschen, das immer vorhanden ist und nur darauf wartet, anerkannt zu werden.

Als Partner können Sie sich die folgenden einfachen Fragen stellen, um herauszufinden, ob in Ihrer Beziehung ein Mangel an Abenteuern herrscht:

- Wann haben Sie im Zusammensein mit Ihrem Partner oder Ihrer Partnerin das letzte Mal Aufregung oder Neugier verspürt?
- Wann haben Sie zum letzten Mal etwas Neues zusammen gemacht?
- Wann hatten Sie das letzte Mal das Gefühl, gleich werde etwas Wunderbares geschehen?

Ein Hinweis darauf, dass es Ihnen an Abenteuern mangelt, kann sein, dass einer von Ihnen oder alle beide nach Ersatz für die natürliche Dopaminfreisetzung suchen und am Ende ihr Bedürfnis nach Spiel und Abenteuer (Dopamin) mit Zucker, Schokolade, Junkfood, manche auch mit Alkohol, rezeptpflichtigen Medikamenten und anderen bewusstseinsverändernden Substanzen stillen, seien sie legal oder illegal.

In Beziehungen, in denen es keine gemeinsamen Abenteuer oder überhaupt keine gibt, schleichen sich mit der Zeit ein fades Gefühl und ein Mangel an Vitalität ein. Die Beziehung besteht nur noch aus zahllosen Aufgaben. Sie wird banal. Es gibt keine Überraschungen mehr, und Sie verlieren den Zündfunken, den Spiel und Abenteuer auf natürliche Weise in Ihre Beziehung bringen.

Es gibt viele mögliche Wege, gemeinsam Abenteuer zu erleben. Ein kleines Abenteuer an einem neuen, unbekannten Ort kann zum Mikrokosmos für das Abenteuer des Lebens werden. Gehen Sie zusammen in die Welt hinaus und erforschen Sie das Unbekannte – ob Sie zu Fuß durch ein für Sie neues Viertel streifen, in einem Restaurant eine neue Küche ausprobieren, irgendwohin fahren (es kann auch ganz in der Nähe sein), neue Freundschaften schließen, sich mit Fremden unterhalten, einen Tag lang Ihr Handy ausschalten oder beschließen, zusammen einen Hip-Hop-Kurs zu machen. Neuheit ist der Schlüssel, also brechen Sie Ihre Routine auf, probieren Sie etwas anderes aus und erkunden Sie, was Spiel und Abenteuer für Sie beide bedeuten.

Abenteuer brauchen kein Geld zu kosten, nicht an exotische Orte zu führen oder Sie in große Gefahr zu bringen. Schauen Sie sich die Welt mit neuen Augen und frischer Neugier an. Wer weiß, was Sie entdecken werden?

SIE BRAUCHEN NICHT AUF DIE GLEICHE WEISE ZU SPIELEN, UM EIN GLÜCKLICHES PAAR ZU SEIN ODER DEN SPASS IN IHRER BEZIEHUNG LEBENDIG ZU HALTEN.

Julie klettert gern auf Berge. John beschäftigt sich gerne mit mathematischen Gleichungen. Glücklicherweise gibt es keine Korrelation zwischen gemeinsamen Interessen eines Paars und Beziehungsglück. Das heißt, Sie brauchen nicht auf die gleiche Weise zu spielen, um ein glückliches Paar zu sein oder den Spaß in Ihrer Beziehung lebendig zu halten. Aber Sie müssen beide spielen. Und Ihr Solospiel miteinander teilen, einander Fotos zeigen, Geschichten davon erzählen und darüber sprechen, welche Gefühle es in Ihnen ausgelöst hat. Sie können bei Spiel und Abenteuer entgegengesetzte

Interessen und dennoch eine Beziehung haben, die wächst und gedeiht. Aber finden Sie die Schnittstellen, wie John und Julie es mit dem Kajakfahren getan haben, an denen Ihre Arten von Spiel und Abenteuer sich verbinden lassen.

Denken Sie darüber nach, wie jeder von Ihnen gerne spielt. Wenn Sie längere Zeit nicht mehr gespielt haben oder wenn Ihnen nichts einfällt, dann denken Sie an Ihr Spiel in der Kindheit zurück. Was war der größte Spaß, den Sie beim Spielen hatten? Bei welcher Art von Spiel haben Sie sich am lebendigsten und glücklichsten gefühlt? Und wann haben Sie das oder etwas Ähnliches zuletzt gemacht? Und wie sieht es bei Ihrem Partner oder Ihrer Partnerin aus?

Wenn Sie über die Planung einer Karriere oder einer Hochzeit oder die Gründung einer Familie nachdenken, mag es Ihnen merkwürdig vorkommen, in ähnlicher Weise über Spiel nachzudenken. Aber wie gesagt ist Spiel unser ganzes Leben lang wichtig. Der Spieltheoretiker Brian Sutton-Smith hat über 50 Bücher darüber geschrieben, was es in unserem Leben bedeutet, in der Kindheit und im Erwachsenenalter. Sutton-Smith sagt: »Das Gegenteil von Spiel ist nicht Arbeit – sondern Depression.« Wenn unser Leben von Spiel durchzogen ist, sind wir dazu fähig, das Absurde im Ernsten zu sehen und Spannendes im Banalen zu finden.

Eine Beziehung ohne Spielen ist eine Beziehung ohne Humor, ohne Flirt, ohne Spiele und ohne Fantasie. Wir alle brauchen Humor, Lachen und Spiel. Romantische Liebe ist Spiel. Geplänkel ist Spiel. Spazierengehen ist Spiel. Man braucht nicht in einen Sportverein einzutreten oder jede Woche einen großen Teil seiner Freizeit dafür aufzuwenden. Bringen Sie einfach etwas Spielerisches in das hinein, was Sie gerade tun. Spiel muss eine vorrangige Tätigkeit sein. Machen Sie nicht den Fehler, zu glauben, wenn alle Arbeit erledigt sei, würden Sie zusammen spielen. Daraus wird nichts. Wenn sich das Spielen anfangs ein bisschen fremd anfühlt, dann nehmen Sie es in

Ihre wöchentliche Liste für die Aufgaben auf, die zu erledigen sind. Sie müssen Lebensmittel einkaufen gehen? Machen Sie es zusammen mit Ihrem Partner oder Ihrer Partnerin zu einem Spiel. Sie müssen die monatlichen Rechnungen bezahlen? Schauen Sie mal, wie gut Sie miteinander flirten können, während Sie die diversen Schecks ausstellen. Ihr Glück als Einzelne und als Paar besteht nicht darin, keine schlechten Erfahrungen zu machen, sondern darin, ständig gute Erfahrungen zu generieren. Erinnern Sie sich an das überaus wichtige Verhältnis von positiven zu negativen Erfahrungen bei Alltagsinteraktionen: 20 positive Erfahrungen sind für jede negative erforderlich. Das schaffen wir auch über das Spiel. Keiner von uns möchte auf der falschen Seite einer Scheidungsstatistik landen, und Stuart Brown sagte dazu sehr schön: »Wenn Sie das Spiel aus der Komposition herausnehmen, wird aus einer Beziehung ein Überlebens- und Ausdauerwettbewerb.« Das klingt nicht sehr romantisch, oder? Das Spielerische ist ebenso notwendig wie die Treue, um Ihre Beziehung lebendig und vital zu erhalten.

ÜBUNG

Zum Spaß

Lesen Sie die folgende Liste vor Ihrem Gespräch durch. Kreuzen Sie alle Punkte an, die ein Ausgangspunkt dafür sein könnten, wie Sie gerne mit Ihrem Partner oder Ihrer Partnerin spielen oder Abenteuer erleben würden. Dann versehen Sie die drei wichtigsten Dinge, die Sie gerne zuerst machen würden, mit Sternchen. Wahrhaft Abenteuerlustige können die Liste auch als Vorschlagssammlung für wöchentliche neue Erfahrungen nutzen und alles ausprobieren. Wir haben auch einige Linien leer gelassen, damit Sie Ihre eigenen Ideen einfügen können.

- Machen Sie zusammen eine Wanderung oder einen langen Spaziergang.
- Fahren Sie an diesem Wochenende an einen Ort, den Sie schon immer mal kennenlernen wollten.
- Planen Sie ein Picknick.
- Spielen Sie zusammen ein Brettspiel oder probieren Sie ein neues Kartenspiel aus.
- Suchen Sie sich ein neues Videospiel aus und spielen Sie es zusammen.
- Gehen Sie gemeinsam ein Auto, Antiquitäten, Kleidung einkaufen – alles, wofür Sie eine gemeinsame Leidenschaft empfinden.
- Planen Sie gemeinsam ein Essen und laden Sie Freunde dazu ein.
- Kochen Sie gemeinsam ein neues Gericht aus einer Ihnen neuen Küche.
- Wählen Sie ein neues Restaurant oder eine neue Küche zum Ausprobieren.
- Spielen Sie Fangen.

- Lernen Sie zusammen eine neue Sprache (oder zumindest ein paar Sätze).
- Sprechen Sie mit einem ausländischen Akzent, während Sie was auch immer tun.
- Fahren Sie Rad oder leihen Sie sich ein Tandem.
- Gehen Sie Rollschuh fahren oder eislaufen.
- Leihen Sie sich Segways aus.
- Gehen Sie zusammen Ruderboot, Kanu oder Kajak fahren.
- Gehen Sie in eine Buchhandlung und schauen Sie sich Bücher in einer Abteilung an, die Sie normalerweise auslassen.
- Beobachten Sie Tiere: Vögel, Wale, die Tiere im Zoo vor Ort oder in einem Aquarium.
- Lernen Sie zusammen eine neue Sportart.
- Schauen Sie sich eine Livevorstellung an: ein Theaterstück, eine Improvisation, ein Musical, Stand-up-Comedy, einen Zirkus, eine Tanzperformance – was immer sich verlockend anhört.
- Machen Sie zusammen einen Kurs in irgendeiner darstellenden Kunst: Schauspiel, Improvisation, Gesang oder Stand-up-Comedy.
- Lesen Sie zusammen ein Buch mit Witzen. Lesen Sie gemeinsam eine Gedichtsammlung. Oder lesen Sie abwechselnd einen Witz und ein Gedicht.
- Gehen Sie tanzen.
- Angeln Sie zusammen.
- Gehen Sie in ein Konzert oder irgendwohin, wo es Livemusik gibt.
- Stellen Sie eine Playlist mit Musik aus der Zeit zusammen, in der Sie sich kennengelernt haben, und tanzen Sie miteinander oder hören Sie gemeinsam zu.
- Machen Sie zusammen Sport.
- Besorgen Sie sich Tickets für eine Partie Ihrer Lieblingssportart und feuern Sie die Spieler gemeinsam an.

- Gehen Sie in ein Wellnessbad und genießen Sie es, gemeinsam im Whirlpool oder in der Sauna zu sein.
- Spielen Sie zusammen Musik.
- Singen Sie laut Musik mit, die Sie beide kennen.
- Gehen Sie in eine Kunstgalerie oder ein Museum.
- Tun Sie so, als seien Sie Spione, wenn Sie im Einkaufszentrum oder in der Stadt sind.
- Gehen Sie zu einer Weinprobe, einer Bierprobe oder einer Schokoladenverkostung.
- Steigen Sie auf einen Berg, einen Hügel oder einen kletterfreundlichen Baum.
- Erzählen Sie sich Geschichten über die peinlichsten oder unterhaltsamsten Episoden in Ihrem Leben.
- Gehen Sie in eine Kletterhalle.
- Hüpfen Sie auf einem Trampolin.
- Gehen Sie in einen Themen- oder Vergnügungspark.
- Machen Sie gemeinsam etwas mit Wasser: Schwimmen, Wasserskifahren, Wellenreiten, Stehpaddeln, Segeln.
- Verabreden Sie sich irgendwo zu einem Date und tun Sie so, als würden Sie einander nicht kennen und sich zum ersten Mal treffen. Flirten Sie und versuchen Sie, einander zu verführen.
- Malen oder zeichnen Sie zusammen oder malen Sie etwas aus.
- Machen Sie etwas Praktisches zusammen, wie Basteln, Töpfern, Modellflugzeugbau, Kleidung oder Kostüme nähen, Holzbearbeitung.
- Geben Sie eine Überraschungsparty und laden Sie alle dazu ein, die gerade Zeit haben.
- Machen Sie zusammen Yoga oder nehmen Sie ein paar Yogastunden.
- Lernen Sie Partnermassage.
- Gehen Sie in einem Ihnen unbekannten Viertel spazieren.

- Schreiben Sie einander einen Liebesbrief mit Ihrer nichtdominanten Hand.
- Fahren Sie mit dem Bus in die Stadt statt mit dem eigenen Auto.
- Bleiben Sie die ganze Nacht auf.
- Lassen Sie sämtliche elektronischen Geräte einen ganzen Tag ausgeschaltet.
- Machen Sie einen Malkurs.
- Nehmen Sie an einem Kochkurs teil.
- Machen Sie einen Tanzkurs.
- Bitten Sie ein Paar, das Sie nicht sehr gut kennen, mit Ihnen ein Doppeldate zu verabreden.
- Fangen Sie ein Gespräch mit Fremden an, die etwa im Restaurant am Nachbartisch, auf einer Parkbank oder in der U-Bahn sitzen.
- Spielen Sie im Matsch.
- Gehen Sie zum Gerätetauchen oder Höhlentauchen mit Haien.
- Gehen Sie zum Bungee-Jumping.
- Gehen Sie wandern, campen oder machen Sie eine Rucksackreise.
- Reisen Sie in ein exotisches Land.
- Machen Sie irgendetwas, das Sie schon immer machen wollten, sich aber nicht zu probieren getraut haben.
- ______________________________
- ______________________________

Schnelleinstieg

Zusammenfassung des Kapitels

- Spiel und Abenteuer sind entscheidende Komponenten einer glücklichen Beziehung voller Freude.
- Wir sind daraufhin angelegt, unser ganzes Leben lang zu spielen.
- Häufig setzen wir das Spielen ganz ans Ende unserer To-do-Liste.
- Spiel und Abenteuer haben mit Lachen und Neuheit zu tun.
- Das Bedürfnis nach Abenteuern ist fest in unserem Gehirn verdrahtet und ist Teil des »Belohnungssystems« des Gehirns.
- Wenn wir etwas Neues erleben, wird eine große Menge des Neurotransmitters Dopamin ausgeschüttet, was sehr lustvoll ist.
- Manche Menschen brauchen extremere oder sogar gefährliche Abenteuer, um die gleiche Dopaminausschüttung zu erreichen wie andere Menschen.
- Es ist in Ordnung, wenn Sie und Ihr Partner oder Ihre Partnerin unterschiedliche Vorstellungen davon haben, was für Sie Spiel und Abenteuer ist. Der Schlüssel ist, dass Sie die Abenteuervorstellung des oder der jeweils anderen respektieren und anerkennen, was sie für den anderen bedeutet.
- Wenn Sie sich nicht mehr daran erinnern können, wann Sie zum letzten Mal mit Ihrem Partner oder Ihrer Partnerin zusammen etwas Aufregendes oder Neugier erlebt haben oder das Gefühl hatten, dass gleich etwas Spannendes geschieht, dann leiden Sie an einem Mangel an Spiel und Abenteuer.

- Machen Sie es zu einer Priorität, miteinander zu spielen, und bringen Sie etwas Spielerisches in alles, was Sie gemeinsam tun.
- Zusammen zu spielen erzeugt Vertrauen, Intimität und eine tiefe Verbundenheit. Paare, die miteinander spielen, bleiben zusammen.

DAS GESPRÄCH: SPIEL UND ABENTEUER

Thema

- Welche Art von Spaß liebt jeder von uns beiden? Welche Rolle spielen Spiel und Abenteuer in unserem Leben?

Vorbereitung

- Denken Sie darüber nach, wie Sie gerne spielen möchten und welche Art von Abenteuer Sie gerne hätten. Überlegen Sie noch einmal, was Sie in diesem Kapitel alles gelesen haben, ob es irgendwelche Ideen in Ihnen ausgelöst hat, wie Spiel und Abenteuer für Sie aussehen, und ob Ihr Bedürfnis danach befriedigt wird. Wie möchten Sie künftig mit Ihrem Partner oder Ihrer Partnerin spielen? Welche gemeinsamen Abenteuer könnten Sie erleben? Seien Sie neugierig auf Ihre eigenen Antworten und auf die Ihres Partners oder Ihrer Partnerin. Sie könnten sich selbst überraschen und schon eine kleine Portion Dopaminbelohnung allein für die Idee bekommen, auf neue Weise miteinander zu spielen und Abenteuer zu erleben.

Ort

- Entweder ein Ort, an dem Sie noch nie waren, oder ein altbekannter Ort, den Sie auf neue Weise nutzen. Probieren Sie den Park, den Strand, eine Dachterrasse, Ihren Garten aus oder tauschen Sie die Wohnung mit Freunden. Erwägen Sie, auf einen Baum zu klettern und das ganze Gespräch auf einem Ast sitzend zu führen. Verlegen Sie das ganze Date in die Badewanne oder sonst irgendwo ins Wasser. Folgen Sie irgendeinem beliebigen Auto und führen Sie das Gespräch dort, wo dieses Auto hinfährt und zum Stehen kommt. Sie können auch gerne einen eigenen abenteuerlichen Ort erfinden. Seien Sie spontan und neugierig auf das, was sich ereignen könnte. Versuchen Sie, Ihr Gespräch auf eine für ein Date atypische Tageszeit zu legen – auf den frühen Morgen, mitten in die Nacht oder auf einen Zeitpunkt, an dem Sie beide bei der Arbeit sein sollten. In diesem Gespräch sollte es nur um Neuheit und Aufregendes gehen. Seien Sie kreativ. Seien Sie spontan.

Vorschlag

- Sie können verborgene Ort in Ihrer Nähe unter AtlasObscura.com nachschlagen und einen davon mit Ihrem Partner oder Ihrer Partnerin erforschen, während Sie die Fragen durchsprechen. Sie können auch nach Geocaches in Ihrer Nähe suchen – eine Art Schatzsuche für Erwachsene –, indem Sie sich bei geocaching.com einloggen und mithilfe von GPS-Koordinaten versteckte Schätze in Ihrer Nähe suchen.

EIN DATE ZU HAUSE: Suchen Sie sich einen schönen Ort zu Hause oder ganz in der Nähe aus. Lassen Sie Ihren Partner oder Ihre Partnerin den Ort mittels einer Schnitzeljagd finden oder legen Sie ihm oder ihr einfach einen Zettel hin, auf dem steht, wo er oder sie Sie treffen soll. Erwarten Sie ihn oder sie am Treffpunkt mit einem Überraschungspicknick.

Mitbringen

- Sie sollten die Liste mit den angekreuzten Punkten mitbringen sowie die drei Dinge parat haben, die Sie gerne zuerst machen würden. Stellen Sie sich darauf ein, die angekreuzten Vorschläge miteinander zu diskutieren und ebenso die Art und Weise, wie Sie gerne spielen möchten, und das, was für Sie Spaß ist. Schauen Sie nach Punkten, die Sie beide angekreuzt haben. Das sind die

Aktivitäten, bei denen Ihre Interessen an Spiel und Abenteuer sich überschneiden. Falls es keine Schnittmenge gibt, denken Sie daran, dass Spiel und Abenteuer teilweise darin bestehen, ins Unbekannte einzutauchen. Welche der Vorschläge, die für Ihren Partner oder Ihre Partnerin Spaß und Spiel bedeuten, würden Sie bereitwillig ausprobieren?

Fehlervermeidung

- Bleiben Sie offen für die Ideen Ihres Partners oder Ihrer Partnerin bezüglich Spiel und Abenteuer.
- Halten Sie sich vor Augen, dass es bei einem Abenteuer um das Unbekannte geht und darum, die eigene Komfortzone auszudehnen. Spielen Sie Ängste nicht herunter, aber versuchen Sie andererseits, ihnen nicht nachzugeben.
- Fragen Sie Ihr Gegenüber danach, warum seine Ideen von Spiel und Abenteuer für es wichtig und bedeutsam sind.
- Versuchen Sie nicht, Ihren Partner oder Ihre Partnerin dazu zu zwingen, das zu tun, was Sie tun wollen, oder solche Abenteuer mitzumachen, die für Sie Abenteuer sind.
- Achten Sie darauf, was Ihr Gegenüber aufregend findet, wenn es die von ihm ersehnten Abenteuer schildert.
- Kritisieren und verurteilen Sie Ihren Partner oder Ihre Partnerin nicht dafür, dass er oder sie anders spielen möchte als Sie.
- Wagen Sie einen Sprung ins Ungewisse und lassen Sie sich auf das Unbekannte ein.

Offene Fragen für Ihr Gespräch

Nachdem Sie Ihre Listen diskutiert und durchgesprochen haben, stellen Sie einander die folgenden Fragen:

- Was bedeutet Abenteuer oder Spiel für dich?
- Was und wie hast du als Kind gerne gespielt?

- Was war der größte Spaß, den du beim Spielen in den letzten Jahren gehabt hast?
- Was meinst du, wie wir mehr Spaß haben könnten?
- Erzähl mir eine Abenteuergeschichte aus deiner Vergangenheit.
- Was war deine jüngste abenteuerliche Unternehmung?
- Worauf bist du gerade am meisten gespannt, oder worauf freust du dich am meisten?
- Welches eintägige Abenteuer könntest du dir vorstellen, das wir gemeinsam erleben könnten?
- Welche Abenteuer möchtest du erleben, ehe du stirbst?

Eine Affirmation für unsere gemeinsame Zukunft

Lesen Sie einander diese Affirmation abwechselnd laut vor. Halten Sie Blickkontakt, solange Sie sie rezitieren.

> *Ich verspreche dir, in den nächsten zwei Wochen folgende drei Varianten von Spiel und Abenteuer mit dir zu teilen und künftig Spiel zu einem Teil unseres gemeinsamen Alltags zu machen.*

1 ______________________________

2 ______________________________

3 ______________________________

SIEBTES GESPRÄCH

Etwas, woran man glauben kann:

Wachstum und Spiritualität

»Wir haben uns schon ganz früh kennengelernt«, sagte Erica. »Jake war 18 und ich 16. Alle haben gesagt, wir würden nie und nimmer zusammenbleiben. ›Niemand bleibt bei seiner ersten Liebe, das klappt nie.‹ Ich kann Ihnen gar nicht sagen, wie oft ich das gehört habe.« Heute sind Jake und Erica 32 und 30 Jahre alt.

»Ich bin schon fast mein halbes Leben lang mit ihr zusammen. Ich war ein Punk, als sie mich kennenlernte. Nach außen hin großspurig, aber innerlich vollkommen unsicher. Heute bin ich ein ganz anderer Mensch«, ergänzte Jake, »und sie ist durch all das hindurch an meiner Seite geblieben.«

»Du bist nicht vollkommen anders«, konterte Erica. »Du hast dich natürlich gewaltig verändert, aber der Mensch, zu dem du dich entwickelt hast, ist der, den ich unter all der Großspurigkeit gesehen habe.«

Jake und Erica sind seit sechs Jahren verheiratet. »Wir sind wie alte junge Leute«, sagte Erica. »Wir haben schon alles hinter uns. Ich habe keine Ahnung, wie der Rest unseres Lebens aussehen wird, aber ich denke, wenn man schon früh so tiefgreifende Veränderungen durchmacht, heißt das, dass wir später nicht geschockt sein werden, wenn einer von uns etwas Verrücktes machen will oder Mönch wird oder sich aufmacht, um allein durch die Welt zu reisen.«

»Wir sind nicht mehr dieselben wie damals, als wir anfingen, miteinander auszugehen, und wir wissen, dass wir in fünf Jahren auch nicht mehr dieselben wie jetzt sein werden«, fügte Jake an. »Es ist aufregend, zu sehen, wie sich unsere Persönlichkeiten entwickeln – einander dabei zu unterstützen, wie wir uns verändern und wachsen. Wir sind in diesem ständigen Prozess, uns selbst und einander immer wieder neu kennenzulernen.«

Als Erica Jake kennenlernte, war er der Inbegriff eines Tunichtguts. »Er war schon straffällig geworden. Er hasste Autoritäten. Er war in gewisser Weise eine verlorene Seele, und er war so zornig auf die Welt. Er glich keinem anderen, mit dem ich je ausgegangen war, und natürlich haben meine Eltern ihn gehasst und versucht, uns auseinanderzubringen, aber das hat ihn nur noch interessanter gemacht. Heute lieben sie ihn, aber es hat lange gedauert, bis sie sich umbesonnen haben. Jahre. Jetzt ruft mein Dad ihn an und fragt ihn um Rat. Es ist verrückt, wie sich all unsere Beziehungen verändern, wenn wir uns verändern.«

Jake ist seit zehn Jahren trocken und clean, nachdem er zuvor mit Alkohol und Freizeitdrogen zu kämpfen hatte. »Ich musste mir selbst ins Gesicht schauen. Ich musste irgendeinen Sinn und Zweck im Leben finden, denn alles, was ich hatte, waren Alkohol, Zigaretten und Marihuana. Als ich all das losließ, wusste ich nicht mehr, wer ich war. Ich begann eine Therapie und ging zu Treffen des Zwölf-Schritte-Programms. Ich fand zu einer höheren Macht – die nicht Gott ist, aber schätzungsweise gottähnlich. Ich bin spirituell. Ich habe angefangen zu meditieren und zu beten, aber ich stelle mir das gerne so vor, dass ich zum Universum spreche und auf das Universum höre. Es kommt eigentlich überhaupt nicht darauf an, ob das Gott ist oder nicht. Es kommt nur darauf an, dass ich eine höhere Macht habe und das, was ich ein höheres Selbst nenne. Unter all meiner Großspurigkeit hatte ich Angst vor dem Leben. Wenn Erica mir nicht eine Art Ultimatum gestellt hätte, als ich 21 wurde, wäre mir wahrscheinlich eine Menge von dem entgangen, was das Leben zu bieten hat. Auf alle Fälle hätte es mir sehr gefehlt, mit ihr zusammen zu sein, und ich hätte niemals meine Arbeit mit gefährdeten Jungen aufgenommen. Ich war nicht der Typ, der für irgendjemanden ein Mentor ist. Ich kann wirklich sagen, dass ich ein spiritueller Mensch bin – und meine Arbeit ist ein sinnvoller Dienst an anderen. Das war definitiv nicht die Person, mit der sie anfangs ausgegangen ist.«

Erica sagte, es sei anfangs schwer gewesen, dem jetzt trockenen Jake zu vertrauen. »Ich war mir nicht sicher, wer die echte Person war. War er der trockene, umsichtige, introspektive Kerl, der immer anderen half? Oder war er der Großspurige, der sich nie unter Kontrolle hatte und nur im Augenblick lebte? Ich habe mich aber in alle beide Jakes verliebt. Er hat sich von 21 bis 25 so stark verändert, dass ich mich zu fragen begonnen habe, ob er über mich hinauswachsen würde. Er hat mich wirklich dazu inspiriert, darauf zu schauen, worauf es in meinem Leben und in meiner Arbeit ankommt. Wir hatten so viele Gespräche darüber, wie wir dieses eine Leben gestalten wollten, das uns gegeben ist, und das hat uns so viel näher zusammengebracht. Als wir heirateten, hat ein Freund die Trauung vollzogen, und wir haben einander versprochen, den anderen immer genau so anzunehmen, wie er gerade war. Das ist sozusagen die Formulierung unserer Aufgabe und erlaubt uns, neue Dinge auszuprobieren, unterschiedliche Möglichkeiten, wie wir uns selbst sehen. Ich habe wegen Jake zu meditieren begonnen. Ich ging zu einem zehntägigen Schweige-Retreat, bei dem diese zehn Tage lang nicht gesprochen, nicht geschrieben und nicht einmal gelesen wurde. Ich musste mich all den ständigen Gedanken in meinem Kopf, all meinen Unsicherheiten und Selbstzweifeln stellen. Das war unglaublich. Ich beschloss, meinen Job im Marketing aufzugeben – einen Job, von dem ich einfach nur behauptet hatte, er würde mir Spaß machen, weil er

BEZIEHUNGEN KÖNNEN MEHR SEIN ALS DAS ZUSAMMENKOMMEN ZWEIER INDIVIDUEN – SIE KÖNNEN GESCHICHTEN VON VERWANDLUNG UND EINEM GROSSEN BEITRAG ZUR WELT UND TIEFER BEDEUTUNG SEIN.

bei einem großen Technologieunternehmen war. Das hieß, auf eine Menge Geld zu verzichten. Ich beschloss, mich der Kunst zu widmen, und begann zu malen. Und Jake hat mich einfach machen lassen und war einverstanden, weil es so wichtig war für mich. Wir sind in ein Einzimmerapartment gezogen. Wir haben das Kabelfernsehen aufgegeben. Wir haben sehr viele Dinge verändert, und wir haben jeden Schritt miteinander besprochen. Ich habe das Gefühl, wir sind gemeinsam eine sehr starke Kraft, und es gibt nichts, was einer von uns tun oder ändern könnte, ohne dass der andere ihn dabei unterstützt. Das macht unser Leben interessant. Wir möchten keine Kinder haben, deshalb werden einfach wir beide dieses verrückte Leben und alles, was es bedeuten kann, ausloten.«

»Das ist sehr tiefgreifend«, sagte Jake. »Anders kann man es nicht erklären. Leben und Spiritualität und wachsen und uns verändern sind für uns zu diesem aufregenden Abenteuer geworden.«

»Das beste Leben, das wir je hatten«, ergänzte Erica. »Wir haben kein Geld, aber ich glaube, dass Geld niemals an das heranreichen könnte, was wir haben. Wir haben einen Sinn. Und das bedeutet alles.«

Erstaunliche Dinge geschehen in einer Beziehung, wenn ein Paar wachsen und sich verändern kann und mit dem Wachstum des anderen zurechtkommt. Das Ganze ist mehr als die Summe seiner Teile, und Beziehungen können mehr sein als das Zusammenkommen zweier Individuen – sie können Geschichten von Verwandlung und einem großen Beitrag zur Welt und tiefer Bedeutung sein.

Gemeinsam einen Sinn schaffen

In jeder Beziehung ist, wie im Leben auch, das einzig Beständige der Wandel. Das Entscheidende ist, wie jeder der beiden Partner mit dem Wachstum des jeweils anderen zurechtkommt. Menschen wachsen in Beziehungen dadurch, dass sie einem anderen Denken begegnen als ihrem eigenen. Ein Partner oder eine Partnerin sieht die Welt nicht auf die gleiche Weise und hat nicht die gleichen Bedürfnisse. Ohne Zweifel kann eine spirituelle Veränderung, und überhaupt jede Veränderung, in einer Beziehung eine Quelle von Konflikten sein. Aber in Beziehungen sind Konflikte der Wachstumsmotor, und wir sollten sie als Weg dazu willkommen heißen, den anderen tiefer lieben zu lernen und diesen Menschen mit einem so ganz anderen Denken als unserem eigenen besser zu verstehen. Wenn wir dieses Verständnis erreichen, wachsen wir einerseits individuell und andererseits auch die Beziehung.

Das ist der wichtigste Kernpunkt für eine lebenslange Liebe:

Das Ziel ist nicht, zu versuchen, den anderen dazu zu bringen, so zu werden wie Sie. Das Ziel ist, von ihm zu lernen und aus den Unterschieden zwischen Ihnen Gewinn zu ziehen.

Das Leben kann ein Kampf sein. Eine Beziehung kann ein Kampf sein.

Sie schaffen Sinn, wenn Sie all die unvermeidlichen Auseinandersetzungen im Leben gemeinsam meistern und durch die Widrigkeiten vorankommen und wachsen.

Wenn es Ihnen gelingt, einem Streit etwas Sinnvolles abzuringen, bleiben Sie zusammen.

Studien über Ehepaare haben gezeigt, dass Paare, die ihre Beziehung als heilig ansehen, eine bessere Beziehung haben.[12] Ganz ähnlich hat eine andere Studie gezeigt, dass Menschen dann, wenn sie das Gefühl hatten, der Sex zwischen ihnen sei etwas Heiliges oder ihre Religion würde ihn als etwas Heiliges gutheißen, mehr Sex, besseren Sex und länger Sex hatten und obendrein eine höhere Zufriedenheit mit der Ehe aufwiesen.

Interessanterweise ist ein Unterschied in der religiösen Orientierung keine sonderlich bedeutende Quelle ehelicher Konflikte. Laut dem Pew Research Center ist eine gemeinsame religiöse Überzeugung weniger wichtig als gemeinsame Interessen, guter Sex und die Aufteilung der Hausarbeit.[13] Je mehr gemeinsamen Sinn Sie allerdings in Ihrer Beziehung finden oder schaffen können, desto tiefer, reicher und lohnender wird sie.

Wie also bringen Sie Sinn in Ihre Beziehung? Wie können Sie Ihre Beziehung heilighalten? Wir tun das, indem wir gemeinsamen Sinn stiften und uns eigene verbindende Rituale schaffen.

Die Rituale, die Sie für Ihr gemeinsames Leben entwickeln, sind wichtig und werden Sie miteinander verbunden halten. Ein solches Ritual, von dem wir hoffen, dass Sie es einführen, ist natürlich ein wöchentlicher Gesprächsabend. Sie können auch Minirituale für Abschied und Wiedersehen einführen – wie den Sechs-Sekunden-Kuss. Überlegen Sie sich, wie Sie die kleinen und großen Höhepunkte des Lebens feiern können. Was empfinden Sie beide als etwas Besonderes? Denken Sie auch darüber nach, was für Rituale Sie für Verluste, Rückschläge, Pech und Erschöpfung schaffen können. Wie können Sie einander am besten unterstützen? Überlegen Sie sich für Geburtstage und andere Feiern Gemeinschaftsrituale mit Freunden. Es gibt beinahe unendlich viele Wege, gemeinsam

Sinn zu stiften und sich als Paar zu verbinden. Seien Sie kreativ und seien Sie ehrlich bei dem, was für beide am bedeutsamsten ist. Auch sich gegenseitig die Erlebnisse des Tages zu erzählen, kann ein verbindendes Ritual sein. Versuchen Sie, sachte aufzudecken, was den anderen stresst oder ängstigt. Einen sicheren Raum zu schaffen, in dem Sie Ihre Innenwelt miteinander teilen können, ist auch ein verbindendes Ritual. In jedem Moment, in dem Sie zusammen sind, und selbst, wenn Sie getrennt sind, haben Sie Gelegenheit, alles zu ehren, was an Ihrer Beziehung heilig ist – wie immer Sie das definieren mögen.

Wachsen und sich verändern

Sie geben dem Wachstum und der Veränderung in einer Beziehung Raum, indem Sie Ihrem Partner oder Ihrer Partnerin ein Gefühl der Sicherheit geben, wenn er oder sie Ihnen Ungewohntes mitteilt, und indem Sie wirklich neugierig darauf sind, in welcher Weise er oder sie dabei wächst. Wenn Individuen wachsen, wachsen auch Beziehungen. Wenn sich Individuen verwandeln, verwandeln sich auch Beziehungen.

ÜBUNG

Fragebogen zu dem, was für beide bedeutsam ist[14]

Um ein Gefühl dafür zu bekommen, wie gut es Ihnen und Ihrem Partner oder Ihrer Partnerin gelingt, in Ihrem gemeinsamen Leben ein Gefühl für das zu schaffen, was für Sie beide bedeutsam ist, antworten Sie bitte auf die folgenden Sätze mit »richtig« oder »falsch«. Wenn ein Punkt nicht auf Sie zutrifft (z.B. zu Familie oder Kindern, und Sie haben keine Kinder; oder zum Zusammenleben, und Sie leben nicht zusammen), überspringen Sie ihn einfach, passen ihn an Ihre spezielle Situation an (Abendessen nur für Sie beide) oder behalten ihn für eine spätere Besprechung im Hinterkopf.

Ihre Rituale der Verbundenheit

- Wir sind gleicher Meinung über Rituale beim gemeinsamen Abendessen zu Hause.

  ☐ R ☐ F

- Mahlzeiten an Festtagen (wie Thanksgiving, Weihnachten, Pessach) sind sehr spezielle und glückliche Zeiten für uns (oder wir hassen sie beide).

  ☐ R ☐ F

- Das Zusammenkommen am Ende des Arbeitstags ist bei uns im Allgemeinen ein besonderer Moment.

  ☐ R ☐ F

- Wir sind uns einig über die Rolle des Fernsehens bei uns zu Hause.

  ☐ R ☐ F

- Die Schlafenszeit ist normalerweise eine gute Zeit für Nähe.

  ☐ R ☐ F

- Am Wochenende machen wir Dinge, an denen wir Freude haben und die wir schätzen, teils gemeinsam, teils getrennt.

  ☐ R ☐ F

- Wir haben ähnliche Vorstellungen und Wünsche in Bezug auf Gäste bei uns zu Hause (Freunde einladen, Partys geben und so weiter).

  ☐ R ☐ F

- Wir mögen beide spezielle Feste oder mögen sie beide nicht (wie Geburtstage, Jubiläen, Familienfeiern).

  ☐ R ☐ F

- Wenn ich krank werde, fühle ich mich von meinem Partner oder meiner Partnerin versorgt und geliebt.

  ☐ R ☐ F

- Ich freue mich sehr auf unsere Ferien und gemeinsamen Reisen und genieße sie.

  ☐ R ☐ F
- Die Zeit am Morgen miteinander zu verbringen, ist sehr besonders für uns.

  ☐ R ☐ F
- Wenn wir gemeinsam Besorgungen erledigen, macht uns das im Allgemeinen Spaß.

  ☐ R ☐ F
- Wir haben unsere ganz persönlichen und besonderen Wege, uns gemeinsam zu erholen und aufzutanken, wenn wir ausgebrannt oder erschöpft sind.

  ☐ R ☐ F

Nachdem Sie auf die obigen Sätze geantwortet haben, entwickeln Sie bitte Ihre eigenen Rituale der Verbundenheit, indem Sie die folgenden Fragen diskutieren, besonders, wenn Sie nur sehr selten »richtig« angekreuzt haben.

- Wie können wir unser Abendessen zu etwas Besonderem machen? Was bedeutet diese Zeit für uns? Wie sah das Abendessen in den Familien aus, in denen wir aufgewachsen sind?
- Wie sollten wir uns am Beginn eines Tages verabschieden? Wie wurde das in unseren Herkunftsfamilien gehandhabt? Wie wollen wir uns beim Wiedersehen begrüßen?
- Wie soll es aussehen, wenn wir uns zum Schlafen fertig machen? Wie war das in den Familien, in denen wir aufgewachsen sind?
- Was bedeutet das Wochenende für jeden von uns? Wie war es in den Familien, in denen wir aufgewachsen sind? Wie können wir den Wochenenden mehr Bedeutung verleihen?

- Wie waren die Ferien in unseren Herkunftsfamilien? Wie sollen sich unsere Ferien anfühlen?
- (Suchen Sie sich einen hohen Festtag aus.) Was bedeutet uns dieses Fest eigentlich wirklich? Wie wollen wir es dieses Jahr feiern? Wie wurde es in unseren Herkunftsfamilien gefeiert?
- Wie kann sich ein jeder von uns erholen und wieder auftanken? Was macht diese Rituale für uns bedeutsam?
- Welche Rituale haben wir, wenn jemand krank ist? Wie war das in den Familien, in denen wir aufgewachsen sind? Wie hätten wir das gerne in unserer Familie?

ÜBUNG

Fragebogen zu gemeinsamen Zielen

Sie haben beide Ziele für sich selbst und für Ihre Beziehung. Ziele können ein Hinweis darauf sein, in welcher Richtung Sie sich ändern könnten. Sie können praktisch oder zutiefst spirituell sein. Ziele können sich manchmal in Lebensträume verwandeln, die wir im nächsten Kapitel besprechen werden. Im Moment werden Sie die Bedeutung von Zielen in Ihrem individuellen Leben und in Ihrer Beziehung erforschen. Bitte antworten Sie auf die folgenden Sätze mit »richtig« oder »falsch«. Wenn ein Punkt nicht auf Sie zutrifft, überspringen Sie ihn einfach, passen ihn an Ihre spezielle Situation an oder behalten ihn für eine spätere Besprechung im Hinterkopf.

Ihre Ziele

- Wir teilen viele unserer Ziele in unserem gemeinsamen Leben.

  ☐ R ☐ F
- Würde ich in sehr hohem Alter auf mein Leben zurückblicken, dann würde ich vermutlich sehen, dass sich unsere Wege sehr gut miteinander verflochten haben.

  ☐ R ☐ F
- Mein Partner oder meine Partnerin schätzt das, was ich erreicht habe.

  ☐ R ☐ F
- Mein Partner oder meine Partnerin achtet meine persönlichen Ziele, die nichts mit unserer Beziehung zu tun haben.

  ☐ R ☐ F
- Wir teilen viele unserer Ziele für andere, die uns wichtig sind (Kinder, Verwandte, Freunde und die Gemeinschaft).

  ☐ R ☐ F

- Wir haben sehr ähnliche finanzielle Ziele.
  ☐ R ☐ F
- Wir neigen zu recht ähnlichen Sorgen über potenzielle finanzielle Katastrophen.
  ☐ R ☐ F
- Unsere Lebensträume sind tendenziell ähnlich oder miteinander vereinbar.
  ☐ R ☐ F
- Unsere Hoffnungen und Bestrebungen als Individuen und als Paar, für unsere Kinder, für unser Leben im Allgemeinen und für unser Alter sind miteinander vereinbar.
  ☐ R ☐ F
- Auch wenn unsere Lebensträume verschieden sind, haben wir einen Weg gefunden, die Ziele beider zu würdigen.
  ☐ R ☐ F

Nachdem Sie auf die obigen Sätze geantwortet haben, erforschen Sie bitte Ihre Ziele und deren Bedeutung, indem Sie die folgenden Fragen diskutieren, besonders, wenn Sie nur sehr selten »richtig« angekreuzt haben.

- Schreiben Sie Ihre eigene Grabrede. Was möchten Sie gerne sagen? Wie möchten Sie nach Ihrem Tod am liebsten in Erinnerung behalten werden, welche Eigenschaften und Fähigkeiten sind Ihnen am wichtigsten?
- Welche Ziele haben Sie im Leben für sich selbst, für Ihren Partner oder Ihre Partnerin, für Ihre Kinder (wenn Sie Kinder haben)? Was möchten Sie in den nächsten fünf bis zehn Jahren erreichen?
- Wir füllen unsere Zeit häufig mit den Dingen, die unsere sofortige Aufmerksamkeit verlangen – wir löschen sozusagen, wo es brennt. Aber was sind die wichtigen Dinge in Ihrem Leben, die

wahrhaft Quellen großer Energie und Freude sind, für die Sie dringend Zeit freihalten müssen, die wichtigen Dinge, die immer wieder aufgeschoben werden oder keinen Platz haben?

- Welche Rolle spielen Spiritualität oder Religion in Ihrem Leben? Welche Rolle haben sie in den Familien gespielt, in denen Sie aufgewachsen sind? Wie soll diese Rolle jetzt oder in Zukunft aussehen?

Als Individuen werden Sie im Lauf Ihrer Beziehung wachsen und sich verändern. Ihre individuellen spirituellen und religiösen Überzeugungen und Übungen sind nicht so wichtig wie die Haltung, Ihre Beziehung und die Rituale und Ziele, die Sie gemeinsam entwickeln, als heilig, spirituell und bedeutsam anzusehen.

Schnelleinstieg

Zusammenfassung des Kapitels

- Das einzig Beständige in einer Beziehung ist der Wandel.
- Das Entscheidende dabei ist, wie jeder der beiden Partner mit dem Wachstum des jeweils anderen zurechtkommt.
- In Beziehungen geschehen erstaunliche Dinge, wenn ein Paar sich verändern und wachsen und mit dem Wachstum des anderen mitgehen kann.
- Beziehungen können mehr sein als das Zusammenkommen zweier Individuen – sie können Geschichten von Verwandlung und einem großen Beitrag zur Welt und tiefer Bedeutung sein.
- Wenn Sie den Kämpfen, die Sie gemeinsam bestehen müssen, einen Sinn abgewinnen können, bleiben Sie zusammen.
- Die Forschung hat gezeigt, dass Paare, die ihre Beziehung als heilig ansehen, eine bessere Beziehung haben.
- Wenn Individuen wachsen, wachsen auch Beziehungen. Wenn sich Individuen verwandeln, verwandeln sich auch Beziehungen.
- Einen gemeinsamen Sinn und Rituale der Verbundenheit zu schaffen, sind Wege, Ihre Beziehung zu einer spirituellen Übung zu machen.

DAS GESPRÄCH: WACHSTUM UND SPIRITUALITÄT

Thema

- Wie ist jeder von uns in der Beziehung gewachsen und hat sich verändert? Was bedeutet Spiritualität für einen jeden von uns, und wie drücken wir sie aus?

Vorbereitung

- Überlegen Sie, was Wachstum, Veränderung und Spiritualität in Ihrem Leben bedeuten. Wenn Sie das noch nicht getan haben, antworten Sie auf die Sätze in den Fragebogen und auf die Fragen zu verbindenden Ritualen und Ihren Zielen. Denken Sie darüber nach, was Sie in diesem Kapitel gelesen haben und welche Ideen Ihnen dazu gekommen sind, wie Spiritualität oder Religion für Sie aussehen. Denken Sie über die Rituale nach, die Sie in Ihrer Beziehung haben oder gerne hätten. Überlegen Sie, wie sich ein jeder von Ihnen im Lauf der Zeit verändert hat. Überlegen Sie, wie Sie sich individuell gewandelt haben und wie Ihre eigene Verwandlung auch die Beziehung verändert hat.

Ort

- Für dieses Gespräch gehen Sie bitte an einen Ort, der sich für beide schön und heilig anfühlt. Es kann ein Innenraum sein oder auch ein Ort im Freien. Etwa dort, wo Sie zum Gebet hingehen – nahe bei einem Tempel, einer Moschee, einer Synagoge oder einer Kirche, in die Sie gehen. Überlegen Sie, ob Sie Ihr Gespräch bei oder in einem nahe gelegenen Zen-Zentrum oder sonstigen spirituellen Ort führen wollen.

Vorschlag

- Das Ziel ist, Ihren Partner oder Ihre Partnerin in irgendeiner Weise zu ehren. Ein Weg ist etwa eine besondere Hommage. Das könnte etwa in Form eines Videos geschehen oder sogar mit einer kleinen bildlichen Darstellung Ihrer Liebe, die Sie in Ihrem Zuhause oder Garten kreieren. Beginnen Sie mit einem Lieblingsfoto des oder der anderen. Sammeln Sie ein paar Gegenstände, die Sie an Ihren Partner oder Ihre Partnerin erinnern, und arrangieren Sie sie um das Foto herum. Seien Sie achtsam bei dem, was Sie zusammentragen. Es sollten Dinge sein, die für etwas stehen, das für Sie beide Bedeutung hat.

EIN DATE ZU HAUSE: Wenn Sie sich dafür entscheiden, etwas bildlich füreinander zu gestalten, dann führen Sie dieses Gespräch vor dem Symbol, das Sie gestaltet haben. Beginnen Sie mit fünf Minuten Stille. Wenn Sie Meditationserfahrung haben, können Sie meditieren. Wenn Sie beten, beginnen Sie mit fünf Minuten Gebet. Sehen Sie dieses Date als heilig und bedeutsam an.

Mitbringen

- Sie sollten die Fragebogen und die Antworten auf die Fragen zu Ritualen und Zielen in diesem Kapitel mitbringen. Seien Sie bereit, Ihre Antworten auf die Sätze zu diskutieren, die Sie mit »richtig« oder »falsch« bewertet haben.

Fehlervermeidung

- Bringen Sie Demut und Neugier auf die Vorstellungen Ihres Partners oder Ihrer Partnerin von Wachstum und Spiritualität mit.
- Bleiben Sie innerlich offen und verzichten Sie darauf, Ihren Partner oder Ihre Partnerin zu beurteilen.

- Stellen Sie Fragen, ehe Sie vorschnell annehmen, Sie hätten schon verstanden.
- Wenn Sie sich von dem, was Ihr Gegenüber sagt, bedroht oder geängstigt fühlen, erzählen Sie es ihm, statt es zum Aufhören zu veranlassen, weil Sie Angst haben.
- Denken Sie daran, dass es hier kein Richtig oder Falsch gibt, und geben Sie dem Glück und dem Verstehen immer den Vorrang vor dem Rechthaben.

Offene Fragen für Ihr Gespräch

Nachdem Sie Ihre Übungen miteinander durchgesprochen haben, stellen Sie einander bitte die folgenden Fragen:

- Wie hat deine Familie in deiner Kindheit das Heilige gewürdigt, oder auch nicht, und wie hast du dich damit gefühlt? Waren deine Eltern religiös, und wenn ja, wie haben sie das praktiziert?
- Was siehst du als heilig an? Und warum?
- Was trägt dich durch deine schwierigsten Zeiten?
- Wie findest du ein Gefühl des inneren Friedens? Was ist deine Quelle des Friedens?
- Wie hast du dich im Lauf deines Lebens in deiner Spiritualität oder deiner religiösen Überzeugung verändert?
- Wo bist du nach deinem Gefühl am meisten gewachsen? In welchen Bereichen?
- In welchem Jahrzehnt bist du am meisten gewachsen, und in welcher Weise hast du dich verändert?
- Welche spirituellen Überzeugungen möchtest du an unsere Kinder weitergeben (wenn Sie Kinder haben oder bekommen wollen)?
- Wie kann ich dich auf deinem eigenen, persönlichen Weg unterstützen?

- Wie stehst du zu der Idee, dich gezielt innerlich weiterentwickeln zu wollen oder Dinge zu tun, die dich in deinem persönlichen Wachstum voranbringen?

Eine Affirmation für unsere gemeinsame Zukunft

Lesen Sie einander diese Affirmation abwechselnd laut vor. Halten Sie Blickkontakt, solange Sie sie rezitieren.

Ich verspreche dir, mit dir zusammen wachsen und lernen zu wollen und nach einem gemeinsamen Sinn unserer Beziehung zu suchen. Ich verspreche dir auch, drei gemeinsame Rituale für unsere Verbundenheit zu entwickeln, die ich hier aufzähle:

1 ______________________________

2 ______________________________

3 ______________________________

ACHTES GESPRÄCH

Ein Leben lang Liebe:

Träume

Keisha und Alex finden es schwer, über ihre Träume zu sprechen. »Wie können wir Träume von der Arbeit trennen? Klar, ich wäre gerne Künstler«, sagte Alex, »aber es sind Rechnungen zu bezahlen. Wie viele Künstler können eine Familie ernähren? Wie viele Menschen können wirklich ihren Lebensunterhalt damit verdienen, dass sie ihre Träume verwirklichen? Mir ist bei dem ganzen Thema nicht richtig wohl.«

Keisha hielt ein wenig dagegen. »Aber du kannst nicht einfach deine Träume aufgeben. Wenn ich weiß, dass du Künstler sein möchtest, kann ich dir helfen, Zeit dafür zu schaffen. Ich könnte sonntags mehr Dinge selbst erledigen, und du kannst malen. Wenn ich nicht weiß, dass das dein Traum ist, wie kann ich dich dann darin unterstützen? Vielleicht können wir klein anfangen. Du stellst deine Bilder in einem Café oder so was aus. Ich könnte einen kleinen Text zu jedem Bild schreiben.«

»Vielleicht könnte ich jeden Sonntagmorgen ein paar Stunden malen. Kann sein, das geht völlig schief. Ich habe jahrelang nicht mehr gemalt.«

»Wenn dir das etwas bedeutet, dann möchte ich dich darin unterstützen«, sagte Keisha. »Wir sind ein Team.«

»Und du? Was ist dein Traum?«

»Ich weiß nicht.« Keisha dachte ein paar Minuten nach. »Ich glaube, ich würde gerne irgendwann einmal nach Machu Picchu fahren. Davon habe ich immer geträumt. Etwas an diesem Ort zieht mich sehr stark an. Und ich würde gerne mal wieder bei irgendeiner Art Wettkampf mitmachen. Ich war seit der Highschool nicht mehr in einem Team, und ich war immer so sportlich. Vielleicht könnte ich in einer Freizeit-Fußball-Liga spielen. Das ist schon ein Traum von mir, und auch wieder die Kondition von damals zu haben. Aber es ist einfach schwer, dafür Zeit zu finden, bei den langen Arbeitszeiten, die wir haben.«

»Siehst du«, sagte Alex. »Die Arbeit ist der Tod für Träume.«

»Na ja, niemand wird mich dafür bezahlen, meine Kondition zu verbessern oder Fußball zu spielen. Aber komm, wir suchen uns einen Weg, wenigstens einige Zeit auf die Verwirklichung unserer Träume zu verwenden. Es ist irgendwie aufregend, darüber nachzudenken.«

Wie wir schon ausgeführt haben, beansprucht die Arbeit einen großen Teil unserer Zeit und Energie, und wenn Sie von Gehalt zu Gehalt leben oder Kredite abzahlen müssen, die Sie für Ihr Studium aufnehmen mussten, oder einen anspruchsvollen Beruf ausüben, ist es sehr leicht, größere Lebensträume zurückzustellen. Wir gehen Verpflichtungen gegenüber unserem Partner oder unserer Partnerin ein und gehen berufliche Verpflichtungen ein, und uns jetzt auch noch dazu zu verpflichten, unseren Träumen Raum zu geben, kann uns wie eine Verpflichtung zu viel vorkommen.

Aber Träume sind wichtig. Ihre eigenen Träume. Die Träume Ihres Partners oder Ihrer Partnerin. Und Ihre gemeinsamen Träume. Gemeinsam zu träumen und einander dabei zu unterstützen, die individuellen Träume zu verwirklichen, ist für Ihre Beziehung ebenso wichtig wie Vertrauen, Verlässlichkeit und Sex.

JEDES JAHR STELLEN SIE SICH IHRE ZUKUNFT VOR, IMMER WIEDER AUFS NEUE.

In dem Jahr nach der katastrophalen alljährlichen Flitterwochenreise, auf der John 16 Stunden am Tag arbeitete, brachen John und Julie im Juli wieder zu einer Flitterwochenreise auf. Diesmal ließ John alle Bücher zu Hause. Stattdessen fuhren sie Kajak und konzentrierten sich aufeinander; sie befassten sich achtsam mit ihrem

Leben und ihren Träumen. Sie fragten einander, wie sie die Träume des anderen ernst nehmen und würdigen konnten. Sie hörten zu. Sie machten sich Notizen.

Obwohl sie zusammen leben und zusammen arbeiten, gab es immer noch einiges in Erfahrung zu bringen und zu fragen.

Welche Veränderungen siehst du künftig für deine Arbeit?
Was findest du derzeit am Leben spannend?
Was sind deine größten Sorgen in Bezug auf die Zukunft?
Was meinst du, wie wir mehr Spaß im Leben haben könnten?
Was fehlt dir in deinem Leben?

Dass sie diese Fragen Jahr für Jahr immer wieder neu stellten, Flitterwochen um Flitterwochen, hat ihnen eine so befriedigende und beständige Ehe eingebracht. Es ist genau das, worum es in diesem Buch geht, und es ist das Herzstück dessen, was sie sowohl professionell als auch persönlich gelernt haben: dass die Beschäftigung mit diesen Fragen der geheime Nährboden für eine lebenslange Liebe ist. Johns Frage nach Julies Träumen hat dazu geführt, dass sie ihm ihren Traum offenbarte, den Mount Everest zu besteigen. Julies Frage nach Johns Träumen führte zu der Offenbarung, dass John gerne ein Institut zur Erforschung von Beziehungen einrichten wollte. Und so haben die beiden dann gemeinsam das Relationship Research Institute aufgebaut. Julie hat Johns Traum noch dahingehend erweitert, dass sie sagte, sie träume davon, Paaren in Bedrängnis auf der ganzen Welt zu helfen und auch ihren Kindern beizustehen. Dieser Traum führte zum Gottman Institute.

Jedes Jahr stellen sie sich ihre Zukunft vor, immer wieder aufs Neue.

Gemeinsam zu träumen gehört zu den tiefgründigsten Dingen, die Sie in einer Beziehung miteinander tun können. Und die Träume

Ihres Partners oder Ihrer Partnerin anzuerkennen ist ein starker Ausdruck dafür, dass er oder sie Ihnen am Herzen liegt, weil es eine tiefe Liebe zeigt. Gut, Sie stehen loyal zueinander, aber können Sie auch gegenüber dem loyal sein, was für Ihr Gegenüber das Heiligste und Wichtigste ist? Wenn jeder die Träume des anderen würdigt und unterstützt, wird alles andere in der Beziehung leichter, weil sich beide darin unterstützt fühlen, derjenige beziehungsweise diejenige zu werden, die er oder sie werden muss oder will.

Jeder hat einen Lebenstraum oder ein Lebensziel, und Sie müssen sorgfältig darauf achten, diese Träume und dieses Ziel nicht der Liste Ihrer täglichen Pflichten, Ihrer Arbeit, Ihrer Familie oder selbst Ihrer Beziehung zu opfern.

Jetzt im Augenblick ist es der Traum von Alex, seiner Malerei nachzugehen und eines Tages von seiner Kunst leben zu können. Ob das je geschehen wird, kann nur die Zeit zeigen. Das Wichtigste ist, dass Keisha ihn in diesem Traum unterstützt, selbst wenn sie sich Sorgen macht, wie sie dann ihre Rechnungen bezahlen oder Kinder großziehen können.

Sich abwechseln

Doug und Rachel waren heftig ineinander verliebt – mit dieser verrückten, hingerissenen Liebe, bei der man die ganze Nacht aufbleiben und sich gegenseitig anschauen will. Ihre Beziehung war noch ganz neu. Sie ertrugen es nicht, getrennt zu sein. Und dann ließ Doug eine Bombe platzen. »Ich möchte ein Jahr nach Israel gehen. Es ist sehr wichtig für mich. Ich habe das Bedürfnis, meine Wurzeln zu erforschen.«

Rachel war überrascht, sagte ihm aber, wenn das ein dringendes Bedürfnis sei, solle er natürlich gehen. »Ich wollte auf keinen Fall einem Vorhaben im Weg stehen, das so wichtig für ihn war. Ein Jahr ist eine sehr lange Zeit, wenn eine Beziehung noch neu ist. Aber ich wusste, es war sein Traum. Ich wusste, es hat nichts mit mir zu tun.«

Die Zeit der Trennung war hart, aber als er zurückkam und ihr von seinem neuen Traum erzählte, nach New York zu fahren und dort im Corporate Publishing die Karriereleiter zu erklimmen, begann sie gerade ihr Medizinstudium 3000 Meilen weit weg von New York. »An dieser Stelle mussten wir über unser beider Träume reden«, sagt Doug, »weil sie uns geografisch sehr weit auseinanderbrachten und ich fürchtete, sie würden uns auch emotional voneinander trennen.«

Doug beschloss, New York sausen zu lassen und an Rachels Studienort zu ziehen, sich hauptverantwortlich um die Kinder zu kümmern und in seiner eigenen Arbeit zurückzustecken. »Letztendlich beschlossen wir, dass unsere Beziehung und ihr Potenzial für uns beide der wichtigste Traum war.«

Heute, 31 Jahre später, sagt Rachel, dass die Würdigung ihrer Träume Dougs Weg Nummer eins ist, ihr das Gefühl zu geben, sie werde geliebt. »Wir haben gelernt«, sagt sie, »dass man sowohl in einer Beziehung leben als auch all seine Träume verwirklichen kann. Aber man kann nicht alles gleichzeitig machen. Wir haben gelernt, uns abzuwechseln, und wir haben gelernt, einander bedingungslos zu unterstützen.«

Als Rachel noch ein Kind wollte und am Ende Zwillinge bekam, war Doug bereit, in zwei Jobs zu arbeiten und jeden Tag mehrere Stunden zu pendeln, um ihren Familientraum zu unterstützen (auch ihre Mutter zog für sechs Monate bei ihnen ein, um bei der Versorgung der Zwillinge zu helfen). Als Doug das Corporate-Publishing-Unternehmen verlassen wollte, für das er arbeitete, damit er seine eigene Literaturagentur gründen konnte, um Visionären zu helfen, eine weisere, gesündere und gerechtere Welt zu erreichen, unterstützte ihn Rachel, obwohl es kein Vorbild dafür gab, wie eine solche Literaturagentur aussehen konnte, und obwohl sie keine Ahnung hatten, ob sie Erfolg haben würde. Rachel war bereit, zusätzliche Stunden in einer ärztlichen Notfallpraxis zu arbeiten, damit Doug seinen Traum verwirklichen konnte, bis seine Agentur auf festen Beinen stand und gut lief.

DAS ZIEL IST, IN EINER BEZIEHUNG ZU LEBEN UND AN SEINEN TRÄUMEN FESTZUHALTEN.

Als Rachel ihre feste Stelle mit dem verlässlichen Gehalt aufgeben wollte, um eine eigene Praxis einzurichten, unterstützte Doug sie – wieder ein finanziell riskantes Unternehmen für beide. Als Rachel schließlich die Praxis schloss, weil sie zu groß und zu schwerfällig geworden war, ermutigte Doug sie nicht, wieder in einer traditionellen Praxis zu arbeiten, wo sie die Patienten im Zehn-Minuten-Takt abfertigen musste, weil er wusste, das würde ihr das Herz brechen und ihrer Seele schaden. Stattdessen spornte er sie an, es noch einmal zu versuchen, und sie wagte es. Klüger und erfahrener geworden, baute sie eine florierende Praxis auf, die ihre Seele nährt.

Als Doug sich den lebenslangen Traum erfüllen wollte, einen Roman zu schreiben, unterstützte Rachel ihn, auch wenn das bedeutete, dass er abends sehr lange aufblieb und früh aufstehen musste, um zu schreiben. Und obwohl das auch Wochenenden fern der Familie bedeutete. Sie verständigten sich darauf, was das Minimum war, mit dem sie überleben konnten, während sich beide ihre Träume erfüllten, denn sie wussten, dass ihnen die Erfüllung ihrer Träume wichtiger war als ein großes Haus oder ein imposantes Auto. Doug und Rachel hatten immer das Gefühl, dass ihre wichtigste Aufgabe in der Ehe – noch wichtiger als die Erfüllung ihrer eigenen Bedürfnisse – darin bestand, den anderen darin zu unterstützen, seine Gaben in die Welt zu bringen und den Beitrag zu leisten, zu dem er sich aufgerufen fühlte. Kurz, sie wechselten sich ab, brachten Opfer und unterstützten einander bei der Erfüllung ihrer eigenen, persönlichen Träume und auch der kollektiven Träume, zu deren Erfüllung sie einen Beitrag leisten wollten.

Jeder bringt Opfer, aber man darf seine Träume nicht aufgeben. Man darf sie nicht unterdrücken. Denn das kann zu Bitterkeit, Groll und einem Verlust von Leidenschaft und Begehren führen und eine enorme Distanz in einer Beziehung erzeugen. Als Partner müssen wir einander helfen, unseren Träumen den Weg zu bahnen und sie zu verfolgen, sei es beruflich oder in der Freizeit. Das erhält die Leidenschaft und den Saft und die Lebendigkeit in beiden Partnern und der Beziehung.

Und niemand möchte einen Partner oder eine Partnerin, der oder die nur halb lebendig ist. Das Ziel ist, in einer Beziehung zu leben und an seinen Träumen festzuhalten. Folgen Sie Ihren Träumen. Und teilen Sie Ihre Träume mit Ihrem Partner oder Ihrer Partnerin.

Werden Sie ein Dream-Team

Ihr Partner oder Ihre Partnerin hat Träume, von denen Sie nichts wissen, und die Wahrheit ist, dass manche unserer tiefsten Träume ihre Wurzeln in der Kindheit haben. Die Träume, die Sie und Ihr Partner oder Ihre Partnerin hegen, können »tiefe« Träume sein, wie wir das nennen. Die häufigsten, mit denen wir gearbeitet haben, sind in der nachher folgenden Übung aufgelistet.

Jeder Ihrer »tiefen« Träume ist wichtig und schön, und Sie sollten ihn Ihrem Partner oder Ihrer Partnerin mitteilen. Wenn Ihr Traum in Reisen und Abenteuern besteht, und der Traum Ihres Partners oder Ihrer Partnerin ist eine spirituelle Reise, lassen sich Ihre Träume vielleicht miteinander vereinbaren (eine gemeinsame Reise nach Jerusalem oder Indien oder an einen anderen heiligen Ort), oder sie könnten im Widerspruch stehen. Der wichtigste und entscheidende Merksatz zum Thema Träume lautet: Verbergen Sie sie nicht. Wenn Ihr Traum darin besteht, mehr Macht zu gewinnen, erzählen Sie Ihrem Partner oder Ihrer Partnerin davon. Wenn Ihr Traum darin besteht, etwas Wichtiges aufzubauen, sprechen Sie mit Ihrem Partner oder Ihrer Partnerin darüber.

Wenn wir unsere Träume verbergen, die großen und die kleinen, dann verbergen wir die wichtigsten Teile von uns selbst. Wir blockieren Intimität und Verbundenheit. Ein Traum ist etwas, das Sie ersehnen, und wenn Sie diese Sehnsucht nicht mitteilen und dem Partner oder der Partnerin nicht einmal zugestehen, dass er oder sie überhaupt von dieser Sehnsucht weiß, dann kommt es zu Konflikten. Der Traum verschwindet nicht, wenn wir ihn unterdrücken. Er ist in uns, und er wird sich in Gestalt eines Konflikts Gehör verschaffen – oft in einem schwierigen Konflikt, den wir »festgefahren« nennen. Der beste Weg, diese Art von Konflikt zu vermeiden, ist, offen und ehrlich über all Ihre Träume zu sprechen, die großen wie die kleinen. Und die Träume Ihres Partners oder Ihrer Partnerin zu respektieren und zu würdigen, auch wenn sie sich von den Ihren unterscheiden. Wenn Ihr Partner oder Ihre Partnerin davon träumt, den Mount Everest zu besteigen, dann reden Sie nicht davon, wie teuer das sein und wie viel Zeit es kosten wird. Seien Sie neugierig, woher dieser Traum kommt. Fragen Sie Ihr Gegenüber, was dieser Traum ihm bedeutet. Fragen Sie, welches Gefühl die Erfüllung des Traums mit sich bringen wird. In jedem Traum, den Sie haben, verbirgt sich eine Geschichte, und in jedem Traum Ihres Partners oder Ihrer Partnerin auch. Hören Sie der Geschichte des oder der anderen zu.

Träumen Sie zusammen.

Stellen Sie sich gemeinsam Dinge vor.

Gemeinsam können Sie selbst unmögliche Träume möglich machen.

Die Welt braucht es, dass Sie Ihre Träume verwirklichen. In unseren Träumen finden wir unsere größte Freude und entdecken, welche einzigartigen Gaben wir dieser Welt anzubieten haben.

ÜBUNG

Traumebenen

Lesen Sie sich die Liste »tiefer« Träume durch, um zu sehen, ob etwas davon Ihren eigenen innersten Träumen entspricht oder Sie dazu inspiriert, an einen Ihrer Träume zu denken, oder einen Traum wieder aufweckt, den Sie vergessen hatten.

1. Kreuzen Sie die Träume auf der Liste an, die auch Sie haben, oder schreiben Sie einige Ihrer eigenen Träume in die freien Linien am Schluss. Stellen Sie sich darauf ein, bei Ihrem Gespräch diese Liste mit Ihrem Partner oder Ihrer Partnerin zu besprechen.
2. Kreuzen Sie Ihre drei wichtigsten Träume an. In dem Kreisdiagramm auf S.259 schreiben Sie bitte Ihren wichtigsten Traum in den inneren Kreis (Traum 1). In den mittleren Kreis (Traum 2) schreiben Sie den Traum, der Ihnen auch wichtig ist, aber nicht ganz so sehr. In den äußeren Kreis (Traum 3) schreiben Sie den Traum, dessen Erfüllung Sie ganz schön fänden, der aber eher in die Kategorie »kann sein, kann auch nicht sein« gehört.

- Mehr Freiheit haben
- Inneren Frieden haben
- Mich mit der Natur eins fühlen
- Erforschen, wer ich bin
- Auf große Abenteuerfahrt gehen
- Eine spirituelle Reise unternehmen
- Für Gerechtigkeit kämpfen
- Ehre erlangen
- Meine Verletzungen aus der Vergangenheit heilen

- Andere heilen
- Eine Familie gründen
- Mein Potenzial ausschöpfen
- Mächtig und einflussreich sein
- Mit Anmut altern
- Meine kreative Seite erforschen
- Anderen helfen
- Meisterschaft entwickeln
- Einen alten Teil meines Selbst erkunden, den ich verloren habe
- Eine Angst besiegen
- Ordnungssinn entwickeln
- Produktiver sein
- Mich ganz entspannen können
- Über mein Leben nachdenken
- Etwas Wichtiges zu Ende bringen
- Meine körperliche Seite erkunden oder sportlich werden
- Konkurrieren und gewinnen
- Die Welt bereisen
- Etwas wiedergutmachen und Gott oder einen Menschen um Verzeihung bitten
- Etwas Wichtiges aufbauen
- Ein Kapitel in meinem Leben beenden – etwas verabschieden
- ____________________
- ____________________
- ____________________
- ____________________

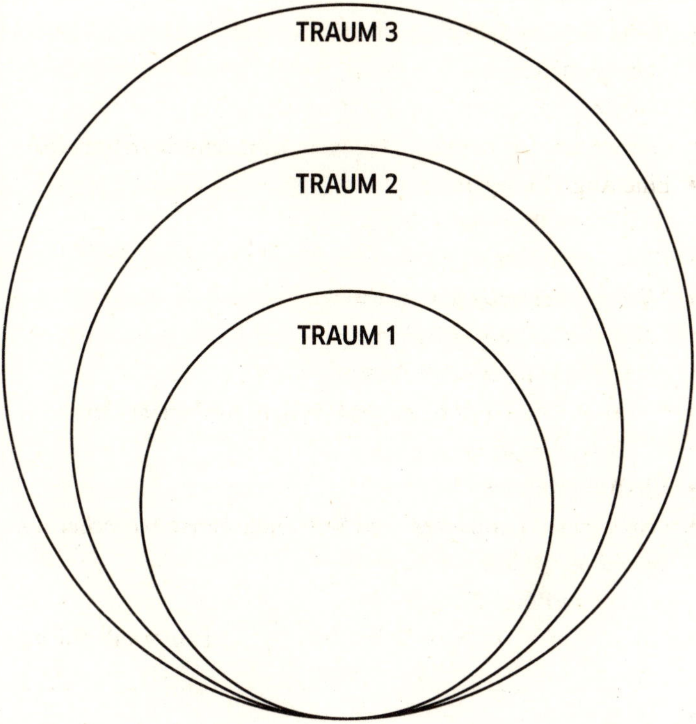
TRAUM 3
TRAUM 2
TRAUM 1

Schnelleinstieg

Zusammenfassung des Kapitels

- Die Träume des jeweils anderen zu würdigen, ist der geheime Nährboden für eine lebenslange Liebe.
- Ihre Beziehung ist einer Ihrer Lebensträume, aber Sie haben beide noch andere Träume, die für Sie als Individuen wichtig sind.
- Sie können dafür sorgen, dass alle Träume von beiden wahr werden, aber nur selten ist alles gleichzeitig möglich. Manchmal muss man Opfer bringen.
- Die Träume Ihres Partners oder Ihrer Partnerin zu würdigen, ist ein starker Ausdruck für Ihre Liebe zu ihm oder ihr.
- Wenn Träume gewürdigt werden, wird alles andere in der Beziehung leichter.
- Jede und jeder hat einen Lebenstraum oder ein Lebensziel.
- Niemand sollte diesen Traum oder dieses Ziel für die Beziehung opfern.
- Sie können die Träume des jeweils anderen nicht würdigen, wenn Sie sie sich nicht mitteilen.

DAS GESPRÄCH: TRÄUME

Thema

- Was sind unsere tiefsten Träume? Wie helfen wir einander, unsere Träume zu erfüllen? Wie können wir gemeinsam träumen?

Vorbereitung

- Denken Sie über das nach, was Sie in diesem Kapitel gelesen haben, und überlegen Sie, welche Ideen Ihnen dazu gekommen sind, was die Würdigung der Träume des anderen für Sie bedeutet. Machen Sie die Übung und stellen Sie sich darauf ein, Ihre Kreise mit den drei darin genannten Träumen zu dem Gespräch mitzubringen. Notieren Sie die Träume, zu denen Sie sich hingezogen fühlen, und seien Sie bereit, die Geschichte hinter jedem Ihrer Träume zu erzählen und den anderen wissen zu lassen, wie Sie sich vermutlich fühlen werden, wenn die Träume in Erfüllung gehen.

Ort

- Suchen Sie sich einen Ort, der Sie inspiriert und der Ihre Träume stärkt. Führen Sie Ihr Gespräch bei Sonnenaufgang oder Sonnenuntergang an einem Ort, von dem aus Sie den Horizont sehen können. Oder sonst irgendwo, wo Sie eine schöne Aussicht haben. Suchen Sie einen Ort, der in irgendeiner Weise inspirierend oder beflügelnd ist.

Vorschlag

- Wenn es einen Ort gibt, der für einen gemeinsamen Traum wichtig ist (ein Haus in einer bestimmten Gegend kaufen oder eine Bäckerei in einem bestimmten Stadtteil eröffnen), dann gehen Sie dorthin, um Ihr Gespräch zu führen, da er Teil Ihres Traums ist.

EIN DATE ZU HAUSE: Führen Sie das Gespräch auf dem Dach Ihres Hauses oder im Garten auf einer Decke unter dem Sternenhimmel. Suchen Sie sich einen Stern aus und verbinden Sie ihn mit einem Wunsch, während Sie Ihre Träume besprechen.

Mitbringen

- Sie sollten das Ergebnis der Übung und die drei Träume in den Kreisen mitbringen. Wenn Sie möchten, können Sie auch ein Blatt Papier und einen Stift mitbringen, selbst Kreise zeichnen und Ihre Träume eintragen. Stellen Sie sich darauf ein, beide Übungen zu besprechen. Halten Sie Herz und Geist offen.

Fehlervermeidung

- Unterlassen Sie Widerspruch gegen den Traum Ihres Partners oder Ihrer Partnerin; sagen Sie nicht, daraus würde nie etwas werden, stellen Sie ihn nicht infrage und reden Sie ihn nicht klein.
- Stürzen Sie sich nicht sofort auf die praktische Seite des Traums, ehe Sie ihn wirklich verstanden haben, denn das ist der schnellste Weg, ihm den Garaus zu machen oder Ihren Partner oder Ihre Partnerin zum Verstummen zu bringen. Der Traum mag schwer umsetzbar erscheinen, aber sagen Sie das nicht.
- Denken Sie daran, dass Sie nichts über die Zukunft und darüber wissen, was möglich ist.
- Stellen Sie umfangreiche Fragen, um den Traum Ihres Partners oder Ihrer Partnerin zu verstehen, auch nach dem, was in seiner oder ihrer Kindheit zur Entstehung dieses Traums geführt haben mag.
- Fragen Sie nach der tieferen Bedeutung eines jeden Traums.

Offene Fragen für Ihr Gespräch

Nachdem Sie Ihre Übungen miteinander durchgesprochen haben, stellen Sie einander bitte die folgenden Fragen:

- Hattest du als Kind Träume für dein Leben?
- Glaubst du, deine Eltern haben sich ihre Träume erfüllt?
- Haben deine Eltern dich bei der Erfüllung deiner Kindheitsträume unterstützt?
- Warum ist der Traum im innersten Kreis so wichtig für dich?
- Hat er in irgendeiner Weise mit deiner Kindheit oder deiner Lebensgeschichte zu tun? In welcher Weise?
- Hat die Erfüllung dieses Traums einen tieferen Zweck für dich?
- Wie würdest du dich fühlen, wenn dieser Traum in Erfüllung ginge? Und wie, wenn er nicht erfüllt würde?
- Erzähl mir mehr über deine anderen beiden Träume.

Eine Affirmation für unsere gemeinsame Zukunft

Lesen Sie einander diese Affirmation abwechselnd laut vor. Halten Sie Blickkontakt, solange Sie sie rezitieren.

Ich verspreche dir, deine Träume möglichst umfassend zu ergründen und zu verstehen und in den nächsten sechs Monaten irgendetwas Konkretes zu tun, mit dem ich einen deiner Träume unterstütze.

Schluss

Gehen Sie liebevoll miteinander um

Diese acht Gespräche sind nur der Anfang. Diese Themen sind die wichtigsten für Ihre Beziehung – ob Sie erst eine gemeinsame Zukunft ins Auge fassen oder schon lange Zeit zusammen sind –, aber es gibt keine Grenzen für die Themen, über die Sie sprechen werden, für das Verständnis, das Sie erwerben werden, oder für die Liebe, die Sie im Lauf eines Lebens entwickeln werden. Ihre Beziehung ist am besten ständig in einem Prozess des Wachsens und der Weiterentwicklung. Sie können niemals alles herausfinden, was es über einen Menschen zu wissen gibt, und das ist das Aufregende an Ihrem Weg.

Ihre Beziehung ist ein großes Abenteuer. Sehen Sie sie auch als solches an. Seien Sie neugierig. Seien Sie verletzlich. Seien Sie bereit, Ihre Komfortzone zu überschreiten. Lernen Sie zuzuhören. Seien Sie mutig genug, zu reden. Teilen Sie einander Ihre Hoffnungen, Ihre Ängste und Ihre Träume mit.

Wir haben dieses Buch mit Vertrauen begonnen und werden es auch mit Vertrauen beenden. Es ist absolut zentral für das Gelingen oder das Scheitern aller Beziehungen. Paare, deren Beziehung gelingt, fühlen sich beieinander sicher. Vertrauen erlaubt Ihnen, sich verletzlich zu zeigen. Wenn Sie das Maß des Vertrauens steigern können (Freundschaft, zur Stelle sein, Wort halten), dann verbessert sich Ihre Beziehung. Sie brauchen sich nicht in jeder Hinsicht ähnlich zu sein, damit Ihre Liebe Bestand hat; die meisten Paare weisen mehr Unähnlichkeiten als Ähnlichkeiten auf. Aber Sie müssen mutig genug sein, sich verletzlich zu zeigen. Eine lebenslange Liebe besteht aus den kleinen Momenten und Interaktionen miteinander.

Sorgen Sie dafür, dass sie Gewicht haben.

Trennen Sie sich am Morgen nicht, ohne zumindest *einen* interessanten Punkt zu wissen, der an diesem Tag für Ihren Partner oder Ihre Partnerin auf dem Plan steht. Küssen Sie sich zum Abschied. Küssen Sie sich zur Begrüßung. Spielen Sie miteinander. Nehmen Sie sich Zeit, miteinander über das zu sprechen, was am Tag geschehen ist. Seien Sie darüber im Bilde, was Ihren Partner oder Ihre Partnerin stresst. Sorgen Sie dafür, dass Sie wissen, worauf er oder sie sich freut. Würdigen Sie die Träume des anderen.

Wie schon gesagt, drücken die Paare, die in ihrer Beziehung am glücklichsten sind, Positives aus. Bei Paaren, deren Liebe von Dauer ist, stehen bei einem Streit oder Konflikt die positiven Interaktionen in einem Verhältnis von 5 zu 1 zu den negativen. Wenn sie Freizeit zusammen verbringen, stehen die positiven Interaktionen sogar in einem Verhältnis von 20 zu 1 zu den negativen. Das heißt, für jede negative Äußerung oder Handlung dem anderen gegenüber müssen sie 20 positive Dinge sagen oder tun.

Anders gesagt: Gehen Sie liebevoll miteinander um.

Der beste Weg, liebevoll miteinander umzugehen, ist, Ihre Beziehung zur Priorität zu machen. Widmen Sie ihr Zeit, widmen Sie ihr Aufmerksamkeit und gestalten Sie Ihr gemeinsames Leben achtsam und bewusst. Führen Sie diese acht Gespräche, und dann führen Sie 800 weitere.

SIE MÜSSEN MUTIG GENUG SEIN, KEINE ANTEILE VON SICH SELBST ZU VERBERGEN.

Bei Ben und Leah, von denen im ersten Kapitel die Rede war, haben die Gespräche, die sie im Lauf dieser Verabredungen geführt haben, ihre Beziehung grundlegend verändert.

»Ja, wir hatten schon vorher vor, zu heiraten, aber diese Gespräche haben uns einander viel näher gebracht, als ich mir je hätte vorstellen können«, sagte Leah. »Die Tatsache, dass er bereit war, sich die Zeit zu nehmen – dass er sich diese Zeit nehmen *wollte* –, all diese Geschichten über Vertrauen und Geld und Träume und Familie zu erzählen und zu hören, hat mir unendlich viel bedeutet. Ich habe das Gefühl, dass wir in Monaten das entwickelt haben, wozu manche Menschen Jahre brauchen. Ein Fundament. Ein Gefühl, wirklich an der Seite des anderen zu sein und einander durch alles hindurch zu unterstützen, was kommen mag und von dem wir noch keine Ahnung haben. Das ist aufregend. Ich bin mehr in ihn verliebt als jemals zuvor. All diese Dates waren ein Abenteuer, und es ist, als wären wir jetzt auf dieser großen Reise zum gegenseitigen Verständnis und dazu, uns so tief wie möglich kennenzulernen. Unsere Liebe zueinander ist jetzt anders. Wirklichkeitsnäher. Solider, wenn man das so sagen kann. Ich hoffe, wir werden für immer solche Dates haben.«

Viele der Paare, die diese Gespräche führten, haben uns von ihrer Überraschung darüber berichtet, wie viel näher sie sich einander nach jedem Date fühlten. Ihre Liebe wurde tiefer. Und sie spürten auf neue Weise, wie aufregend es war, gemeinsam auf dieser Reise zu sein.

In einer liebevollen Beziehung zu leben, gehört zu den größten Abenteuern, die wir kennengelernt haben.

Wir können Ihnen nicht genau sagen, was in Ihrer Beziehung geschehen wird, aber wir wissen: Wenn Sie sich darauf einlassen, diese acht Themen zu erkunden, und sich darauf einlassen, zu verstehen, in wie vielerlei Weise Sie verschieden sind, und dann diese Unterschiede annehmen, werden Sie überrascht sein, was Sie entwickeln können. Sie schreiben Ihre eigene Liebesgeschichte, sooft Sie sich einander zuwenden. Sooft Sie einander Trost anbieten. Sooft Sie wirklich zuhören. Jedes einzelne Mal, wenn Sie das Interesse Ihres Partners oder Ihrer Partnerin über Ihr eigenes stellen.

Denken Sie daran, dass die Liebe, die Sie gemeinsam erschaffen, nicht allein Ihnen und Ihrer Beziehung zugutekommen, sondern auch ein Segen für andere sein wird. Wenn Sie Kinder haben, wird Ihre Beziehung ein Vermächtnis für sie sein. Ihre Liebe wird Einfluss darauf haben, wie sie eines Tages ihre eigenen Partner lieben werden und wie Ihre Enkelkinder ihre Partner lieben. Die Liebe, die Sie jetzt aufbauen, wird generationenlang weiterwirken.

Ihre Liebe wird auch ein Vorbild für andere Paare sein. Unsere Ehen und Familien sind nichts Geringeres als die Bausteine unserer Gesellschaft. Wenn unsere Beziehungen gesund und glücklich sind, ist es unsere Gesellschaft auch. Sie können die Fähigkeiten, die Sie in diesem Buch erlernt haben – wie man wichtige Fragen stellt, wie man zuhört und wie man Unterschiede versteht und annimmt –, hernehmen und sie in Ihren Beziehungen mit Freunden, mit der erweiterten Familie, mit Arbeitskollegen und sogar mit Fremden anwenden. Wir alle haben so viel übereinander zu lernen.

Wir haben dieses Buch geschrieben, um Ihnen zu helfen, aber wir haben es auch geschrieben, damit Sie anderen helfen können. Nur allzu wenige bekommen irgendeine Art von Training oder Anleitung dafür, wie sie das Allerwichtigste im Leben tun können – die Menschen lieben, die uns am nächsten stehen. Bitte geben Sie dieses Buch und seinen Inhalt an alle weiter, die sich darum bemühen, ihre Beziehung zu entwickeln oder noch einmal neu zu gestalten. Ob sie Meister der Beziehungskunst oder eine Katastrophe werden, betrifft nicht nur sie selbst, es betrifft ihre Kinder, ihre Gemeinde und auch unsere Welt. Danke, dass Sie dieses Buch gelesen haben, dass Sie die harte Arbeit auf sich nehmen, eine strahlende Liebe zu erschaffen, und dass Sie zu einer liebevolleren Zukunft für uns alle beitragen.

Jeder verdient ein Leben lang Liebe.

Anhang

Weitere offene Fragen

Wir hoffen, dass Sie diese wöchentlichen Verabredungen zu einem Ritual erheben, das Sie über die ganze Dauer Ihrer Beziehung hinweg pflegen. Hier folgen weitere offene Fragen, die Sie einander bei künftigen Gesprächen stellen können. Das ist aber nur eine Auswahl, und das Entscheidende ist, dass Sie niemals aufhören sollten, neugierig auf Ihren Partner oder Ihre Partnerin zu sein, niemals aufhören sollten, sich immer wieder neu zu verlieben, und niemals aufhören sollten, einander wichtige Fragen zu stellen. Bitte gehen Sie auf workman.com/eightdates, wenn Sie noch mehr Material für Date-Abende finden möchten.

- Wie soll dein Leben in, sagen wir, drei Jahren aussehen?
- Was meinst du, wie sich deine Arbeit in Zukunft ändern wird?
- Wie findest du unser Zuhause? Würdest du gerne irgendwelche architektonischen Veränderungen vornehmen?
- Was glaubst du, wie dein Leben aussehen würde, wenn du in 100 Jahren leben würdest?
- Wie siehst du dich als Vater oder Mutter im Vergleich zu deinem Vater oder deiner Mutter?
- Was glaubst du, was für ein Mensch unser Kind einmal wird oder was für Menschen unsere Kinder einmal werden? Hast du irgendwelche Befürchtungen? Irgendwelche Hoffnungen?
- Wie geht es dir gerade mit deiner Arbeit?
- Welches Jahrzehnt deines Lebens würdest du gerne umgestalten und warum?
- Wie geht es dir jetzt als Mutter oder Vater?

- Wenn du in deinem Leben zurückgehen und *eine* Veränderung vornehmen könntest, was würdest du ändern und warum?
- Was findest du gerade spannend im Leben und warum?
- Wenn du morgen früh mit drei neuen Fähigkeiten aufwachen könntest, welche hättest du gerne und warum?
- Was sind deine größten Sorgen in Bezug auf die Zukunft?
- Wer sind derzeit deine besten Verbündeten und engen Freunde? In welcher Weise haben sie sich oder hast du dich verändert?
- Was waren die Höhepunkte und Tiefpunkte deiner Jugend?
- Wenn du zu irgendeiner anderen Zeit in der Geschichte leben könntest, wann würdest du dann gerne leben und warum?
- Wenn du irgendeinen anderen Beruf oder eine andere Berufung leben könntest, was würdest du wählen und warum?
- Wenn du *eine* Charaktereigenschaft an dir ändern könntest, welche würdest du dann ändern und warum?
- Wie hast du dich im letzten Jahr verändert?
- Wenn du das Leben eines anderen Menschen leben könntest, wessen Leben würdest du dann aussuchen und warum?
- Welche Lebensträume hast du im Moment?
- Welche Ziele hast du für unsere Familie?
- Wenn du aussehen könnest wie irgendein anderer Mensch auf der Welt, wessen Aussehen würdest du wählen und warum?
- Wie war dieses Jahr für dich? Welche Highlights gab es? Welche Tiefpunkte?
- Erzähl mir die Geschichte von deinem stolzesten Moment.
- Wenn du in jeder beliebigen Sportart ein Superstar sein könntest, welchen Sport würdest du wählen und warum?
- In welcher Weise hast du dich mit den Jahren als Mutter oder als Vater verändert?
- In welcher Weise hast du dich mit den Jahren als Tochter oder Sohn verändert?

- In welcher Weise hast du dich mit den Jahren als Schwester oder Bruder verändert?
- Welchem oder welcher deiner Verwandten hast du dich am nächsten gefühlt und warum?
- Wer war der schwierigste Mensch in deinem Leben?
- Wenn du der reichste Mann oder die reichste Frau der Welt sein könntest, was würdest du mit deinem Geld machen?
- Wenn du dich für 24 Stunden in ein Tier verwandeln könntest, welches Tier würdest du wählen und warum?
- Hattest du als Kind einen oder mehrere Helden oder Heldinnen, und wer war das?
- Wenn du den Rest deines Lebens in einem anderen Land leben könntest, welches würdest du wählen und warum?
- Wenn du ein Genie in irgendeiner Kunstform – Musik, Tanz oder was auch immer – sein könntest, welches Talent würdest du dir aussuchen und warum?

ZUSATZÜBUNG FÜR DEN GESPRÄCHSABEND

Ihren Partner oder Ihre Partnerin wertschätzen

Das ist eine Zusatzübung, die Sie als Ergänzung an jedes Gespräch anhängen können, oder eine amüsante Vorlage für einen speziellen Date-Abend, an dem es nur darum geht, einander Wertschätzung auszudrücken.

Nehmen Sie die folgende Liste zur Hand und schauen Sie, welche Eigenschaften auf Ihren Partner oder Ihre Partnerin zutreffen, und überlegen Sie sich ein Beispiel für eine Gelegenheit, bei der Ihr Partner oder Ihre Partnerin diese Eigenschaft an den Tag gelegt hat. Dann sagen Sie sich: »Ich habe wirklich Glück, dass ich mit meinem Partner oder meiner Partnerin zusammen bin.« Beim nächsten Date gehen Sie Ihre Liste durch, erzählen das Beispiel und danken Ihrem Partner oder Ihrer Partnerin dafür, dass er oder sie diese positive Eigenschaft hat.

Was ich an dir wunderbar finde, ist, dass du so ... bist.

(Denken Sie daran, für jede Eigenschaft auf der Liste ein Beispiel zu geben.)

abenteuerlustig
achtsam
aktiv
anpassungsfähig
arbeitsam
aufmerksam
aufrichtig
ausdauernd
ausgeglichen
authentisch
beharrlich
bescheiden
clever
ehrgeizig
ehrlich
einfallsreich
einsichtsvoll
empathisch
engagiert
entschlossen
ethisch
fair
flexibel
freundlich
friedlich
fröhlich
fürsorglich

geduldig
geistreich
gesellig
gesund
gewissenhaft
glücklich
großzügig
hilfsbereit
hingebungsvoll
humorvoll
intelligent
interessant
intuitiv
kenntnisreich
klug
kreativ
kühn
künstlerisch
locker
loyal
lustig
mitfühlend
musikalisch
mutig
nährend
neugierig
offen
optimistisch
ordentlich
organisiert
praktisch
prinzipientreu
resilient
respektvoll
rücksichtsvoll
ruhig
sanft
scharfsichtig
schlagfertig
selbstbewusst
selbstlos
sensibel
spirituell
stabil
stark
tapfer
temperamentvoll
tolerant
tüchtig
umsichtig
unterstützend
verantwortungsbewusst
vernünftig
versöhnlich
verständnisvoll
vertrauensvoll
wagemutig
wahrhaftig
warmherzig
weich
weise
wertschätzend
zuverlässig
zuversichtlich

Dank

Wir möchten uns zunächst beim Relationships First Thinktank bedanken, wo wir uns als Paare kennengelernt haben. Diese ungewöhnliche Gruppe wurde von Harville Hendrix und Helen LaKelly Hunt ins Leben gerufen und war ein völlig neuartiger Zusammenschluss von Beziehungsexperten, die sich darüber austauschen wollten, wie man Beziehungsarbeit mit Paaren gestalten könnte, ehe die unvermeidlichen Kämpfe in tatsächlichen Beziehungen dauerhaften Schaden anrichteten. Bei einer der Versammlungen dort wurde die Idee geboren, ein Buch zu schreiben, das Paaren helfen sollte, die Fähigkeiten zu erlernen, die ihrer Beziehung die besten Erfolgschancen boten. Das Ziel war nichts Geringeres als dazu beizutragen, dass die Menschen gesunde Ehen führen können, was wiederum zu gesunden Familien führt, was dann zu einer gesunden Gesellschaft führen kann.

Wir möchten unseren Freunden und Kollegen bei Relationships First danken, die uns dabei unterstützt und dazu ermutigt haben, dieses Buch zu schreiben: Harville und Helen, Marion und Matt Solomon, Caroline Welch und Dan Siegel, Ellyn Bader und Pete Peterson, Judith und Doug Anderson, Lillian Borges, Jeff Zweig, Tracey Boldemann-Tatkin und Stan Tatkin, Michelle Wiener-Davis und Jim Davis, Amy Banks, Joanie und Scott Kriens, Theresa und Scott Beck, Chris Brickler, Alanis Morissette und Souleye, Diane Ackerman, Jette und Rich Simon, Peggy Callahan, Bryn Freedman, Jennifer und Eric Garcia, Elizabeth und Kevin Philips, John und Jamee Stanley, Judy Jordon, Kelly Thompson-Frater und Bob Frater, Dan Prosser, Penny George, John Douglas und Sue Johnson und Gayle Ober.

John und Julie möchten auch dem Team am Gottman Institute ihren unermesslich großen Dank aussprechen, das ihnen geholfen hat, Daten und Analysen aus dem Elfenbeinturm herauszuholen und sie Millionen Menschen zu Hause zugänglich zu machen, damit sie weltweit gute Beziehungen entwickeln können. Besonders möchten sie das Führungsteam von Alan und Etana Kunovsky, Mike Fulwiler, Jen Dalby, Carrie und Don Cole sowie Crystal Cressey, Chris Dollard, Kaitlin Donahue, Hannah Eaton, Katelyn Ewen, Walter Guity, Kendra Han, Amy Loftis, Jennifer Loser, Amy McMahan, Said Peterson, Katie Reynolds, Becca Sangwin, Aziza Seykota und Therese Soudant würdigen. Dieses Buch wäre ohne eine jede und einen jeden von euch niemals entstanden. Und wir möchten Andrew Mumm danken, der mit dem Gottman Institute zusammengearbeitet und uns mit seinem brillanten technischen Können geholfen hat, mit den Paaren für unsere Studie zu kommunizieren.

Doug und Rachel möchten ihren Teams bei Idea Architects und Santa Cruz Integrative Medicine danken, unter anderem Mariah Sanford, Kelsey Sheronas, Julia Dunn, Katherine Vaz, Cody Love, Esme Schwall Weigand, Nina Kolbe und Glynis Taormina.

Und wir möchten all den Paaren danken, mit denen John und Julie im Lauf der Jahre am Gottman Institute gearbeitet haben, im Liebeslabor, in ihren Workshops und in ihren Privatpraxen, weiterhin auch den Patienten und Paaren, die zu Rachel in ihre Arztpraxis und zu ihren Workshops kamen. Ganz besonders möchten wir den 300 Paaren danken, die bereit waren, die in diesem Buch empfohlenen Gespräche zu führen, und die uns ihre Geschichten erzählt und uns außerordentlich hilfreiches Feedback zu den Dates gegeben haben.

Wir möchten auch Mary Ellen O'Neill, unserer sehr erfahrenen Lektorin, und dem ganzen Team bei Workman danken, unter anderem Rebecca Carlisle, Chloe Puton, Moira Kerrigan, Emily Krasner,

Jenny Mandel, Beth Levy, Barbara Peragine und Rae Ann Spitzenberger, die so hart daran gearbeitet haben, dieses Buch in die Welt zu bringen. Ganz speziell möchten wir der erstaunlichen Suzie Bolotin, der Verlegerin von Workman, danken, die geholfen hat, dieses Buch auf den Weg zu bringen und ihm dann über eine elefantenmäßig lange Schwangerschaft von vielen Jahren hinweg zur Geburt zu verhelfen. Ihre Leidenschaft für das Buch und ihr Wunsch, es ihren Kindern und deren Partnern ebenso überreichen zu können wie Millionen von anderen Paaren, haben dazu beigetragen, dass das Buch Wirklichkeit wurde.

Am meisten möchten wir Lara Love Hardin und ihrem Mann Sam Hardin danken. Lara hat als Autorin mit uns zusammengearbeitet und unsere Gespräche zu viert mit viel Gelächter und weitschweifigen Geschichten genommen und daraus das Buch destilliert, das Sie jetzt in der Hand halten. Sie ist eine wahre Intellektuelle und eine kreative Partnerin, und sie hat uns geholfen, unsere Ideen zu verfeinern und zu präzisieren. Wir können gar nicht ausdrücken, wie dankbar wir sind und wie glücklich wir uns schätzen, Lara als Co-Autorin zu haben. Ihre Klugheit, die sie aus ihren Beziehungen und aus ihrer wunderbaren Ehe mit Sam gewonnen hat, ist ebenfalls in dieses Buch eingeflossen. Sam ist ein so hilfreicher Ehepartner, wie man sich das nur wünschen kann. Jede Arbeit eines Menschen, der in einer festen Beziehung lebt, verdankt sich auch der Liebe und Großzügigkeit des anderen und wäre sonst nicht möglich. Danke, Lara und Sam.

Wir möchten auch unsere Kinder erwähnen, die größte Erfüllung unserer Liebe zueinander. John und Julie möchten ihre Liebe und Dankbarkeit für ihre Tochter Moriah und ihren Mann Steven ausdrücken. Wie man sich vorstellen kann, mag es für Steven eine etwas einschüchternde Erfahrung gewesen sein, die potenziellen Schwiegereltern kennenzulernen, die auch noch alle beide Psychologen *und* Experten für Paarbeziehungen waren. Aber sie wussten vom ersten Moment an, dass Steven perfekt zu ihrer Tochter passte, und haben mit großer Freude gefeiert, dass sich die beiden zusammengetan haben. Doug und Rachel möchten ihre Liebe und Dankbarkeit für ihre Kinder Jesse, Kayla und Eliana ausdrücken (und ihre künftigen Partner und Partnerinnen, wer auch immer sie sein mögen). Es gibt kein größeres Abenteuer im Leben als Ehe und Elternschaft, und sie sind sehr dankbar, dass sie die Chance hatten, eine (liebevolle, laute, dickköpfige und lustige) Familie zu sein.

Zum Schluss möchten wir noch allen Paaren Anerkennung zollen, die dieses Buch lesen, anderen davon berichten und sich darum bemühen, Liebe, Vertrauen und Verständnis als Grundlage für ihre Ehe, ihre Familie, ihre Gemeinde und die Welt, die wir gemeinsam erschaffen wollen, zu entwickeln.

Anmerkungen

Viertes Gespräch

1 Dew, J., Britt, S. & Huston, S. (2012), »Examining the relationship between financial issues and divorce«, in: *Family Relations* 61, S. 615–628.

2 Gottman, John (2014), *Principia Amoris: The New Science of Love*, Routledge.

3 Pew Research Center (2013), »10 Findings about Women in the Workplace«, pewsocialtrends.org/2013/12/11/10-findings-about-women-in-the-workplace/.

4 US Census Bureau (2014), DataFerrett, *Current Population Survey*, Monthly Microdata, Dezember 2014.

5 Diese Statistiken basieren auf den kombinierten Antworten auf zwei Umfragen des Pew Research Center, einer vom 14.–27. Januar 2010 und einer vom 6.–19. Dezember 2011. Die Daten wurden verglichen, und die Ergebnisse waren ähnlich. Man kombinierte sie, um die Größe der Stichprobe und die Zuverlässigkeit zu erhöhen.

6 Rogers, Stacy J. & May, Dee C. (2003), »Spillover between marital quality and job satisfaction: Long-term patterns and gender differences«, in: *Journal of Marriage and Family* 65, S. 482–495.

7 Kluwer, Esther S., Heesink, Jose A. M. & Van de Vliert, Evert (1996), »Marital conflict about the division of household labor and paid work«, in: *Journal of Marriage and Family* 58, S. 958–969.

8 Abraham, Katharine G., Flood, Sarah M., Sobek, Matthew & Thorn, Betsy (2011), *American Time Use Survey Data*, Maryland Population Research Center, University of Maryland, College Park, and Minnesota Population Center, University of Minnesota, Minneapolis.

Fünftes Gespräch

9 United States Department of Agriculture (2014), *Expenditures on Children by Families, 2013*, https://www.fatherly.com/wp-content/uploads/2015/12/crc2013.pdf.

10 Waldman, Ayelet (2005), »Truly, Madly, Guiltily«, in: *New York Times*, 27. März 2005.

11 Center for Everyday Lives of Families, celf.ucla.edu/pages/index.php

Siebtes Gespräch

12 Stafford, L. (2016), »Marital sanctity, relationship maintenance, and marital quality«, in: *Journal of Family Issues* 37.

13 Pew Research Center (2016), *2014 Religious Landscape Survey*, pewforum.org/2016/10/26/religion-in-marriages-and-families/.

14 Dieser Fragebogen erschien erstmals in John Gottmans Buch *Die 7 Geheimnisse der glücklichen Ehe*, Ullstein Taschenbuchverlag, München 2002.